Die Deutsche Bibliothek - CIP-Einheitsaufnahme

Alles Käse! : die besten Sorten der Welt / Text Bernard Nantet ... Fotos Jean Pierre Dieterlen.
[Aus dem Amerikan. von Beate Felten und Birgit Lamerz-Beckschäfer]. - Köln : DuMont, 1998
(Monte von DuMont)
Einheitssacht.: Cheeses of the world <dt.>
Früher u.d.T.: Käse
ISBN 3-7701-4609-3

Originaltitel: Cheeses of the World

Aus dem Amerikanischen von Beate Felten und Birgit Lamerz-Beckschäfer
Satz der deutschsprachigen Ausgabe: Fotosatz Harten, Köln
Druck: Artegrafica S. p. A.
Umschlaggestaltung: Groothuis + Malsy, Bremen

Printed and bound in Italy ISBN 3-7701-4609-3

Alles Käse!

Die besten Sorten der Welt

Text
Bernard Nantet
Patrick Rance
Françoise Botkine
Ninette Lyon
Jean Claude Ribaut

Design
Louise Brody

Fotos
Jean-Pierre Dieterlen

monte von DUMONT

INHALT

VORWORT 9

VON PATRICK RANCE

GESCHICHTE DES KÄSES 17

KÄSEHERSTELLUNG 47

GESETZGEBUNG 48
KÄSEREI 53
KLASSIFIKATION DER KÄSESORTEN 64

NORDEUROPA 73

EINFÜHRUNG VON PATRICK RANCE
GROSSBRITANNIEN 78
IRLAND 88
ISLAND 90
NORWEGEN 91
SCHWEDEN 94
FINNLAND 97
DÄNEMARK 98
HOLLAND 102
BELGIEN 108

FRANKREICH 113

EINFÜHRUNG VON NINETTE LYON
NORMANDIE 116
ÎLE-DE-FRANCE 124
NORDFRANKREICH 126
BURGUND 127
DIE VOGESEN 129
FRANCHE-COMTÉ 132
DIE ALPEN 136
DIE DAUPHINÉ 142
DAS ZENTRALMASSIV 145
POITOU UND BERRY 158
DIE PYRENÄEN UND DER SÜDWESTEN 161
KORSIKA 162

Mitteleuropa 165

Einführung von Patrick Rance

Schweiz 168

Deutschland 176

Österreich 180

Ungarn 182

Die Balkanländer 183

Bulgarien 186

Rumänien 187

Tschechische und Slowakische Republik 188

Polen / Das Baltikum 190

Europäisches Russland 191

Der Kaukasus 192

Die grossen Ebenen 193

Mittelmeerländer und Asien 195

Einführung von Jean Claude Ribaut

Italien 199

Spanien 211

Portugal 217

Ägypten / Nordafrika 220

Griechenland 221

Kreta / Zypern 224

Türkei 225

Israel 226

Libanon, Syrien und Jordanien 227

Irak / Iran und Afghanistan 230

Zentralasien / Indien 231

Die Neue Welt

Einführung von Patrick Rance

Die Vereinigten Staaten von Amerika 236

Kanada 239

Mexiko 244

Südamerika 245

Australien 246

Neuseeland 248

Anhang 250

Verzeichnis der Käsesorten 250

Register 253

Abbildungsnachweis 256

Vorwort

Wenn man das Thema Käse einmal im weltweiten Kontext betrachtet, stellt man fest, daß zwei Fünftel der Menschheit überhaupt keinen Käse essen. In weiten Teilen des Fernen Ostens und Südostasiens hält man Rinder eher wegen ihrer Arbeitskraft und ihres Fleisches als wegen der Milch, die meist nur den Jungtieren zugute kommt. In Indien und im Himalaya wird die aus Yak- und Büffelmilch hergestellte Butter zu *Ghee* geklärt und teilweise verzehrt, zum Teil aber für religiöse und medizinische Zwecke eingesetzt. Käse wird jedoch nur dort gemacht, wo Europäer leben oder wo ihr Einfluß spürbar ist, bis hin nach Nepal, wo ich Käse kostete, den man aus Yak- und Büffelmilch herstellte – unter Schweizer Anleitung. Weiter im Norden wird bei den Mongolen Stutenmilch zu *Kumys* vergoren. In den übrigen Teilen der Welt werden mehr Schafe als Kühe gemolken, zudem hauptsächlich Ziegen. Die in gebirgigen Gegenden ansässigen Arten entwickelten sich rasch weiter, wobei Schafe und Ziegen nicht immer leicht zu unterscheiden sind; Haustiere waren sie bereits in vorgeschichtlicher Zeit. Der Zyklop Polyphem, bei dem sich Odysseus ungebeten einnistete, ihn blendete und beraubte, war nichts anderes als ein Hirte und Käsemacher. Später, im 8. Jahrhundert v. Chr., kolonisierten griechische Seefahrer fremde Küsten und brachten beispielsweise den Sizilianern bei, die Käsemasse mit einem Feigenzweig umzurühren, um so das tierische Lab zu unterstützen. Die Basken in den Pyrenäen rühmen sich, »schon immer« aus Schafsmilch Ardi-Gasna zu machen. »Schon immer« ist wahrscheinlich auch die Zeitspanne, seit der armenische und georgische Hirten ihren Schafskäse herstellen. Vielleicht gab es ihn sogar schon auf der Arche, denn die Georgier halten Noah für ihren Stammvater. Die Türken verbreiteten Schafskäse und Sauermilch über den ganzen Orient, Arabien und bis nach Wien. Schon zu ihren Feldzügen nach Iberien hatten sie Schafsmilchprodukte im Gepäck, und von dort aus trugen sie die *Conquistadores* bis nach Südamerika, wo man bereits Lamas melkte, jedoch weder Schafe noch Käse kannte.

Im nördlichen Teil der Alten Welt ging die Entwicklung rascher vonstatten. Außer in Frankreich ließ die Schafsmilchverarbeitung im ausgehenden Mittelalter nach. Die Klöster, in denen die Käseherstellung zum großen Teil begonnen hatte und systematisch betrieben wurde, waren durch die Reformationen geschwächt. Hart- und Schnittkäse aus Kuhmilch, die wichtigsten Käseprodukte in den Niederlanden, Großbritannien, den Alpenländern und den Pyrenäen, wurden und werden noch immer oft in dörflichen Kooperativen hergestellt, so daß die Käse sich von Tal zu Tal etwas unterscheiden. Englischer Cheddar wurde zum Vorbild für die Käseherstellung in der Neuen Welt. Die meisten europäischen Bauernhöfe stellten eigene Käsesorten her, allein in Frankreich Hunderte von Sorten, in Großbritannien immerhin Dutzende (die Vielfalt ging hier allerdings nach Kriegsausbruch 1939 weitgehend verloren).

Moderner Industriekäse trägt dem Bedürfnis nach Quantität eher Rechnung als dem nach Qualität, was sich aus der Ernährungssituation der Nachkriegszeit erklären läßt. Weiden mit natürlicher Gräservielfalt wurden umgepflügt, mit einer oder zwei Arten neu eingesät und mit Kunstdünger behandelt. Die fettärmere

Sel
PERRIER

Milch friesischer Kühe verdrängte mehr und mehr die der normannischen Rinder, der Vogeser, Salers, Shorthorn, Ayrshire und Gloucester: Rinderrassen, die mit vielen traditionellen Käsesorten in einem Atemzug genannt werden. Maschinen traten an die Stelle der Käsemacher. Die Käse wurden zu Blöcken gepreßt, in Plastikfolie eingeschweißt und gekühlt oder aus gepreßtem Bruch gefertigt und mit einem künstlichen dikken weißen Überzug versehen. Sie verdrängten die geduldig zur Perfektion gebrachten Rohmilchkäse, denen man Gelegenheit gab, in ihrer natürlichen Rinde in Ruhe zu atmen und zu reifen und dabei an Aroma und Duft zu gewinnen. In den 70er Jahren gingen Käsefreunde auf die Barrikaden, und eine neue Generation alternativer Käsemacher in Frankreich, Großbritannien, Nordamerika und Australien rief zum Gegenangriff. In der Alten Welt ließen einige die ehrwürdigen traditionellen Käsesorten wieder aufleben, andere entwickelten neue, bis die Europäische Gemeinschaft mit ihren Milchquoten unterschiedslos die gesamte Produktion drosselte und kleinen Herstellern mit wissenschaftlich unhaltbaren Bestimmungen die Luft abschnürte.

In der Neuen Welt brachten Käsemacher Sorten aus Europa auf den Markt und entdeckten zudem die ursprünglichen Sorten ihrer eigenen Heimat wieder. Traditionelle, von Hand hergestellte Käse unterscheiden sich grundlegend von den modernen Industrieprodukten, denn diese berücksichtigen weit mehr die Wünsche der Händler nach problemlos zu behandelnder Massenware als die Bedürfnisse des Verbrauchers. Was dabei an Ergebnissen herauskommt, sollten sich all die Länder ansehen, wo die Fehler der westlichen Welt noch verhütet werden können. Die Unterschiede beginnen ganz konkret schon an der (Gras-)Wurzel.

Mit einigen Ausnahmen in Frankreich mißachtet die Käseindustrie die traditionellen Grundlagen von Viehzucht und Milchwirtschaft. Die Bauern, die schon immer oder neuerdings wieder Käse von Hand machen, geben dem Boden in organischer Form zurück, was ihm durch grasende Kühe und Heumahd genommen wird. Auf Dauergrünland können gut 50 verschiedene Pflanzenarten wachsen, die sich gegenseitig vor Krankheiten schützen und erst nacheinander sprießen, so daß die Weide länger genutzt werden kann. Genauso wie bei Rebstöcken spielt auch das Alter eine Rolle: Je älter die Weide, desto reicher sind Duft und Geschmack des Käses. Eine größere Ausbeute wird durch die Technik der sukzessiven Beweidung erzielt. Dabei kommt den Pflanzen nicht nur der Dung und die Oberflächenlockerung durch die Hufe der Weidetiere zugute, sondern auch die wachstumsfördernden Stoffe in ihrem Speichel, die beim Abweiden des letzten Halmdrittels in den Boden gelangen. Die Ausbeute kann so um ein Siebtel erhöht werden.

Es gibt zwei Gründe, warum Käsemacher sich an bäuerliche Traditionen halten sollten. Zunächst ergeben artenreiche Weiden Milch für lagerfähigen Käse. Die Artenvielfalt ist gut für die Tiere, und die Kühe wissen sie auch zu schätzen. Ein Spezialist für Agrarbotanik meint dazu: »Grünland mit nur einer oder zwei Pflanzenarten ist für Rinder das gleiche wie Junk Food für den Menschen.« Zweitens zerstören Kunstdünger und chemische Spritzmittel den lokaltypischen Charakter und das Aroma ebenso wie das bakterielle Gleichgewicht in der Milch und damit auch im Käse. »Die Böden haben einen ungeheuren Einfluß auf die Qualität der Weide, sie werden jedoch mit der modernen Weidewirtschaft praktisch völlig zerstört.« Das sagte mir

Dr. George Cooke, weltweit einer der erfahrensten Experten für Bodenfruchtbarkeit. Chemikalien zerstören einen Großteil der Bakterien, Insekten und Würmer, die im Boden leben, ihn düngen und belüften. Die Wurzeln von Gründüngungspflanzen (wie Luzerne und Klee), deren Rhizome auf natürliche Weise Stickstoff für die Pflanze selbst und ihre Nachbarn binden, können nicht so tief eindringen. Ein Übermaß an hochwüchsigen Pflanzenarten hat zur Folge, daß niedrige Arten wie beispielsweise Klee zu schattig stehen und eingehen. Die mit Hilfe der chemischen Keule erreichte zusätzliche Menge an Gras ist fade und nährstoffarm.

Die biodynamische Weidewirtschaft dagegen fördert die Organismen im Boden, macht den Boden fruchtbarer und erhält das gesunde Gleichgewicht und die Vielfalt der ortstypischen Arten. Die im Boden enthaltenen Bakterien und Mineralien gelangen ebenso wie die aromatischen Ester der Pflanze zusammen mit den pflanzlichen Ölen in die Euter der Weidetiere. Von hier aus gehen sie ins Milchfett über.

Jede Wärmebehandlung läßt den Eigengeschmack verblassen. Beim Pasteurisieren werden 99 % der Bakterien abgetötet und auch die wichtigen aromatischen Ester eliminiert. Die Folge sind geschmackliche und möglicherweise auch gesundheitliche Einbußen. Die natürlichen Milchbakterien sorgen bei sorgfältig hergestelltem Rohmilchkäse nämlich für einen hohen Säuregehalt, der einer potentiell toxischen Wirkung von *Staphylococcus aureus*, einem häufig in Milch vorkommenden Keim, vorbeugt. Auch der Keim *Listeria monocytogenes* wird damit unter Kontrolle gebracht. Käsemacher müssen strikt darauf achten, daß der für die einzelnen Herstellungsstadien vorgeschriebene Säuregehalt (die Azidität) des Käses eingehalten wird. (Ein pH-Wert von 5 im fertigen Produkt ist als sicher, ein Wert von 5,5 oder darüber als bedenklich anzusehen; da der pH-Wert nicht die Azidität, sondern die Alkalinität angibt, gilt: je höher der Wert, desto niedriger der Säuregehalt.) *Listeria* kann das Pasteurisieren überleben und sich im Käse vermehren (oder von außen eindringen), wenn der Säuregrad zu gering ist. Beim Pasteurisieren werden auch die nützlichen Bakterien abgetötet, die *Listeria* normalerweise in Schach halten. *Listeria* gedeiht noch bei niedrigen Temperaturen, wenn die konkurrierenden Bakterienarten zugrunde gehen, so daß dieser Keim sogar bei vielen Industriekäsen in der Kühltheke zu finden ist. Bevor sich in der Nachkriegszeit die chemische Bodenbehandlung durchsetzte und man mehr und mehr zur Silofütterung überging, war *Listeria* kaum jemals in Erscheinung getreten. Bewiesen ist nämlich, daß in gesunden Böden *Listeria* durch das natürliche Gleichgewicht der Bakterienbesiedlung ausgegrenzt wird, ebenso wie dies in ausgewogenem Rohmilchkäse der Fall ist.

Dies sind die Grundlagen für hochwertigen, natürlichen Käse: Biologisch-dynamisch bearbeitetes Dauergrünland, auf dem traditionelles Milchvieh steht; strenge Hygiene im Melkhaus und in der Käserei (keine Verarbeitung der Milch von Kühen, die Antibiotika erhalten oder an einer Euterentzündung leiden); traditionelle Käsereimethoden unter Verwendung von Rohmilch bei ständiger Kontrolle des Säuregehaltes. Dr. J. G. Davis empfiehlt ortstypische Starterkulturen oder »natürliche Säuerung der Milch ohne Säurewecker«. Aus meiner reichen Erfahrung versichere ich Ihnen: Nur so erhält man einen Käse von genau der richtigen Konsistenz und unvergleichlichem Duft und Aroma.

PATRICK RANCE

Le Sinore pasando
per la per la piasa vedendo
le putane a filar si condo
fa Catìvo tempo
Una sigara pi pasando dice
a le putane filon
subito su fato risposta le sigore
ano senito il pane et bigonia filare
ce volemo maniare

Geschichte des Käses

Die Wiege des ersten Käses dieser Welt stand zwar im Nahen Osten, doch erst im gemäßigten Klima Europas konnte er sich zu der Delikatesse entwickeln, die wir heute kennen. Eine große Rolle spielten dabei vor allem die Klöster, wo die Herstellungsverfahren für zahlreiche große Käsesorten entwickelt und verfeinert wurden. Die zeitgleiche Blüte der Städte und Märkte machte es möglich, daß bestimmte Käse auch aus den entlegensten Winkeln weit über ihr Ursprungsgebiet hinaus bekannt und beliebt wurden. Andere Teile der Welt waren dagegen klimatisch nicht so begünstigt: In Afrika ließ die Hitze Milchprodukte schnell verderben und austrocknen, und auch das Monsunklima in Indien und Südostasien war ihnen nicht gerade zuträglich. Wo der Boden in China und Japan überhaupt für die Viehhaltung geeignet gewesen wäre, nutzte man ihn statt dessen zum Reisanbau.

Über Tausende von Jahren stellten Jagen und Sammeln für die Frühmenschen die einzige Möglichkeit der Nahrungsbeschaffung dar. Die Jagd auf Großsäuger lieferte ihnen ausreichend Nahrung und Kleidung. Aus den Knochen der Tiere wurden Werkzeuge gemacht, die weit feiner und genauer waren als die aus Stein. Die lebenswichtige Bedeutung der Jagd, die wohl über die reine Nahrungsbeschaffung hinaus auch mit kultischen, magischen Vorstellungen in Zusammenhang stand, wird in den wundervollen Höhlenbildern in Spanien, Südwestfrankreich und dem Bergland von Ahaggar in der Sahara deutlich.

Als der Mensch begann, Schafe, Ziegen, Rinder und Rentiere zu halten, wurde Milch, die bis dahin nur sporadisch als Delikatesse genossen wurde, zum Bestandteil der täglichen Kost. Die ›Erfindung‹ der Käserei dürfte einem glücklichen Zufall zu verdanken sein: Vermutlich entdeckte man, daß Milch gerinnt, wenn sie einige Stunden in der Sonne oder nah am Feuer steht. Die Geschichte der Käserei ist insofern untrennbar mit der Domestizierung von Haustieren und der Viehzucht verbunden.

DOMESTIZIERUNG

Im Mesolithikum, als Europa noch ganz unter dem Eindruck der gerade zu Ende gegangenen Eiszeit stand, tauschten die Jäger im gemäßigten Klima des Nahen Ostens ihre Jagdspeere gegen Hirtenstäbe ein und begannen, sich die Tiere und Pflanzen ihrer Umwelt untertan zu machen. Dies geschah etwa 10 000 Jahre vor unserer Zeit. Als erstes Tier domestizierten die Nomaden den Hund, der ihnen bei der Jagd half. Als nächstes folgte um 8000 v. Chr. das Schaf, genauer gesagt das iranische Mufflon. Danach kam die Ziege, die ebenfalls in dieser Gegend zum ersten Mal zahm gehalten wurde.

Die meisten Ausgrabungsstätten im Nahen Osten aus dem 7. Jahrtausend v. Chr. zeigen Spuren der Domestizierung von Schafen und Ziegen, die auch in archaischen Mythen als Gefährten oder Ammen der Götter auftauchen. Erst später, etwa 6500 v. Chr., wurde das Schwein domestiziert und um 5000 v. Chr. schließlich Kleinvieh. Büffel wurden in Asien ab 3000 v. Chr. in Herden gehalten. So wurden die einstigen Jäger und Sammler allmählich zu Erzeugern, die Tiere wegen ihres Fleisches und ihrer Milch hielten, Getreide ernteten

Das Bild des guten Hirten mit dem Lamm auf seinen Schultern ist uralt; dieser Schäfer trägt zudem einen Korb mit Käsen in der Hand. Die Genreszene findet sich auf einem byzantinischen Fußbodenmosaik des 6./7. Jahrhunderts. Mosaikenmuseum, Topkapi-Palast, Istanbul.

VORHERGEHENDE SEITEN: *Laden mit Käse und pikanten Vorspeisen,* Fresko eines unbekannten Meisters aus dem ausgehenden 15. Jahrhundert im Schloß von Issogne, Aostatal.

und bewußt auf den Fortbestand von Vieh und Pflanzen achteten. Diese Entwicklung bildete den Beginn jeglicher Form von Zivilisation.

Neolithische Käseformen aus Ton, aus Chassey (Burgund, Frankreich). Musée Rolin, Autun.
RECHTS: Mosaik mit der Darstellung eines römischen Gelages, etwa 200–220 n. Chr.; es zeigt, daß zu dieser Zeit in Nordafrika bereits Viehzucht betrieben wurde. Pardo-Palast, Tunesien.

DIE ERFINDUNG DER TÖPFEREI

Wenn man über Zivilisation spricht, kommt man unweigerlich auf das Thema Kochen, »jenen langsamen Verarbeitungsprozeß, mit dem eine unappetitliche rohe Masse in eine Delikatesse verwandelt wird« (Georges Pérec). Möglich wurde dieser Prozeß durch die Erfindung der Töpferei, also der Herstellung von Gefäßen aus gebranntem Ton. Zuvor hatte man Speisen, wenn überhaupt, nur über dem Feuer rösten können. Tongefäße ermöglichten es den Menschen jedoch, Fleisch und Getreide zusammen zu garen und weitere Zutaten wie Kräuter und die Wurzeln von Wildpflanzen hinzuzufügen. Die Erfindung der Käserei und die Herausbildung verschiedener Sorten hing eng mit diesem Bedürfnis nach Aroma und Raffinement zusammen. Für die Verarbeitung von Milch und Käse standen die Vorzeichen deshalb um das 5. Jahrtausend v. Chr. sehr gut. Um diese Zeit tauchten in Italien, Südfrankreich und Nordafrika die ersten domestizierten Schafe und Ziegen auf. Die Formen der verzierten Keramikgefäße, wie sie die Viehzüchter verwendeten, deuten darauf hin, daß sie zum Abseihen von Molke verwendet wurden.

Ein unwiderlegbarer Nachweis dafür, daß die Kunst des Käsemachens schon um 2800 v. Chr. in Europa verbreitet war, sind die Überreste von siebartig durchlöcherten Gefäßen, die eindeutig zum Trennen von Quark und Molke dienten. Diese Formen aus Terrakotta oder Binsen, *faisselles* genannt, gewähren uns Einblick in diesen frühen Industriezweig. Man fand sie in Lagozza in der Nähe von Varese in der Lombardei und in Chassey (Burgund). Solche Weichkäseformen sind noch heute in Gebrauch, vor allem bei der Herstellung einfacher Bauernkäse. Eine geflochtene *faisselle* mit einem Seihtuch als Boden fand sich neben anderen Flechtarbeiten im sumpfigen Ufergebiet des Neuenburger Sees in der Schweiz.

Fresko von J. Giacomo (15. Jahrhundert); dargestellt ist eine Schäferszene mit Kühen und Schafen. San Antonio di Ranverso, Abbazia.

ZIEGEN, SCHAFE UND RINDER

Den Völkern des Donautals und des Balkans kommt das Verdienst zu, im 4. Jahrtausend v. Chr. die Kuh nach Europa gebracht zu haben. Diese Menschen hielten ganz unterschiedliche Tiere, darunter Schafe, Ziegen, Schweine und Rinder. Seither sind letztere im Norden zahlreicher vertreten, im Süden dagegen bevorzugt man seit Urzeiten Schafe und Ziegen. Rinder erfreuen sich seit jeher der blühenden Ebenen, der fruchtbaren, regenreichen Täler und der sonnigen, üppigen Almwiesen, während sich Schafe und Ziegen mit dem begnügen müssen, was karge, lebensfeindliche Gegenden ihnen bieten, seien es durch Erosion zerklüftete Landschaften, die Mittelmeerländer mit ihrem spärlichen, von der Sonne vertrockneten Gras oder die steinigen, von Regen und Sturmböen gepeitschten Wiesen Irlands, Schottlands und der Nordseeinseln.

NOSTRESTE
NEMVS
SILENT: V
DORMIANT

DIE MYTHEN

In den frühesten Mythen fällt die Vielzahl milchspendender Kühe, Ziegen und Schafe auf. Dies unterstreicht die Bedeutung, die man diesen Tieren zumaß. Den Schäfern selbst sagte man sogar übermenschliche Kräfte nach. Der Fruchtbarkeitskult war eng mit dem Verzehr von Milchprodukten verknüpft, und Milch und Käse galten als Nahrung der Götter und Helden. In den berühmten Mythen der alten nordischen Religionen wird das Chaos, das ursprünglich auf der Erde herrschte, so beschrieben: »Damals gabe es keinen Erdboden. Keine Seen, keine salzigen Wogen, keine Erde unter dem Himmel. Da war ein bodenloser Abgrund, und nirgendwo gab es Gras.« Im Norden lagen ganz in Nebel gehüllte Eisberge, während im Süden die Flammen eines ewigen Feuers loderten. Aus der Begegnung von Heiß und Kalt entstand der Riese Ymir, und aus dem schmelzenden Eis kam die Kuh Audumla hervor. Ihre Milch gab dem Riesen Kraft, so daß er zwei weitere Wesen gebar, einen Riesen und eine Riesin. Die beiden hatten eine Tochter, Bestla. Audumla schuf den ersten Menschen, Buri, indem sie einen vereisten Felsen ableckte und dabei auftaute. Dieser nordische Adam heiratete Bestla, die Tochter der Riesen, und ihre Nachkommen waren die drei Hauptgötter des skandinavischen Pantheons: Odin, Ve und Vili.

DIE SUMERER

Im 3. Jahrtausend v. Chr. glaubten die Sumerer, denen wir die Erfindung der Schrift verdanken, Enlil, der zweitwichtigste Gott ihres Pantheons und Herr der Erde, sei der »Hirte, der über alle Schicksale herrscht«. Der Überlieferung nach wurde infolge der Verbreitung von Schrift und Viehzucht »das Land größer, die Menschen vermehrten sich, und die Landschaft war voller Vieh«. Enlil, ein eifersüchtiger, reizbarer Gott, beschloß, die Menschen für ihren Hochmut zu bestrafen. Er rief eine große Flut hervor und befahl seinem Liebling Ziusuddu, von jeder Tierart der Schöpfung ein Paar auf ein großes Schiff zu bringen. Sieben Tage später erreichte Ziusuddu trockenes Land und »opferte einen Ochsen und ein Schaf«, um den Göttern zu danken.

BABYLON

Die Bedeutung von Milch und Milchprodukten wird auch in den Fruchtbarkeitskulten der Babylonier deutlich, die als Eroberer der sumerischen Gebiete auch deren Kultur übernahmen. Das Flachrelief im Giebelfeld eines Tempels in Ur (2500 v. Chr.) zeigt die damalige Viehzucht. Dargestellt sind Kuhställe sowie das Melken und das Buttern nach einer Methode, die noch heute zwischen Euphrat und Tigris angewendet wird. Die Milch wurde in einen großen Tontopf gegossen und nicht wie sonst üblich gestoßen, sondern von einem Mann, der das Gefäß zwischen die Knie geklemmt hielt, gerührt. Die Butterklumpen wurden dann aus der Milch herausgefiltert und in ein anderes Gefäß gegeben. Allerdings sind aus der babylonischen Kultur noch weit aufschlußreicherer Zeugnisse zu uns gelangt. In dieser verworfenen Stadt, die von den biblischen Propheten zum Untergang verdammt wurde, aß und trank man gut und amüsierte sich gern. Die vielen Gerichte,

unter denen sich die königliche Tafel bog, wurden in Keilschrift auf Tontafeln festgehalten. Dazu gehörten mehrere Fleischsorten (Ziege, Pferd, Esel, Rind und Hammel), Milchprodukte einschließlich einer Art *Tomme,* gewürzter Käse und Weichkäse, verschiedene Früchte und Honig für die Zubereitung von Süßspeisen. Die Käserei war bereits hochentwickelt; allein für Weichkäse gab es 20 verschiedene Namen.

Etwa im 3. Jahrtausend v. Chr. war das Nomadentum für die inzwischen seßhaften Menschen nur noch eine schemenhafte Erinnerung. Längst dienten Kornkammern zum Lagern des Getreides, und die Viehherden wurden in Einfriedungen gehalten. Solche Schätze mußten vor der Habgier der Nachbarvölker geschützt werden, was dem Patriarchat großen Auftrieb gab. Im Volksglauben mußte der Kult des Mondes und seiner eng mit der Fruchtbarkeit verknüpften Zyklen der Anbetung der Sonne und des Sonnenwagens weichen. Verehrt wurde nun nicht mehr die Kuh, Mutterschaf und Ziege, sondern die männlichen Tiere, die mit ihrem Samen für die Fortpflanzung sorgen: In bäuerlichen Kulturen im Nahen Osten wurde der Stier zum Gott erhoben, bei den Hirten in Mesopotamien der Widder und im alten Griechenland der Ziegenbock.

Bankett und Darreichung der Speisen, durchweg Produkte aus Viehzucht und Ackerbau. Mesopotamien, Grab in Ur, um 2500 v. Chr. British Museum, London.

UNTEN: Der Stier, der für die Vergrößerung der Herden sorgte, bescherte den Bauern ein so sorgenfreies, leichtes Leben, daß sie vergaßen, was sie ihrem Schöpfer verdankten, und das goldene Kalb anbeteten.

DIE JUDEN

Gott der Herr speiste sein auserwähltes Volk mit »den Früchten der Flur, er ließ es Honig schlürfen aus Felsen [. . .], Sahne von Kühen und Milch von Ziegen, auch Fett von Lämmern und Widdern, Stiere von Bashan und Böcke, auch das Mark des Weizens« (*5. Buch Mose,* 32, 13–14), aber als sie in das Land kamen, »wo Milch und Honig fließen« (ein schon bei den Sumerern gängiges Bild des Paradieses), fanden die Nomaden mit ihren Ziegenherden üppige Weidegründe, die sich für Ackerbau und Viehzuch anboten. Ihr Leben wurde damit leichter, doch die Folgen sind nur zu gut bekannt: Sie vergaßen ihr Versprechen und gaben sich dem Kult des goldenen Kalbes hin, der zu jener Zeit überall im Nahen Osten und dem Mittelmeerraum verbreitet war. In der Bibel ist Käse die Nahrung der Helden. Während der zarte junge Hirte David seinen Brüdern Käse brachte, um sie im Kampf gegen die Philister zu stärken, nahm er

die Herausforderung Goliaths an und besiegte ihn allein mit seiner simplen Schleuder. Später bestimmte David, daß sein Sohn Salomon »reichlich Ziegenmilch als Nahrung« erhalten solle, vielleicht zum Andenken an seinen Sieg.

GRIECHENLAND

Die griechische Mythologie räumt der Ziege, ihrer Milch und ihrem Käse eine besondere Stellung ein. Der archaische Kult um milchgebende Tiere ist vor allem in der sagenhaften Ziege Amaltheia lebendig, die dem jungen Zeus das Leben rettete. Chronos, der Herr der Zeit, hatte geschworen, sein Sohn Zeus müsse sterben. Zum Glück nahm sich die Ziege Amaltheia des Säuglings an und zog ihn im verborgenen auf, wo er vor Chronos geschützt war. Eines Tages brach das Kind, das später zum Göttervater und Herrn des Donners heranwuchs, im Spiel der Ziege ein Horn ab. Um sie zu trösten versprach er ihr, daß es auf wundersame Weise immer voll von ihren Lieblingsfrüchten sein werde – es wurde zum Füllhorn.

Die Ziege Amaltheia nährt Zeus. Skulptur von Bernini (17. Jahrhundert). Galleria Borghese, Rom.

Während der Belagerung Trojas konnten sich die Helden von den Gefahren und Strapazen des Kampfes dank eines Trankes erholen, den ihnen Hekamede reichte, eine Gefangene, »Göttinnen ähnlich«. Sie bereitete ihnen »eine Mischung [. . .] von [. . .] Wein und rieb Ziegenkäse darüber auf einer Reibe von Erz und streute darauf weiße Gerste und hieß sie trinken« (*Ilias,* 11. Gesang). Dieser Trank kräftigte die Krieger nicht nur, sondern löschte auch ihren Durst.

Im Laufe seiner Irrfahrten gelangte Odysseus auch auf die Insel, die der schreckliche Zyklop Polyphem bewohnte. Es wird oft übersehen, daß der grauenhafte Riese, der Odysseus und seine Gefährten in seiner Höhle gefangenhielt und grausam quälte, ein Schäfer war. Homer beschreibt in der *Odyssee* das Alltagsleben des Hirten und gibt eine genaue Schilderung der Milchverarbeitung: »Wir betraten die Höhle, im einzelnen alles betrachtend: Darren strotzten von Käsen, und Pferche waren gedrängt voll Lämmer und Zicklein auch; die einzelnen Würfe gesondert eingepfercht, die Erstlinge hier, die mittleren drüben, aber die Spätlinge dort; es flossen über von Molke alle Gefäße, in welche er molk, die Kübel und Eimer, selbstgefertigt.« Als der Zyklop zur Höhle zurückkam, verschloß er sie mit einem Felsblock. »Sitzend molk er sodann die Schafe und meckernden Ziegen, alles wie sich's gehört, und tat unter jedes das Junge. Alsbald ließ von der weißen Milch er die Hälfte gerinnen, strich sie dann in geflochtene Körbe und stellte sie beiseite, daß er selbst davon nehmen könne und trinken zum Nachtmahl« (*Odyssee,* 9. Gesang). Es fällt auf, daß der als Ungeheuer dargestellte Zyklop sich durchaus als guter und umsichtiger Hirte erweist. Durch jahrhundertelange Erfahrungen hatten die Menschen gelernt, den größten Nutzen aus ihren Herden zu ziehen; deshalb nahmen sie den ersten, dünnen Teil der ermolkenen Milch für sich selbst, ließen jedoch den Jungtieren den nahrhaften, sehr fetthaltigen Rest zukommen. Der Schäfer bereitete Quark oder Käse und behielt auch etwas frische Milch für sich zurück.

Der Moschophoros (›Kalbträger‹). Der Hirte, eine Sagengestalt oder ein Gott, wurde im alten Griechenland häufig mit einem Lamm oder Kalb auf den Schultern dargestellt. LINKS: Marmorskulptur, Akropolis-Museum, Athen.

DIE RÖMER

Ein Kuhhirte aus Latium. Museo della Civiltà Romana, Rom. UNTEN: Römischer Sarkophag mit Reliefschmuck, der Hirten mit ihren Tieren zeigt. Thermenmuseum, Rom.

Zu der Zeit, als das römische Weltreich sich immer weiter ausdehnte, bildete Ziegen- und Schafskäse ein alltägliches Grundnahrungsmittel des gemeinen Volkes, das aus Bauern, Dörflern und Sklaven bestand. Allerdings wurden Romulus und Remus, die legendären Gründer Roms, von der Wölfin gesäugt, nachdem sie ein mißgünstiger Onkel in den Tiber geworfen hatte. Die Römer hielten Ziegenmilch für die nahrhafteste und am leichtesten verdauliche Milch, deshalb empfahlen die römischen Ärzte sie ihren Patienten, die mit den damaligen Eßgepflogenheiten ihre Probleme hatten. Die römische Küche wurde nämlich nicht wegen ihrer Bekömmlichkeit gerühmt, und die erhaltenen Rezepte zeigen, daß die Mahlzeiten schwer verdaulich waren. Milch wurde wegen ihrer ländlichen Schlichtheit geschätzt, doch wußte man ihren Geschmack durchaus dadurch zu verbessern, daß man den Weidetieren aromatische Pflanzen zu fressen gab. »Liegt aber einem an Milch«, empfiehlt Vergil in den *Georgica* (Landbau III.), »dann werfe er Geißklee und Lotos reich in die Krippen mit eigener Hand und salzige Kräuter. [. . .] Und, kaum merklich, mischt sich der Milch die Würze des Salzes.«

Weichkäse gehörte zum normalen Speiseplan, aber es gab auch gesalzene und gereifte Käse, die länger lagerfähig waren. Vergil erklärt uns: »Was frühmorgens gemolken und tagsüber, preßt man noch spät am Abend zu Quark, was im Dunkeln gemolken bei sinkender Sonne, früh geht's fort, im Holzgefäß bringt's der Hirt in die Städte. Oder man salzt es ein wenig und hebt sich's auf für den Winter.« Das Lab wurde auf zweierlei Weise gewonnen, einmal aus dem Labmagen von Kälbern (dem vierten Magenteil von Wiederkäuern, in dem der Magensaft gebildet wird), zum anderen aus Pflanzen, etwa dem Saft von Feigen oder Labkraut. Der Bruch wurde gelegentlich mit Thymian oder anderen aromatischen Kräutern gewürzt. Man ließ die Molke durch *faisselles* aus Binsen abfließen und preßte den Käse dann, bis die Flüssigkeit restlos ausgetreten war.

Einsalzen war die beste Methode, den Käse haltbar zu machen. Eine andere Möglichkeit bestand darin, ihn in die Blätter von Bäumen einzuwickeln, die für eine keimtötende Wirkung bekannt waren. Die Römer aßen Käse in jedem Reifestadium. Wenn der Käse alt und allzu kräftig wurde, legten sie ihn in Wein oder

Ein Mosaik aus dem 1. Jahrhundert n. Chr. (OBEN) aus der Hadriansvilla bei Rom. Vatikanische Museen, Rom.
UNTEN: Darstellung des Mythos von Romulus und Remus, den Gründern Roms, mit der Wölfin. Ausschnitt aus einem Fresko im Kapitolinischen Museum, Rom.

Kopf eines römischen Soldaten aus dem 5./6. Jahrhundert. In seinem Beutel (dessen oberer Teil hier zu sehen ist) trug jeder Soldat ein Stück Käse bei sich. Mosaiken-Museum, Topkapi-Palast, Istanbul.

Essig ein und fügten Würzkräuter hinzu. Dieser marinierte Käse, den schon die Griechen gekannt hatten, wurde als Medizin gegen Verdauungsbeschwerden und Magenschmerzen empfohlen, offenbar die beiden wesentlichen Gesundheitsstörungen der alten Römer. Im 1. Jahrhundert n. Chr. schrieb Lucius Columella folgendes Rezept auf: »Schneide einige große Stücke von trockenem Schafskäse vom Vorjahr ab, und lege sie in einen Topf. Übergieße sie mit feinstem Most, so daß sie vollständig bedeckt sind und die Flüssigkeit höher steht als der Käse [. . .]. Versiegle den Topf sofort nach dem Füllen.« Nach drei Wochen war die Speise fertig, um gegessen oder zum Würzen verwendet zu werden.

In seiner zur gleichen Zeit entstandenen *Naturgeschichte* beschreibt Plinius d. Ä. begeistert die Preß- und Hartkäse, die es auf der italienischen Halbinsel gab, wo die Zivilisation bereits seit Jahrhunderten ihre Früchte trug. Jede Region hatte eigene Produkte: Der Apennin lieferte »zahlreiche Arten«, Ligurien hatte sich auf eine Sorte spezialisiert, die »meistens aus Schafsmilch gemacht wird«; Etrurien war berühmt für seinen »Lunensischen« Käse (Mondkäse), der »sich durch seine Größe auszeichnet und bis zu 1000 Pfund (327 kg) schwer gepreßt wird«. Auch aus Ziegenmilch wurde Käse gemacht, dessen »Wohlgeschmack [. . .] durch Räuchern noch erhöht wird. [. . .] So, wie er in Rom selbst verfertigt wird, ist er allem anderen vorzuziehen.« Auf dem Käsemarkt in Rom, »wo man das Gute von allen Völkern durch Anschauung kennt, hält man den Käse der Remausischen Provinz [der Gegend von Nîmes], aus Lesura [Lozère] und dem Gabalischen Gau [Gévaudan] für den besten, aber nur solange er frisch und weich ist«. Auch die Käse aus Dalmatien und Savoyen waren bekannt und beliebt. Die gallischen Käse verrieten allerdings »stets das Würzmittel«.

Hartkäse wie Parmesan und Pecorino wurden durch die römischen Legionäre verbreitet, die sie bald mit dem aus dem Fernen Osten importierten Pfeffer würzten. Die Soldaten brauchten natürlich einen Käse, der haltbar war und auch weite Strecken auf dahinrumpelnden Ochsenkarren überstehen konnte. Das römische Straßennetz war zwar damals das beste der Welt, aber es dauerte trotzdem Wochen oder sogar Monate, um von einem Punkt des riesigen Reiches zu einem anderen zu gelangen. Die Verpflegung der Legionäre verbesserte sich schlagartig, als der Kaiser beschloß, mehr Hartkäse aus den Provinzen einzuführen. Diese Käse waren frühe Vorfahren des englischen Cheshire, des Cantal aus der Auvergne und des Beaufort aus den Alpen.

Die Blüte des Handels und der damit verbundene Ausbau des Verkehrsnetzes erwies sich als vorteilhaft für die Verbreitung von Käsesorten, die sich gut transportieren ließen, etwa der Hartkäsesorten aus den bergigen Gegenden Galliens, der Alpen, des Jura und des Zentralmassivs. Über kürzere Entfernungen ließen sich auch Blauschimmelkäse vom Roquefort-Typ transportieren. Die großen Barbareneinfälle des 5. Jahrhunderts brachten dann jedoch vorübergehend auch die Käseindustrie zum Erliegen. Für Käse gilt dasselbe wie für alle übrigen Schätze, die uns die Natur schenkt: Nur in Friedenszeiten können sie sich zu voller Reife entwickeln. Es dauert nun einmal Jahre, bis gute Weidegründe heranwachsen, und der lange Reifungsprozeß unter Idealbedingungen setzt eine stabile landwirtschaftliche Kultur voraus.

Die Barbaren

Die nordischen Rassen kannten weder Hartkäse noch Lab und wurden deshalb von den Römern geringschätzig als »Milchtrinker« bezeichnet. Wie die heutigen Skandinavier aßen schon die Wikinger viel gegrilltes Fleisch, getrockneten, geräucherten oder gesalzenen Fisch und Milchprodukte. Abgesehen von der Sauermilch, die ein leicht zuzubereitendes Grundnahrungsmittel darstellte, machten die Frauen Butter und bereiteten aus vergorener, geronnener Milch Skyr für den Winter zu, das gesalzen und in Fässern gelagert wurde.

Die Burgunder kamen aus dem Norden und siedelten in der Nähe der römischen Villen im Bergland der Alpen, im Franche-Comté und in Burgund sowie im oberen Teil des Rhônetals. Auch sie verzehrten viel Sauermilch. Sie gewöhnten sich rasch an das seßhafte Leben und hatten schon bald die Landwirtschaft für sich entdeckt. Durch ihre Kontakte zur einheimischen Bevölkerung, die seit langem mit dem Fermentieren und Reifen von Käse vertraut war, lernten sie auch die Käserei.

Die Franken

Die Burgunder waren nicht die einzigen, die sich die jahrhundertelange Erfahrung zu eigen machten. Die Franken, die im Norden und Osten Frankreichs und im heutigen Belgien siedelten, hatten gerade erst Lab kennengelernt und zogen weiche, cremige Käsesorten noch den Hartkäsen aus dem Bergland vor. Die von

Ein Barbar im Kampf mit einem römischen Soldaten. Die römischen Siedler brachten das Verfahren der Weinkelterung und der Käseherstellung in die Kolonien. Musée du Louvre, Paris.

Die heilige Radegunde bewirtet ihre Gäste (oben). Den Klöstern waren riesige landwirtschaftliche Betrieb angeschlossen, deren Erträge vielfach Pilgern und Armen zugute kamen. Manuskript aus dem 10./11. Jahrhundert. Unten: Ernte und Schafschur im Juli. Italienische Miniatur aus dem 16. Jahrhundert. *Brevarium Grimani*. Biblioteca Marcinia, Venedig.

ihnen eroberten Gebiete übernahmen ihre Vorliebe für Weichkäse mit Edelschimmel, etwa Brie, und Käse mit gewaschener Rinde wie Maroilles, Munster und Herve. Karl der Große liebte guten Wein, Frauen und – Käse. Auf der Suche nach guten Käsesorten reiste er kreuz und quer durch sein riesiges Kaiserreich. Er wußte die damaligen *Grands Crus* zu schätzen und sorgte dafür, daß friesischer Käse und Brie de Meaux – beides Sorten, die schon seine Vorfahren gekannt hatten – auf seiner Tafel in Aachen stets vorhanden waren, auch wenn sie nach der langen Reise nicht immer in bestem Zustand gewesen sein dürften. Auf einer Reise durch das Gévaudan entdeckte er Roquefort, und von da an schickte ihm der Bischof von dort jedes Jahr zu Weihnachten etwas von dem berühmten Käse. Leider ist nicht überliefert, welche Vorkehrungen man traf, damit der blau geäderte Schafskäse in guter Verfassung bei Hofe eintraf. Möglicherweise wurde er in Steinguttöpfe verpackt, wie dies heute noch gelegentlich bei Sahne der Fall ist.

Der Mittelmeerraum

In bestimmten Regionen konnte das Rind nie Ziegen und Schafe verdrängen, so beispielsweise in Griechenland, Süditalien, Andalusien, auf den Mittelmeerinseln (Sizilien, Sardinien, Korsika, Malta, den Balearen und den ägäischen Inseln) sowie in Nordafrika und im Nahen Osten. Weder die Spanier noch die Araber, die später die iberische Halbinsel eroberten, hatten wirklich Macht über die Dörfer, die an steinige Felsgipfel geschmiegt lagen und nur über steile Saumpfade erreichbar waren. Diese kleinen Inselgemeinden bereiteten ihre eigenen Ziegen- und Schafskäsesorten zu. Die Herstellungsverfahren sowohl für den Hart- als auch für Weichkäse haben sich offenbar seit Homers Zeiten kaum verändert. Diese Käsesorten stellten neben Oliven oft die einzige nährstoffreiche Kost dieser Menschen dar, die weitab vom Meer ihr Auskommen suchen mußten und sich Fleisch nur selten leisten konnten.

Ricotta aux Galets (»Kieselstein-Ricotta«) wurde in Sartène auf Korsika hergestellt, ist aber heute kaum noch zu bekommen. Er ähnelt stark den Käsesorten aus archaischer Zeit, die schon bekannt waren, bevor

Ein Hirte melkt seine Ziegen, um Quark herzustellen. Byzantinisches Mosaik aus dem 5. oder 6. Jahrhundert. Mosaiken-Museum, Topkapi-Palast, Istanbul.

überhaupt die Töpferei erfunden war. Die Milch wird dazu in einer Ziegenhaut oder einem Holzgefäß erhitzt, indem man glühendheiße Kieselsteine hineinwirft. Nach dem Abkühlen fügt man Lab hinzu. Dieses Verfahren ist bei den Tuareg in der Sahara noch immer üblich, wurde jedoch vermutlich von den Berbern oder Arabern übernommen; seine Ursprünge reichen allerdings möglicherweise bis weit in vorgeschichtliche Zeiten zurück. Wie dem auch sei, ist Ricotta aux Galets ein Beispiel für die seit Menschengedenken von den Hirten im Mittelmeerraum praktizierten Käsereimethoden.

DAS MITTELALTER

Das Hochmittelalter war einerseits durch die Verbreitung klösterlichen Lebens geprägt, zum anderen hatten jedoch auch zahlreiche aus dem Christentum entstandene Sekten Hochkonjunktur, beispielsweise die Katharer, die Albigenser und die Waldenser, die von den Päpsten jedoch schon bald verboten wurden. Jede dieser Bewegungen versuchte nicht nur, den Gläubigen religiöse Verhaltensregeln aufzuzwingen, sondern ihnen darüber hinaus auch grundlegende Gesundheitsregeln nahe zu bringen, unter anderem auch, was die Ernährung betraf. Wieviel Käse durfte ein Christ eigentlich essen? Von den Bogomilen und Katharern wurde Käse ganz vom Speiseplan gestrichen, allerdings erklärte der Papst die Anhänger beider Sekten schon bald zu Ketzern. Ihre strenge Doktrin basierte auf der Lehre des babylonischen Religionsstifters Mani (216–274), der nur die beiden entgegengesetzten Prinzipien von Gut und Böse anerkannte. Mani verbreitete seine »Frohe Botschaft« in Indien und dem Nahen Osten und erklärte, seine Erleuchtung stamme von einer mysteriösen Stimme. Sie verlange, daß die Menschen sich des Weins, des Fleisches und auch jeglicher Form der Sexualität enthielten. Die Katharer legten diese Doktrin ziemlich radikal aus und erweiterten das Verbot auf Milchprodukte aller Art und somit auch auf Käse.

Ein Hirte in seinem Zelt, von Andrea Pisano, dem Florentiner Goldschmied, Bildhauer und Architekten des frühen 14. Jahrhunderts. Dommuseum, Florenz.
RECHTS: In der mittelalterlichen Ikonographie wurde der Schäfer durch die Schäferin ersetzt. Ländliche Szene aus dem 15. Jahrhundert, Museo Nazionale, Trento.

Auf der anderen Seite standen die Klöster, die zum Käseverzehr ermutigten, zumal Käse immer ein Armeleuteessen gewesen war. Die Regeln des Benediktinerordens aus dem Jahr 529 erschienen als Büchlein mit dreiundsiebzig Kapiteln, von denen mehrere das Alltagsleben im Kloster in allen Einzelheiten schildern. Der heilige Benedikt hatte in den Bergen bei Rom gelebt, wo Käse seit Jahrhunderten das wichtigste Grundnahrungsmittel der Bevölkerung darstellte. Die Benediktinermönche verbrachten ihre Zeit mit dem Studium von Texten, Gebeten und körperlicher Arbeit und sahen Milchprodukte und Käse als ideale Nahrungsmittel an, weil sie bei aller Einfachheit und Schlichtheit viel Energie lieferten. Überall in Europa bildeten sich Benediktinergemeinschaften, und im 6. Jahrhundert entstanden Niederlassungen in England, im 7. im Gebiet der heutigen Niederlande und Deutschlands, schließlich auch in den weiter nördlich gelegenen Ländern. Wohin sie auch kamen, befolgten sie streng die Ordensregeln und blieben ihrer Vorliebe für Milchprodukte stets treu. Benediktinerabteien entwickelten sich zu reichen Zentren landwirtschaftlicher Produktion. Die Mönche hatten eine Herde, die ihnen Milch gab, Weizenfelder für ihr Brot und, soweit das Klima dies

erlaubte, Weingärten. Um die Zeit der Kaiserkrönung Karls des Großen im Jahr 800 wurden die Benediktinerklöster zu Hochburgen der Kultur und des Fortschritts. Hier wurden kostbare Manuskripte verwahrt und sorgfältig wieder und wieder kopiert, doch gleich nebenan, in einem anderen Gebäudeflügel, machte man die herrlichen Käse, die weit über die damalige Zeit hinaus berühmt und beliebt werden sollten.

Wenig später kamen jedoch die düsteren Zeiten des Mittelalters. Das karolingische Reich zerfiel, und die Normannen, Magyaren und Sarazenen verwüsteten das Land. Felder wurden wieder zu Brachland, die Bevölkerungszahl sank drastisch. Die ehemals blühende Tradition des Käsemachens wurde von nun an nur noch in zwei Refugien gepflegt: in den Klöstern und im Gebirge. Trotzdem ging es dem Käse um die Jahrtausendwende allemal besser als dem Wein, dem zweiten Opfer dieser schlimmen Zeiten.

Handschrift mit Buchmalerei aus einem mittelalterlichen Text: *Der Weltspiegel.* RECHTS: Szenen aus dem Manuskript *Tacinuum Sanitatis* (1474), einer ursprünglich arabischen Abhandlung über die medizinischen Eigenschaften verschiedener Nahrungsmittel.

DIE PILGER

Der Zisterzienserorden wurde im 11. Jahrhundert gegründet und im 12. Jahrhundert durch den hl. Bernhard reformiert. In nur dreißig Jahren entstanden 500 Klöster überall in Europa. Die Christengemeinde erlebte zur gleichen Zeit eine neue wirtschaftliche Blüte, und die große Pilgerwelle verwandelte die Klöster in Herbergen und die Mönche in Gastwirte. Es reichte daher nicht mehr, wie früher in Benediktinerklöstern üblich, eine Viehherde allein für den Bedarf der Klosterbrüder zu halten, die zudem durch ihr Gelübde gehalten waren, nicht mehr zu essen als nötig. Nun mußten sie überdies die Reisenden verpflegen. Käse bot sich als ideales Nahrungsmittel für fromme Pilger an, die oft weite Strecken zurücklegten, um vor einer verehrten Reliquie zu beten.

Mit dem Beharren auf strengen Hygienevorschriften und festgelegten Zubereitungsverfahren für ihre Weine und Käse führten die Mönche, ohne es zu wissen, den Gedanken der *Appellation d'Origine Contrôlée* (AOC) ein. Die gleichbleibend hohe Qualität ihrer Produkte war bekannt, und bald tauchten die ersten Nachahmer auf. Viele Klöster besaßen riesige Ländereien. Die Abtei Tamié beispielsweise, die 1132 in den Alpen gegründet wurde und im Mittelpunkt der aufstrebenden Region stand, stellt noch heute eine Art Reblochon her. Ein Vierteljahrhundert nach ihrer Gründung besaß die Abtei bereits hundert Dependancen, die sie mit Getreide und Käse belieferten. Jede davon wurde von zehn Laienbrüdern bewirtschaftet. Diese nicht geistlich tätigen Ordensmitglieder wurden in der landwirtschaftlichen Arbeit eingesetzt: Sie rodeten den Wald, kümmerten sich um das Vieh und machten Butter und Käse. Immer mehr Land wurde in Felder verwandelt, und die Mönche begannen, auch die sonnigen Berghänge als Weiden zu nutzen. »Die Mönche machten das Land urbar, fällten Bäume, rissen das Gestrüpp aus und brandrodeten das Land, wobei sie die Glut mit Hilfe langer Stöcke schürten«, berichtet ein zeitgenössischer Chronist. Die Nutzung der Hochgebirgsweiden wurde nach und nach von den Dorfgemeinschaften übernommen, die sich ab dem 15. Jahrhundert, als die Pilgerzüge

weniger wurden, von den Klöstern freikauften. Die Almwiesen wurden von Bauern bewirtschaftet, die auf halber Höhe am Berg wohnten. Sie achteten genau darauf, daß die Flächen nicht zu stark abgefressen wurden. Die Hochgebirgsweiden wurden ebenso wie die Sommerkäserei von der ganzen Gemeinde überwacht; man stellte große Käselaibe her. Die klimatischen Bedingungen sorgten stets für feuchte, kühle Keller, die der langsamen Reifung gepreßter Käse wie Appenzeller, Fontina, Greyerzer und Beaufort, der übrigens schon bei den Römern viel Anklang gefunden hatte, zugute kamen. Solche Almkäsereien lagen im Bereich des heutigen Italien, der Schweiz, Österreichs und Frankreichs.

Mönche, Trappisten und andere Geistliche

Der gute Ruf der Klöster beruhte nicht mehr allein auf der Frömmigkeit ihrer Bewohner, sondern hing auch von der Qualität der Produkte ab, die sie auf den Märkten verkauften, um ihren Lebensunterhalt bestreiten zu können. Zu diesen Produkten gehörte vor allem Käse. Munster, Port-Salut, Maroilles und Saint-Nectaire sind eigentlich die Namen von Klöstern, die für uns untrennbar mit diesen würzigen Käsen verbunden sind. Die im 19. Jahrhundert aufkommende Werbung verknüpfte die delikaten Weichkäse mit dem Bild eines rotgesichtigen, fröhlichen Mönchs als Personifizierung der jahrhundertelangen Erfahrung.

Im ausgehenden Mittelalter waren viele große Käsesorten in ihrem Herkunftsgebiet bereits bestens etabliert. Das Kloster Maroilles in der Thiérache entlang der Grenze zwischen Frankreich und Belgien produziert und verkauft seit dem Jahr 1000 seinen dicken viereckigen Käse mit gewaschener Rinde. Er wurde im Auftrag der Äbte auch von den umliegenden Bauern hergestellt, die so ihre Abgaben in Naturalien zahlten. Der Einfluß der Abtei erstreckte sich vom Rhein bis zum Ärmelkanal. Auch die angeschlossenen Klöster machten den berühmten Käse, der zum Urtyp einer ganzen Reihe pikanter Sorten wurde. Zu dieser Gruppe gehört der Gris de Lille, der völlig zu Recht den Beinamen Puant Macéré (›eingelegter Stinker‹) trägt, Pont-l'Évêque, Livarot, Munster und natürlich Limburger. Die Mönche verwendeten sogar die Reste des Maroilles, vermischten sie mit Paprika, Petersilie, Estragon und gelegentlich mit Molke und erfanden damit die Boulette d'Avesnes, ein Produkt, das zwar eigentlich aus zweiter Hand stammt, aber ein Aroma erster Güte aufweist.

Ein rundes, vor Gesundheit und Fröhlichkeit strotzendes Gesicht: Ein typisches Käse-Etikett, auf dem der Mönch als fröhlicher Landmann dargestellt wird.

Die Entwicklung von Städten und Messen

Die großen Käsesorten profitierten auch vom Aufblühen der internationalen Handelsbeziehungen im 14. Jahrhundert. Messen, die im 13. Jahrhundert von Gewürz- und Tuchhändlern initiiert worden waren, verbanden Venedig und Brügge über die großen Märkte in der Champagne mit den wichtigsten englischen, deutschen und skandinavischen Städten. Gewürze aus aller Welt wurden neben allen möglichen Käsesorten angeboten, die man aus den entlegenen ländlichen Gebieten

Italienischer Käseverkäufer (spätes 17. Jahrhundert). G M. Mitelli, Biblioteca Nazionale, Florenz.

Die Früchte einer guten Regierung der Stadt, von A. Lorenzetti. Viehwirtschaft, Feldarbeit und Wohlstand. Palazzo Pubblico, Siena.

mitbrachte. Käse war ein wichtiges Handelsgut, auch wenn er den Transport nicht immer gut überstand. Je länger die Reisen waren, die ein Käse schadlos überstand, sei es in der Ladung eines Händlers oder im Vesperbeutel eines Pilgers, desto besser war sein Ruf, aber desto härter war meist auch seine Rinde. Andere Käse, etwa Brie, die im Herkunftsgebiet von allen Marktständen und Wirtshäusern angeboten wurden, blieben lokale Kostbarkeiten, an die sich Reisende, die sie probieren durften, noch lange Zeit erinnerten. Die rasch wachsenden Städte verbrauchten den größten Teil der landwirtschaftlichen Erzeugnisse. Zum täglich stattfindenden Markt kamen die Bauern mit ihren Waren in die Stadt. Händler aller Art, die Lebensmittel und Delikatessen anboten, darunter auch die Käsehändler, ließen sich in den Städten nieder und schlossen sich zu Zünften zusammen. Wer mit Milchprodukten handelte, konnte meist auf ein breites Angebot aus der umliegenden Region zurückgreifen. Ebenso wie lokale Weine und Spirituosen schufen sich diese Käse selbst ihren Ruf in den Gasthöfen ihrer Heimatstädte.

In Nordeuropa tauchten immer mehr Käsesorten auf, die mit Gewürzen versetzt waren. Diese Mode verbreitete sich im 17. Jahrhundert, als die holländische Ostindische Kompanie begann, in den Nordseehäfen und im Baltikum neben anderen Waren die kostbaren ›Paradieskörner‹ (Pfeffer) und duftende Gewürznelken zu verkaufen. Käsesorten wie der norwegische Nökkelost, der holländische Gouda und der friesische Käse sind bekannte Beispiele für die Beimischung von Gewürzen wie Nelken, Pfeffer oder Kreuzkümmel.

Käsemarkt im niederländischen Alkmaar (OBEN). Gemälde aus der Mitte des 17. Jahrhunderts. Stedelijk Museum, Amsterdam. UNTEN: Der Markt in Mailand, von Alessandro Magnesco (Anfang bis Mitte des 18. Jahrhunderts).

PROTESTANTEN UND KATHOLIKEN

Die Reformationsbewegung, die sich ab der ersten Hälfte des 16. Jahrhunderts ausbreitete, ließ Flandern und die nordeuropäischen Länder ihre Liebe zur Butter entdecken. Die Protestanten hatten nämlich unter anderem die Aufhebung der Speiseverbote durchgesetzt, nach denen freitags und während der Wochen vor Ostern gefastet werden mußte. Im Laufe des Jahrhunderts wurde es auch in England üblich, mit Butter zu kochen. In den reformierten Ländern kamen Magerkäse in Mode, da man die Sahne zum Buttern brauchte. Auch in katholischen Gebieten lockerte die Kirche nun viele der strengen Speisevorschriften. Im Süden kochte man in dieser Zeit überwiegend mit Schweinefett, und der Verzehr von Butter und Vollfettkäse in der Fastenzeit wurde nicht mehr pauschal als Sünde angesehen.

Nach den Verwüstungen durch den Hundertjährigen Krieg zwischen England und Frankreich (1337–1453) und den furchtbaren Auseinandersetzungen zwischen Katholiken und Hugenotten befanden sich die ländlichen Gebiete in einem erbärmlichen Zustand. Die armen Bauern besaßen nur wenige Kühe, selbst als die Lage sich etwas besserte. Die Milch wurde entweder den Kälbern gelassen, die man dann auf dem Markt verkaufte, oder man machte daraus Butter, die ebenfalls zum Verkauf bestimmt war. Käse für den Eigenbedarf und Milch für die Kinder lieferte eine Ziege, die wenig Futter brauchte und sich an Wegrainen und auf Brachen im wesentlichen selbst versorgte.

Käse und Butter waren immer ein Maßstab für den Wohlstand eines Landes, die auf der königlichen Tafel angebotenen Spezialitäten ebenso wie die als Grundnahrungsmittel so nötig gebrauchten einfachen Käsesorten. Sully, Finanzminister Heinrichs IV. von Frankreich, faßt die Situation Ende des 16. Jahrhunderts, als Frankreich sich allmählich von den Verlusten der Religionskriege erholte, mit einem Satz zusammen, der bis heute berühmt geblieben ist: »Pflügen und Weidewirtschaft sind die nährenden Brüste Frankreichs.«

ARMUT HÄLT ZIEGEN

Ziegen wurden vor allem von armen Leuten, Einsiedlern, Witwen und anderen mittellosen Menschen gehalten, für die Ziegenmilch ein Grundnahrungsmittel darstellte. Der schon bei den alten Römern gängige Glaube an die guten Eigenschaften der Ziegenmilch war noch immer lebendig. Ammen, die gegen Lohn adlige Säuglinge an ihrer Brust großzogen, mußten ihre eigenen Kinder mit Ziegenmilch ernähren. »Für einen Hungerlohn«, schrieb Montaigne Ende des 16. Jahrhunderts, »reißen wir zarte Säuglinge aus den Armen ihrer Mütter und zwingen diese, für unsere Kinder zu sorgen [. . .]. Und wenn ihre Milch für ihre eigenen Kinder nicht ausreicht, [bleiben ihnen nur] Ziegen als Ausweg.« Ziegen gab es überall, und nur wenige Höfe hatten keine. Ihr wirtschaftlicher Wert war gering, ihr Nutzen jedoch unbestreitbar groß. Ziegenkäse wurde meist nur für den Bedarf der Familie selbst hergestellt, doch kam es in ärmeren Gegenden, wo man sich keine Kühe leisten konnte, durchaus vor, daß er in weiterem Umkreis Liebhaber fand.

Ein französischer Bauer auf dem Weg zum Markt, um Geflügel und Käse zu verkaufen. Miniatur von Jost Amman (1557). Biblioteca Nacional, Madrid.

DAS ZEITALTER DER EXPANSION

Die französische Revolution von 1789 hatte indirekt die Erfindung eines berühmten Käses zur Folge: des Camembert. Ein Priester aus Meaux floh nämlich vor den Verfolgungen zu seiner Cousine Marie Harel in die Normandie. Er schilderte ihr, wie in seiner Heimat Brie gemacht wurde, und sie beschloß daraufhin, selbst einen Käse nach dieser Methode herzustellen. Das Wohlgefallen des Käsefreundes Napoleon III., der Ausbau der Eisenbahn und die Erfindung der runden Spanholzschachtel machten es möglich, daß Marie Harels Käsekreation schließlich in aller Welt Anerkennung fand.

Menschen, Ideen und Geschmäcker wurden im kontinentalen Europa zu Beginn des 19. Jahrhunderts durch die napoleonischen Feldzüge in Bewegung gebracht. Ganze Armeen zogen durch die Lande. Die oft schlecht verpflegten Soldaten bedienten sich bei der Landbevölkerung. Putigny, ein Soldat der Alten Garde Napoleons I., der später für seine Verdienste auf dem Schlachtfeld zum Baron des Kaiserreichs ernannt wurde, war einmal so ausgehungert, daß er aus dem Lazarett, in dem er lag, floh und mit Brot, Käse und Wein zurückkehrte. Später erzählte er von dem warmherzigen Empfang, der ihm im niederländischen Vlissingen zuteil wurde: »Die Verpflegung war paradiesisch: zwei Pfund Weißbrot pro Tag, ein Pfund Fleisch, etwas Rahmkäse und gutes Bier und Branntwein.«

Händlerin mit Milchprodukten und Rahmfrischkäse, um 1900. Bibliothèque Nationale, Paris.
RECHTS OBEN Reklametafel von 1902. Bibliothèque Nationale, Paris.
RECHTS UNTEN: Reklametafel von 1914. Bibliothèque Nationale, Paris.

Mitte des 19. Jahrhunderts lockte die Industrielle Revolution die Landbevölkerung scharenweise in die Städte. Dort blieben aus derselben Gegend stammende Leute meist in eigenen Wohnvierteln unter sich und hielten an ihren Bräuchen fest. Dazu gehörten auch Eßgewohnheiten, Zubereitungsarten und Produkte ihrer Heimat. Die Entwicklung der Eisenbahn wirkte sich nachhaltig auf die Geschichte des Käses aus. Dadurch, daß selbst sehr empfindliche Käsesorten über weite Strecken zu entlegenen Märkten transportiert werden konnten, ohne daß ihr Geschmack oder Aussehen beeinträchtigt wurde, trugen die Züge zur Verbreitung vieler Käsesorten über ganz Europa bei. Vergessen waren die Zeiten, als man solche Käse noch mit ungeheurem Aufwand in strohgefüllten Fässern transportieren mußte. Käseliebhaber, die schon mit Hart- (Parmesan,

Die Eisenbahn machte es möglich, regionale Produkte ohne Qualitätsverlust über weite Entfernungen zu transportieren. Sie trug so zur Verbesserung der Versorgung in den Städten bei. Kupferstich-Bilderbogen (1845–1850). Bilderbogen-Sammlung der Bibliothèque Nationale, Paris.

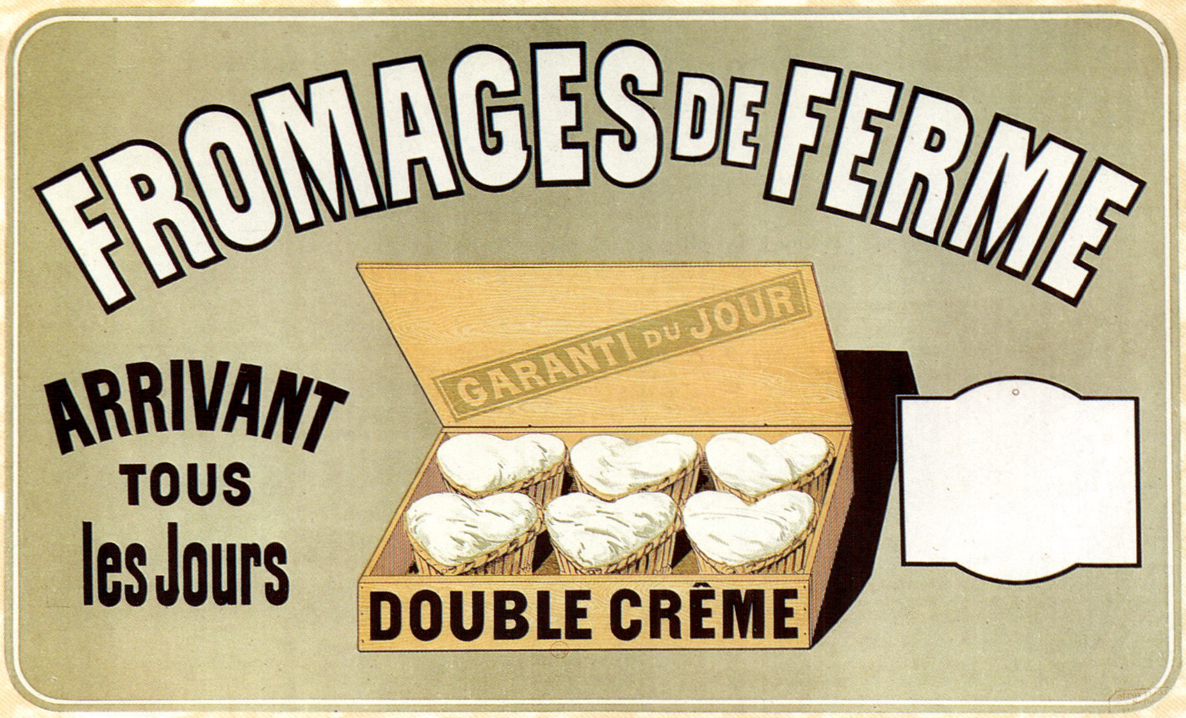
FROMAGES DE FERME
GARANTI DU JOUR
ARRIVANT
TOUS
les Jours
DOUBLE CRÈME

Exploitation de Caves Fromagéres
LE MEILLEUR FROMAGE
DE
ROQUEFORT
MARQUE DÉPOSÉE
"LA CABANIÈRE"
PREMIÈRES RÉCOMPENSES
AUX
EXPOSITIONS.
LOUIS RIGAL
NÉGOCIANT PROPRIÉTAIRE
À ROQUEFORT (AVEYRON)

LE SAINT NICOLAS GOURMAND
S.L.L.
LE CAMEMBERT DE QUALITÉ
40 POUR CENT DE MATIÈRE GRASSE
N°53 F
FABRIQUÉ DANS LE MAINE

USINE DE DANGÉ (VIENNE)
LABOURAGE ET PATURAGE
Sully
CAMEMBERT
"LE SULLY"
FABRIQUÉ EN POITOU
30%
Matière grasse

De Marquis
Double Crème
Seul Dépot
à la
Providence

CAMEMBERT
LE NAPOLÉON
QUALITÉ EXTRA
FRANCE

FROMAGES
DE LIVAROT
CIDRES
A LA VALLÉE D'AUGE
CALVADOS
COMMISSION
DUGUÉ
EXPORTATION
DUGUÉ GRANDE RUE. GACÉ Orne

CAMEMBERT FABRIQUÉ EN NORMANDIE
Poids net
à l'emballage
250 g.
LE HÉROS
45
POUR-CENT
MATIÈRE GRASSE
LAITERIE COOPÉRATIVE AGRICOLE DE
Ste MÈRE-ÉGLISE et du COTENTIN à CHEF du PONT (Manche)

Emmentaler) und Schnittkäse (Edamer, Gouda, Beaufort, Cantal, Tilsiter) vertraut waren, kamen nun auch in den Genuß von Weichkäsen mit Edelschimmel (Camembert, Brie, Chaource), Rotschmierekäsen (Limburger, Munster, Époisses) und Edelpilzkäsen (Roquefort und verschiedener Blauschimmel), ohne daß diese von der langen Reise über unwegsame Straßen durchgeschüttelt und verdorben waren. Käse wurde zu einem wichtigen Wirtschaftszweig, und jeder einzelne machte sich einen Namen und gewann eigene Liebhaber.

Ein Käsewettbewerb, wie ihn der Karikaturist Cham sah.

UNTEN: Wer in die Neue Welt auswanderte, nahm Kühe mit, um die Zeit bis zur Ernte mit Milch und Käse zu überbrücken. *Die Rocky Mountains*, F. Palmer (19. Jahrhundert). American Museum, Bath.

Spanschachteln für Käse wurden mit Bildern beklebt, die den Inhalt in einem möglichst positiven Licht zeigen sollten: Dargestellt wurden Mönche, Prominente, normannische Dörfer und vieles mehr.

DIE EROBERUNG DER NEUEN WELT

Vom 17. bis zum 19. Jahrhundert zog die Neue Welt von Nord- und Südamerika, Australien und Neuseeland Scharen von Einwanderern an. Es reisten jedoch nicht nur Familien auf der Suche nach dem gelobten Land, entflohene Sträflinge und Pechvögel, die sich als eigentlich unbeteiligte Zuschauer von den Überredungskünsten der Rekrutierungsoffiziere auf die Segelschiffe hatten locken lassen. Die Frachträume waren nämlich voller Geflügel, Schweine, Schafe, Ziegen und Rinder, die als Vorräte für die Kolonien gedacht waren, die im angeblich jungfräulichen Neuland entstehen sollten. Milch zum Käsemachen stand den Siedlern deshalb vom ersten Tag an zur Verfügung, doch lange Zeit stellten sie nur einen einfachen Weichkäse für den Hausgebrauch her. In Nordamerika und Australien wurde die Käsemacherei bald industriell betrieben, während in der Alten Welt mit ihren traditionsbewußten Märkten und seit Urzeiten benutzten Weiden weiterhin vor allem Käsesorten aus ländlicher Produktion geschätzt wurden. Das Verfahren des ›Cheddaring‹ verbreitete sich rasch in den englischsprachigen Ländern. Käse war nun nicht mehr ›nur‹ ein Leckerbissen für alle

Der riesige Cheddar, liebevoll ›Kanadischer Winzling‹ genannt, wurde Ende des 19. Jahrhunderts in der Blütezeit der großen Messen und Weltausstellungen hergestellt und mußte von sechs Pferden gezogen werden.
Rechts: Lose angebotene Käse an einem Stand in den Pariser Hallen, Paris 1950.

Sinne, sondern wurde zu einer gewinnträchtigen Massenware. Man stellte so viel davon her, daß Ende des 19. Jahrhunderts in Kanada als Attraktion ein riesiger Cheddar von 10 Tonnen Gewicht produziert werden konnte.

Der Zustrom von Emigranten aus den käseproduzierenden Ländern Europas, allen voran Italien, führte zu einer größeren Vielfalt bei den Käsesorten der Neuen Welt. Käse war unverzichtbarer Bestandteil der Küche, die diese neuen Amerikaner aus der Heimat mitbrachten. Ein Soufflé oder Gratin ohne Greyerzer, Pasta ohne Parmesan, Pizza ohne Mozzarella, ein griechischer Salat ohne Feta? Unvorstellbar! In den Großstädten Nordamerikas, Australiens, Argentiniens und Chiles schossen zwischen den Weltkriegen italienische Restaurants wie Pilze aus dem Boden, und der Käse aus Italien fand zahlreiche Liebhaber. In jüngerer Zeit wurden Rohmilchkäse nach alten Rezepten, jedoch mit modernen Gerätschaften hergestellt, durch die Hippiebewegung vor dem Vergessen bewahrt. Als Ergebnis kamen in den 60er und 70er Jahren in Kalifornien und Australien ganz neue Käsesorten in den Handel.

In Europa führte die Mechanisierung der Käseherstellung, ihre Zentralisierung auf Molkereien und das mittlerweile übliche Pasteurisieren dazu, daß die heute produzierten Käse haltbarer, leichter zu vermarkten und zu exportieren sind, doch ihr ursprüngliches Aroma blieb dabei vielfach auf der Strecke. Die natürlichen Fermente, die einem Camembert oder einem Époisses die typische milde bis kräftige Würze gaben, werden heute nicht mehr verwendet. Die Internationalisierung des Käsehandels brachte neue Bestimmungen mit sich und führte zum Erlaß strenger Gesetze über hygienische Bedingungen und zur Verteufelung der Mikroorganismen, die ein Rohmilchkäse nun einmal per definitionem aufweist. Allerdings sind diese harmlosen Mikroorganismen, die wachsame Käsemeister seit Jahrhunderten bestens unter Kontrolle haben, für das typische Aroma dieser Produkte verantwortlich. Werden sie beim Pasteurisieren abgetötet, geht automatisch auch der Eigengeschmack dieser ›echten‹ Käse verloren.

Käseherstellung

Käse ist eigentlich nicht ›erfunden‹ worden. Seine gezielte Herstellung dürfte eher auf der Beobachtung beruht haben, daß Milch irgendwann gerinnt, wenn sie in einem Behälter stehenbleibt, vor allem, wenn sie heiß ist. Man braucht dann nur noch die Molke in einer Form ablaufen zu lassen, und schon wird die zurückbleibende Masse zu einem köstlichen Nahrungsmittel. (Vom lateinischen Wort formaticus, ›geformt‹, leiten sich übrigens das französische *fromage* und das italienische *formaggio* ab.) Zu den frühesten Alltagsgegenständen, die Menschen je angefertigt haben, gehörten geflochtene Weidenkörbe, in denen sie den Quark abtropfen ließen. Als Gefäße für die Milch verwendeten unsere Vorfahren das, was die Natur ihnen bot, etwa Kalebassen oder ausgehöhlte Holzstämme. Milch, Weide, Kühe, Schafe und Ziegen sind für den Käse das, was Trauben, Boden und Rebsorte für den Wein sind. Erst wenn man sich diesen Zusammenhang klarmacht, begreift man den Unterschied zwischen einem Industriekäse und einem traditionell hergestellten Rohmilchkäse – es ist der gleiche wie zwischen einer Dreiliterflasche Lambrusco und einen *Grand Cru Classé.* Ebenso wie die Alchimisten längst vergangener Zeiten haben die Käser über Tausende von Jahren ihr ganzes Geschick aufgewendet, so daß eine überaus bunte, vielgestaltige Palette von Käsen entstand.

INTERNATIONALE BESTIMMUNGEN

In den 30er Jahren bemühten sich viele der käseproduzierenden Länder um verbindliche Bestimmungen hinsichtlich der Hygiene und der Handelsbedingungen. Zunächst formulierte man für Käse eine gesetzlich anerkannte Definition, so etwa in Belgien im Jahr 1932 und in Frankreich 1935. Nach dem Zweiten Weltkrieg entwickelte sich der Handel mit Milchprodukten auf internationaler Ebene, so daß die einzelnen nationalen Bestimmungen vereinheitlicht werden mußten. 1952 unterzeichneten die wichtigsten käseproduzierenden Länder das erste ›Stresa-Abkommen‹, in dem festgelegt wurde, daß die Bezeichnung Käse »den Produkten vorbehalten ist, die fermentiert oder unfermentiert durch Molkeentzug nach dem Gerinnen von Milch, Sahne, fettarmer oder entrahmter Milch oder einer Mischung daraus hergestellt werden, ebenso Produkten, die durch teilweise Konzentration von Lactoserum oder Buttermilch hergestellt werden; in jedem Fall ist die Beifügung von Fett, das der Milch nicht eigen ist, ausgeschlossen«. Die Definition in der Grundsatzerklärung von FAO und WHO aus dem Jahr 1963 war ähnlich, legte jedoch darüber hinaus fest, daß das Produkt frisch oder gereift sein kann. Diese Norm wurde von allen Ländern akzeptiert. Das Ziel des Stresa-Abkommens war unter anderem, die Bezeichnung bestimmter Käse im Ausland zu schützen und so Nachahmungen vorzubeugen. So dürfen Länder, die nicht die ursprünglichen Hersteller einer Käsesorte sind, das Produkt nur dann unter der geschützten Bezeichnung exportieren, wenn das Herstellungsland auf der Packung angegeben wird, wie dies etwa bei einem Camembert ›made in Denmark‹ der Fall ist. Vier Käsesorten sind unter allen Umständen geschützt, so daß nur die ursprünglichen Herstellerländer das Recht haben, sie zu produzieren: französischer Roquefort, italienischer Pecorino Romano und Fiore Sardo sowie Schweizer Sbrinz.

Das Etikett dieses ›Brie‹ made in USA schmückt sich mit einem französischen Namen und – um die Illusion perfekt zu machen – mit dem Bild eines französischen Schlosses.
VORHERGEHENDE DOPPELSEITE: Auf diesem Stich des niederländischen Künstlers Gustav van Woltters wird die ganze Familie bei der Käseherstellung eingespannt.

›Absolut reine Milch‹.

Der Vorteil der *Appellations d'Origine Contrôlées* (AOC), die dem Kenner eine Qualitätsgarantie und dem Hersteller ein angesehenes Markenzeichen garantieren, liegt darin, daß traditionelle Käsereimethoden bewahrt und handwerkliche Verfahren erhalten werden. Die Vorbereitungen auf den europäischen Binnenmarkt haben jedoch das gesetzliche Gefüge etwas durcheinandergebracht; es kam zu Differenzen zwischen den Ländern, in denen Käse industriell aus pasteurisierter Milch hergestellt wird, und südeuropäischen Ländern wie Italien und Spanien ebenso wie Frankreich, die ihre traditionell hergestellten Rohmilchkäse und damit das Überleben ihrer kleinen Bauernhöfe sichern wollen.

Die Qualität eines Käses hängt immer vom Rohstoff ab, also von der Milch. AOC-Käse und ganz allgemein traditionell hergestellte Käse werden dort gemacht, wo auch gemolken wird. Die Milch stammt aus den letzten ein bis zwei Melkungen und wird nicht behandelt. Seit der Einführung der EG-Richtlinien empfehlen einige Länder, durchweg pasteurisierte Milch zu verwenden, da sie den hygienischen Anforderungen eher entspricht als Rohmilch. Beim Pasteurisieren wird die Milch sehr rasch auf 90 °C erhitzt und dann sofort wieder abgekühlt; dabei werden gesundheitsschädliche Keime abgetötet. Mit zunehmender Entwicklung der Käseindustrie wurde dieses Verfahren notwendig, weil die Milch nicht nur aus ganz unterschiedlichen Quellen stammt und nicht schnell genug verarbeitet werden kann, sondern zudem mehrere Verarbeitungsschritte durchläuft. Die pasteurisierte Milch wird nur mit bestimmten Mikroorganismen beimpft, die man für die Käseherstellung benötigt. Durch das Erhitzen wird ein Teil der festen Eiweißbestandteile denaturiert, so daß die Milch unter Umständen nicht gerinnt. Deshalb erwärmt man sie heutzutage meist nur noch auf 70 °C, als eine Art ›sanftes‹ Pasteurisieren. Dadurch werden die Keime für eine gewisse Zeit inaktiviert, während der die Milch rasch mit den nützlichen Mikroorganismen beimpft werden muß.

Sterilisieren der Milchkannen; dabei werden alle Keime abgetötet, durch die die Milch verderben könnte. Ausschnitt aus einem Stich vom Anfang des 20. Jahrhunderts.

Die Probleme, die in den letzten Jahren in Zusammenhang mit Käse auftraten, beruhten darauf, daß die Milch, die teils pasteurisiert, teils nicht näher bestimmter Herkunft war, nicht schnell genug weiterverarbeitet wurde. Mit dem Pasteurisieren kann nämlich nicht jede Kontamination verhindert werden. Dadurch, daß beim Erhitzen die natürliche Flora der Milch zerstört wird, haben schädliche Keime die Möglichkeit, sich ungehindert explosionsartig zu vermehren, weil der sonst bremsende ›Wettbewerb‹ fehlt. Außerdem werden beim Pasteurisieren viele der in der Milch enthaltenen Vitamine zerstört. Die geschmacklichen Eigenheiten von Milch unterschiedlicher Herkunft werden nivelliert, so daß auch die Käse kaum noch Eigengeschmack aufweisen. Die seit Jahrhunderten bewährten traditionellen Methoden sind zwar möglicherweise nicht industriell anwendbar, eignen sich jedoch nach wie vor hervorragend für die Herstellung von ›Bauernkäse‹ aller Art. Derzeit stellen sich die Liebhaber von Rohmilchkäsen auf der einen und die Befürworter industrieller Käseprodukte auf der anderen Seite die bange Frage, wie der europäische Binnenmarkt dieses Dilemma lösen wird.

Die osteuropäischen ebenso wie die südamerikanischen Länder und der Rest der Welt haben bisher noch nicht versucht, die fälligen Gesetze zu formulieren.

Die Gesetzgebung in den einzelnen Ländern

Über die internationalen Richtlinien hinaus hat jedes Land eigene Bestimmungen für seine Produkte. In Großbritannien, wo die Gesetzgebung sich zum Thema Käse nur zurückhaltend äußert, haben sich die Hersteller traditioneller Cheshire, Cheddar und Lancashire zusammengetan und das Etikett ›English Farmhouse Cheese‹ verbindlich eingeführt, um so die Spezialitäten ihrer jeweiligen Regionen zu schützen. Trotzdem behandelt jeder seine Rezepte als Betriebsgeheimnis, damit seine Produkte weiterhin anders schmecken als die seines Nachbarn. Bisher ist die einzige geschützte Käsesorte in Großbritannien der Stilton. Die Milch stammt direkt aus dem Herstellungsgebiet und wird ausschließlich nach traditionellen Verfahren verarbeitet, allerdings ist nicht festgelegt, ob es sich um Rohmilch handeln muß oder nicht. In Italien sind hochwertige Nahrungsmittel seit langem geschützt, Käse etwa durch die DOC-Aufsichtsverbände. Die wichtigsten Verbände haben dafür gesorgt, daß Sorten wie Asiago, Fontina, Gorgonzola, Grana Padano und Parmigiano Reggiano ähnlich wie erhaltungswürdige Bauwerke eingetragen wurden. Auch in der Schweiz werden die bedeutendsten Sorten mit dem viersprachigen ›Schweiz‹-Logo als Gütesiegel versehen: Emmentaler, Sbrinz, Tête de Moine, Gruyère, Royalp-Tilsit, Appenzeller und Fribourg. In Spanien sind sieben Käsesorten eingetragen: Roncal, Mahón, Manchego, Liebana Picón, Cabrales, Cantabria und Idiazabal. Dadurch wurde zugleich der Fortbestand von Manchega- und Manechschafen gesichert. Auch in Portugal versucht man, die köstlichen Käse dadurch zu erhalten, daß man die wichtigsten Sorten schützt: Azeitão, Serra, Serpa und Ilha. Dadurch gibt man auch kleinen Molkereien eine Chance, der Bedrohung durch die Industriebetriebe standzuhalten. Holland schützt seinen Gouda, Edamer und Maasdamer mit dem Stempel ›Holland‹ und einer Registriernummer, die auf kaseinhaltiger Folie direkt in die Rinde eingearbeitet wird. Skandinavische Länder, vor allem das Exportland Dänemark, haben die Herstellung ihrer Käsesorten durch strenge Hygienevorschriften gesetzlich geregelt. In Deutschland regelt die Deutsche Käseverordnung den Standard des einheimischen Käses, geschützt sind hier seit jüngster Zeit z. B. der Allgäuer Emmentaler sowie der Allgäuer Bergkäse. Dasselbe gilt auch für alle anderen Länder, in denen die Kunst der Käseherstellung noch relativ jung ist, etwa die Vereinigten Staaten, Kanada, Australien und Neuseeland.

STILTON MAKERS ASSOC. CHEESE

SCHWEIZ SUISSE SVIZZERA SWITZERLAND

Die Echtheitsstempel für britischen Stilton (oben) und Schweizer Emmentaler (unten Mitte).
Unten links: Alle Grana-Käse einschließlich Parmigiano Reggiano sind durch eine klar definierte DOC (Denominazione di Origine Controllata) und durch spezielle italienische Gesetze geschützt.
Unten rechts: Die Registriernummer und der Aufdruck ›Holland‹ sind auf diesem Boerenkaas – Rohmilch-Gouda – deutlich zu sehen.

Die oben gezeigten Etikette sind Beispiele für die früher hergestellten, oft phantasievollen Kopien des echten Camemberts aus der Normandie, der erst 1983 ein AOC-Siegel erhielt.

Die AOC spiegeln nur einen Bruchteil der in jedem Land vorhandenen Sortenvielfalt. Es wäre ein hoffnungsloses Unterfangen, alle existierenden Käsesorten zählen zu wollen, zumal es zahlreiche Sorten heute schon nicht mehr gibt. Wenn man alle Spezialitäten berücksichtigt, kommt man auf eine ungeheure Zahl. In jedem Land Europas gibt es deshalb noch viele verborgene Schätze zu entdecken, auf die Gesichtspunkte wie industrielle Rentabilität und Marktgängigkeit niemals angewendet werden.

Die französische Gesetzgebung

In Frankreich steht der Käse nicht erst seit neuerer Zeit unter behördlicher Kontrolle. Wenn ein Käse früher Gnade vor einem König oder Kaiser fand oder auf seine Tafel gelangte, wenn er als Zehnt an einen Lehnsherrn oder ein Kloster gezahlt wurde, mußte sein Charakter erhalten bleiben, damit auch die Privilegien, die er genoß, weiterbestanden. Niemand wäre auf die Idee gekommen, Karl den Großen mit einem nachgemachten Comté hinters Licht zu führen oder 600 Jahre später Karl VI. etwas anderes als den Original-Roquefort zu servieren. Karl VI. war es auch, der den Bewohnern von Roquefort als erster das Monopol auf ihren berühmten Käse verlieh, von dem schon seit 1070 jährlich zwei Laibe den Mönchen der Abtei von Conques gespendet wurden. Später schützte das Parlament von Toulouse den großartigen Käse vor Nachahmungen und stellte das Vergehen, »diese Roquefort zu nennen«, unter »Geldstrafe von 1000 Pfund und strafrechtliche Verfolgung«. Nachdem zunächst individuelle Freibriefe und Handelsgenehmigungen verliehen worden waren, entstand 1925 das erste schriftlich formulierte Gesetz zum Schutz eines Käses, nämlich zugunsten des Roquefort: Nur Käse, die in den Höhlen von Roquefort gereift waren, durften diesen ehrwürdigen Namen tragen. Das Gesetz wurde per Dekret von 1966 bestätigt und ist in dieser Form noch immer gültig. Es sieht für Nachahmungen dieser AOC Geld- oder sogar Haftstrafen vor. Heutzutage gibt es zahlreiche Gesetze, in denen die einzelnen AOC definiert werden. Sie sind weit strenger als die internationalen Vereinbarungen über die Herkunft der Milch und definieren sehr genau die Regionen, aus denen die Milch stammen darf. Insgesamt gab es 1992 in Frankreich 32 AOC-geschützte Käsesorten, und jedes Jahr wird für weitere Sorten Herkunftsschutz beantragt. Der Gesetzgeber hat die internationalen Abkommen durch verschiedene Bestimmungen ergänzt, so etwa das Dekret von 1988, in dem man bereits den späteren Binnenmarkt berücksichtigte. Es bildet gegenwärtig die Basis für die gesetzliche Regelung der französischen Käseproduktion. Die Art der verwendeten Milch muß auf dem Etikett angegeben werden. Fehlt die Angabe, handelt es sich automatisch um Kuhmilch. Bei allen Ziegen- und Schafskäsen muß die Art der Milch angegeben werden. Käse mit der Bezeichnung ›de chèvre‹ darf keine andere Milch als Ziegenmilch enthalten, und ein ›mi-chèvre‹ muß mindestens zu einem Viertel aus Ziegenmilch bestehen. Man unterscheidet verschiedene Fettgehaltsstufen: ›Dreifachrahmkäse‹ entspricht 75 %, ›Doppelrahmkäse‹ 60 bis 75 %, ›Rahmkäse‹ 50 bis 60 %, ›fettarmer Käse‹ *(allégé)* enthält 20 bis 30 %, ›Magerkäse‹ *(maigre)* unter 20 %, ein ›Käse aus Magermilch‹ 0 % Fett. Der Gehalt an Trockenmasse darf 23 g je 100 g Käse nicht unterschreiten.

Ein Maroilles-Verkäufer bietet die losen Käse ohne Etikett an. Farblithographie von Delpech, spätes 19. Jahrhundert. Cabinet des Estampes, Musée Carnavalet, Paris.

Wie wir bereits gesehen haben, unterscheiden sich die vielen Käsesorten einerseits durch die Art der verwendeten Milch – Rohmilch, fettarme oder pasteurisierte Milch – und durch die Tierart, von der sie stammt – Kuh, Ziege, Schaf, Büffel, sogar Pferd und Kamel. Auch anhand der Herstellungsmethoden können die Käsesorten in Familien eingeteilt werden. Alle Verfahren umfassen jedoch vier Hauptphasen: 1. Dicklegen (Gerinnenlassen) der Milch, 2. Formen und Verarbeiten des Bruchs (Ausheben und Abscheiden der Molke), 3. Salzen, Waschen und Beimpfen sowie 4. die Reifung.

Dicklegen der Milch

Das Eiweiß Kasein findet sich in der Milch weiblicher Säugetiere in großen Mengen und gerinnt spontan unter Säureeinwirkung. Läßt man Milch stehen, wird sie oft von selbst fest, wenn die darin enthaltenen natürlichen Enzyme den Milchzucker zu Milchsäure vergären. Die dabei entstehende Sauermilch muß die erste Form von Frischkäse gewesen sein, die unsere Vorfahren probierten. Die spontane Gerinnung ist schwer zu steuern, man kann sie jedoch mit Lab starten. Eine rasche, gleichmäßige Gerinnung, bei der ein schnittfester Bruch entsteht, kann mit verschiedenen Substanzen erzielt werden, beispielsweise dem speziellen Verdauungssaft, der im Labmagen von Kälbern, Zicklein oder anderen Wiederkäuern gebildet wird. Die Römer zogen noch das Lab von Wildtieren vor, beispielsweise von Rehen. Früher setzte man der Milch Streifen des Labmagens zu, heute jedoch – wenn nicht sogar mikrobielles Lab verwendet wird – Lab in flüssiger Form oder als Pulver. In sehr armen Gegenden des Mittelmeerraums und auf den Inseln, wo Schafe und Ziegen zu wertvoll sind, als daß man sie wegen des Labmagens schlachten könnte, verwendet man auch pflanzliche Labe, die man aus Distelblüten oder Feigenbaumsaft gewinnt. Die meisten Schafskäse auf der iberischen

Stiltonherstellung. Der Tauchsieder wird aus dem Kessel entfernt, nachdem die Milch erhitzt wurde. Nun gibt man Lab zu.

Die Käsehändlerin. Gemälde von André Fougeron, 1952. Privatsammlung (linke Seite).
Rechts: Parmesan-Herstellung. Zum Erhitzen füllt man die Milch in Kupferkessel, die bis zu 725 kg Inhalt fassen können. Durch die Zugabe einer hitzebeständigen Lactobazillus-Kultur sowie *Streptrococcus thermophilus* und in Wasser gelöstem Lab wird die Milch in festkörnigen Bruch verwandelt.

Die einzelnen Phasen der Käseherstellung (die Bildfolge verläuft von links nach rechts und von oben nach unten über die ganze Doppelseite). Obere Bildreihe: 1. Erhitzen der Milch in Kupferkesseln in einer Käserei in Savoyen.
2. Bruchschneiden für Parmesan.
3. Vorbereitungen für das Ausheben des in ein Leintuch gefüllten Bruchs.
4. Das Tuch mit dem Bruch wird mit Hilfe eines Flaschenzuges aus dem Kessel gehoben.

Bruchschneiden für Pont-L'Évêque (mittlere Bildreihe, 1). 2. Der Bruch wird in Formen gefüllt. 3. Comté-Laibe werden gepreßt. 4. Die zweite Pressung.
Untere Bildreihe: 1. Pflege eines Bethmale-Laibes. 2. Maroilles wird in Salzlake eingelegt. 3. Ein Fachmann prüft den im Reifekeller gelagerten Cheddar. 4. Die Reifung von Camembert wird überwacht.

Halbinsel und den Mittelmeerinseln werden noch immer so gemacht. Auch in anderen Ländern, etwa in Großbritannien, Australien, den USA und den Niederlanden, stellt man mit pflanzlichem Lab Käse für Vegetarier her.

Das Lab wird der erhitzten Milch zugesetzt. Menge und Temperatur beeinflussen sich wechselseitig und sind überdies vom Säuregehalt der Milch abhängig (meist wird entrahmte Milch vom Vortag mit der Milch von der Melkung am nächsten Morgen gemischt oder die fettere Milch einer einzigen Melkung verwendet). Dieser Arbeitsschritt erfordert enorme Fachkenntnisse. Die Gerinnung kann erst ab 10 °C erfolgen und beginnt zwischen 20 und 40 °C. Je nach Käsesorte wird die Milch auf 25 bis 36 °C erwärmt. Das Dicklegen dauert teils unter 30 Minuten (25 Minuten beim Tomme de Savoie), teils bis zu 36 Stunden (Beim Cabécou, der bei Zimmertemperatur eingelabt wird). Dabei trennt sich die Milch in ihre festen Bestandteile (bei Labkäse ›Bruch‹, bei Milchsäuregärung ›Quark‹ genannt) und Flüssigkeit (Molke).

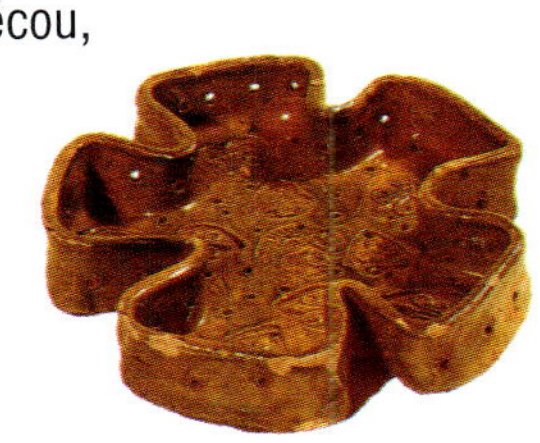

Emaillierte Käsemodel vom Ende des 16. Jahrhunderts (oben). Musée des Arts Décoratifs, Paris. Rechte Seite: Studenten lernen in den 20er Jahren die einzelnen Phasen der Käseherstellung kennen. Landwirtschaftliche Fakultät der University of Wisconsin (oben). Unten: Herstellung von ›Swiss Cheese‹ (Ausheben des Bruchs) in der Käsefabrik Jorden in Brodhead, Wisconsin, 1914.

Formen und Verarbeiten des Bruchs

Wenn die Milch geronnen ist, muß die Molke von der eigentlichen Käsemasse abgeschieden werden. Mit einer sogenannten Käseharfe wird der Bruch im Kessel in Stücke zerschnitten, die je nach Käsesorte unterschiedlich groß sind: Je härter der Käse sein soll, desto kleiner sind die Körner. Das Bruch-Molke-Gemisch wird ständig gerührt, damit es nicht wieder zusammenbackt. Dieses Verfahren, das schon im letzten Jahrhundert beispielsweise bei der Cheddar-Herstellung von Maschinen übernommen wurde, verkürzt die Abscheidungszeit. Das Bruchmachen oder -schneiden nimmt je nach Käsesorte unterschiedlich lange Zeit in Anspruch, darf jedoch einen bestimmten Zeitrahmen nicht überschreiten, da die Masse sonst zu sauer wird. Der Bruch von Hartkäsen wie Parmesan und Comté wird nun in großen Kupferkesseln nachgewärmt (›gebrannt‹), damit die Körner fester werden. Dabei dürfen 55 °C (bei gepreßten Schnittkäsen 39 °C) nicht überschritten werden, sonst würde die Aktivität der Milchenzyme unterdrückt und der Bruch quasi pasteurisiert.

Es gibt verschiedene Methoden, den Bruch aus den Kesseln herauszuheben und abzutropfen. Bei Käsen wie Maroilles, Herve, Remoudou und Ziegenkäsen gießt man den gesamten Kesselinhalt in eine große, zu

Der Bruch wird vom Kessel direkt in die Formen gegeben (rechts). Ganz rechts: Frische Münsterkäse und dahinter die entsprechenden Modeln.

Bäuerliche Käseproduktion. Bereiten des Bruchs für Laguiole-Käse in der Region Aubrac, Frankreich (OBEN LINKS).
OBEN RECHTS: Abscheiden der Molke und ›Ausrühren‹ des Bruchs.
UNTEN LINKS: Kleine Cabécous (Ziegenkäse) werden von Hand in Formen geschöpft.
UNTEN RECHTS: Saint-Nectaire-Laibe werden in Formen gedrückt. Der Tisch ist mit einer Ablaufrinne für die Molke versehen.

einer Seite hin abfallende Ablaufwanne mit Längsrillen. Der Bruch kann auch mit Hilfe von Schöpfkellen direkt in gelochte Formen gegeben werden, aus denen die Molke ablaufen kann. Dieses Verfahren wendet man beispielsweise bei Roquefort oder Fourme d'Ambert an. Bei gepreßten Hartkäsen wie Beaufort oder Emmentaler füllt man die Masse traditionell in ein großes, stabiles Tuch, durch das die Molke abtropft. Bei anderen Käsesorten wie beispielsweise Camembert wird der unzerschnittene Bruch mit einer Kelle vorsichtig direkt in gelochte Formen geschöpft. Für einen Laib benötigt man fünf Schöpfkellen voll.

Bei gepreßten Käsen wird das Abscheiden dadurch beschleunigt, daß man die Tücher mit dem Bruch direkt in eine Form (einen Ring ohne Boden) drückt und auspreßt. Dies kann einfach dadurch geschehen, daß man ein mit einem Stein beschwertes Brett auf den Bruch legt oder die Käselaibe übereinandertürmt. Lange Zeit waren Hebelpressen mit Gleitgewichten üblich, mit denen man den Druck nach und nach erhöhen konnte. Heute setzen große Molkereien immer häufiger hydraulische Pressen ein, wenn auch in traditionellen Betrieben noch immer die alten Methoden zu finden sind. Während die Molke abläuft, wird der Druck erhöht und der Laib dabei mehrfach gewendet, damit beide Seiten gleichmäßig abtropfen. Dies geschieht auch bei nicht gepreßten Käsen: Solange der Laib noch feucht ist, wird er mit der Form immer wieder gewendet. Hat er die richtige Festigkeit entwickelt, wird die Form entfernt. Bei einigen Käsen, etwa von den Balearen, zieht man das Tuch fest, sobald der Bruch hart wird, so daß es als eine Art Form für den Käselaib dient.

Herstellung von Käseformen in Bethmale in der Nähe von Foix (kleines Bild). Oben links: Tommes de Savoie werden in einer Alphütte in Formen gedrückt. *L'Illustration,* 1853. Oben rechts: Edamer-Masse wird geformt. Zeichnung von F. de Maenen, um 1910.

Salzen, Waschen und Beimpfen

Das Salzen kann noch im Kessel erfolgen, etwa bei Cantal, oder – was häufiger der Fall ist – nach dem Herausnehmen aus der Form. Das Salz hat mehrere Aufgaben. Es beschleunigt die Trocknung, verstärkt das Aroma des Käses, trägt zur Bildung der Rinde bei und hemmt die Vermehrung von Mirkoorganismen, was der Haltbarkeit des Käses zugute kommt. Die verbreitetste und wegen ihrer Einfachheit bei den Käsern beliebteste Technik ist das Salzbad. Beim Eintauchen in Salzlake braucht der Laib nicht wie beim Trockensalzen ständig gewendet zu werden, und man geht sicher, daß sich das Salz gleichmäßig verteilt. Im Schnitt

Das Salzen von Maroilles-Quadraten (OBEN LINKS). OBEN MITTE: Schimmeliges Brot lieferte früher die Ausgangsbasis für Roquefort-Schimmelkulturen. OBEN RECHTS: Maroilles wird geschmiert und auf den Nickelgestellen gewendet.

dauert das zwei bis vier Tage, beim Livarot allerdings nur eine halbe Stunde, dagegen fünf Tage beim Bleu de Gex. Je nach Sorte enthält die Lake zwischen 250 und 350 g Salz pro Liter Wasser. Manche rindenlosen Käse, Feta zum Beispiel, werden ständig in schwacher Salzlake aufbewahrt. Beim Trockensalzen wird der Laib nach dem Auslösen aus der Form mehrfach mit Salz eingerieben. Durch die Verwendung von Speisesalz bildet sich die dicke Rinde von Emmentaler und Beaufort, die dank ihrer Härte und Zähigkeit dafür sorgt, daß diese über 50 kg schweren Wagenräder hochgehoben und transportiert werden können, ohne zu platzen. Käse mit Rotschmiere, etwa Maroilles, wird während der Reifezeit regelmäßig mit Salz eigerieben und gebürstet (›geschmiert‹). Dadurch verhindert man die Bildung unerwünschter Schimmelkulturen und hält die Rinde geschmeidig. Einige Käse werden zum Abschluß der Reifung in Alkoholika getränkt, so zum Beispiel Époisses, der in Weißwein und Marc de Bourgogne gewaschen wird, oder Remoudou, den man gelegentlich mit Bier behandelt.

Manche Käsesorten werden mit Schimmelpilzen beimpft, die auf ihrer Oberfläche eine weiche, pelzige Weißschimmelschicht bilden oder die blaue bzw. grüne Äderung von Blauschimmelkäsen bewirken. Camembert wird mit *Penicillium candidum* besprüht und vier Tage lang in einem Trockenraum gelagert, wo sich der Schimmelrasen herausbildet. Roquefort-Laibe werden rund dreißigmal mit langen Nadeln angestochen (›pikiert‹). Dadurch beimpft man sie nicht nur mit *Penicillium roqueforti,* sondern schafft auch die nötige Luftzufuhr, damit dieser Edelpilz gedeihen kann. Verschiedene Aromen können entweder wie beim Gouda schon der Käsemasse beigemischt oder – wie bei der Boulette d'Avesnes – vor der Reifung von außen aufgebracht werden.

REIFUNG

Weich- und Schnittkäse bleiben vor der eigentlichen Reifung meist zwei Tage lang in einem Trockenraum, damit die überschüssige Feuchtigkeit der Rinde verdunstet. Immer häufiger werden jedoch auch andere Käsesorten zunächst in Trockenräumen gelagert, um die Reifung zu beschleunigen. Die Reifung selbst erfolgt in speziellen Kellern mit konstanter Luftfeuchtigkeit und Temperatur. Diese Faktoren spielen eine entschei-

Der moderne Molkereibetrieb (RECHTE SEITE). OBEN LINKS: Erhitzen der Milch in einer Molkerei in Montauban. OBEN RECHTS: Die Masse für Munster wird in Formen gegossen. MITTE LINKS: Abtropfen der Käselaibe. MITTE RECHTS: Frisch gepreßte Käse. Molkereigenossenschaft von Luçon, Frankreich. UNTEN LINKS: Das Salzbad. UNTEN RECHTS: Brie-Laibe vor dem Reifen.

dende Rolle bei der Frage, wieviel Aroma der fertige Käse haben wird, und bestimmen seine Konsistenz. Keller sind bestens geeignet, weil Temperatur und Feuchtigkeit hier stabil sind. In temperierten Kellern (12 bis 15 °C) wird der Reifungsprozeß beschleunigt; man setzt sie vor allem für Rotschmierekäse wie Reblochon ein. Die Luftfeuchtigkeit liegt bei annähernd 90 %. Langsam (fünf Monate und länger) reifende Käse wie Beaufort werden in kühlen Kellern bei Temperaturen von 8 bis 10 °C und einer Luftfeuchtigkeit von ca. 90 % gereift. Abgesehen von Kellern werden oft feuchte, gut belüftete Trockenräume verwendet, vor allem für Ziegenkäse. Nur Käsesorten, die sehr trocken konsumiert werden – etwa Sbrinz oder Parmesan –, werden bei Zimmertemperatur gereift.

Wie aromatisch ein Käse auch sein mag, er verliert rasch an Qualität, wenn er nicht richtig verpackt ist. Ebenso wie Wein verträgt Käse den Transport nicht sehr gut. In Gebrauch sind verschiedene Verpackungstypen, je nachdem, ob es sich um Rohmilch oder pasteurisierte Milch handelt und ob die Reifung abgeschlossen ist oder nicht. Käse mit Weißschimmelrinde wie Camembert reifen nach Verlassen des Kellers nach. Sie werden in beschichtetes Papier und Spanschachteln verpackt, so daß sie weiter atmen können. Rotschmierekäse sind bei Verlassen des Reifekellers ausgereift und deshalb oft in Plastikfolie eingeschweißt, damit Feuchtigkeit und Aroma erhalten bleiben. Weichkäse mit natürlicher Rinde (auch bestimmte Weißschimmelkäse wie Brie) werden oft unverpackt, in ein Blatt gehüllt (Banon) oder mit Asche bestäubt (Ziegenkäse) angeboten. Oft legt man den Käse für den Transport auf eine Strohschicht, damit die Unterseite atmen kann. Die Hygienerichtlinien der Europäischen Union legen mittlerweile fest, daß dazu nur künstliches Stroh verwendet werden darf (was Kenner sehr bedauern) oder daß ein Blatt beschichtetes Papier zwischen Stroh und Käse liegen muß. Wie viele Weichkäse wird auch ein Großteil der Blauschimmel verpackt angeboten, meist in Aluminiumfolie, damit die Rinde nicht austrocknet. Schnitt- und Hartkäse werden teilweise mit Paraffin beschichtet, um sie geschmeidig zu erhalten (z. B. holländische Schnittkäse). Bergkäse (Comté, Gruyère und Beaufort) werden meist unverpackt angeboten; entweder wird ein Etikett auf die Oberfläche geklebt oder ein Stempel direkt in die Rinde geprägt oder aufgedruckt.
Entsprechend ihrer Festigkeit und Rindenbeschaffenheit unterscheidet man acht Käsegruppen.

Brie-Käse in der Spanschachtel, die nicht nur als Verpackung dient, sondern den Käse auch dann atmen und weiterreifen läßt, wenn er den Reifekeller schon verlassen hat und in der Käsetheke zum Verkauf angeboten wird.

Prüfen der fortschreitenden Äderung eines Roquefort (Unten links).
Unten Mitte: Reifekeller für Neufchâtel.
Unten rechts: In den Reifekellern der Region Doubs, Frankreich.
Rechte Seite: Dieses Käsestück ist 14 Jahre alt, wie der wahrhaft überwältigende Geruch belegt, der nach dem Öffnen des luftdichten Behälters entweicht.

MUMMIFIED MUMMY
IT'S NO WHERE IT'S A PADDLE
ALAN "TUG"
JOE
ANITA TERESA
BRIAN
Don't bolt it… Chew it!

FRISCHKÄSE

Petit-Suisse ist einer der bekanntesten und (vor allem bei französischen Kindern) beliebtesten Frischkäse (OBEN).

UNTEN LINKS: Handschöpfen von Brie, ›moulé à la louche‹.

UNTEN RECHTS: Automatische Schöpfkellen ersetzen heute vielfach die Handarbeit.

Frisch- oder Weißkäse werden nach der einfachsten Art der Käseherstellung gemacht und weder fermentiert noch gereift. Da sie auch nicht gepreßt werden, sind sie sehr weich und geschmeidig. Manche läßt man für eine gewisse Zeit abtropfen, um die Konsistenz zu festigen. Die Käse dieser Gruppe sind in der Regel aus vollfetter oder entrahmter Kuhmilch gemacht und werden gelegentlich mit Sahne angereichert, ihr Fettgehalt liegt deshalb zwischen 0 und 75 %. Vielfach werden Geschmacksstoffe zugesetzt, etwa Gewürze, Kräuter oder Knoblauch. Diese Frischkäse (aus Kuh-, Ziegen- oder Schafsmilch) können ganz jung verzehrt werden. Sie halten sich nicht lange und sollten rasch aufgegessen werden. Zu dieser Gruppe gehören Fontainebleau, Petit-Suisse, Neufchâtel, Brousse und Caillebotte.

Porzellanschale für Frischkäse aus Chantilly, 18. Jahrhundert.

KÄSE MIT EDELSCHIMMEL

Diese Käse werden weder gepreßt noch gebrannt. Das Dicklegen dauert eine bis zwei Stunden. Danach wird die Masse gesalzen und mit *Penicillium candidum* besprüht; dieser Pilz bildet auf der Oberfläche einen Schimmelrasen, der mit zunehmendem Alter golden überhaucht wird. Zu Ruhm und Ansehen in der Welt sind diese Käse dank dem Camembert gekommen, eines Abkömmlings des Brie. Weitere Familienmitglieder sind Chaource, Gournay, Brillat-Savarin, Bondon, Brie de Meaux, Coulommiers und Carré de l'Est.

Ein Beispiel, stellvertretend für die ganze Gruppe: Camembert. Die AOC-Bezeichnung ›Véritable Camembert de Normandie‹ bedeutet, daß der Käse nur aus Milch hergestellt werden darf, die aus der Normandie stammt (sie umfaßt die Départements Calvados, Manche, Orne, Seine-Maritime und Eure). Die Angabe ›au lait cru, moulé à la louche‹ (Rohmilchkäse, handgeschöpft), die nicht zur AOC-Bezeichnung gehört, beinhaltet, daß der Käse nach traditionellen Methoden produziert wurde. Die Milch wird zunächst schonend auf 30 °C erwärmt. Anders als bei den meisten Käsen wird der Bruch nicht zerschnitten, sondern vorsichtig mit einer Schöpfkelle – *poche* genannt – in Formen von 14 cm Höhe und 10 cm Durchmesser geschöpft. Dies erfolgt mehrmals hintereinander, wobei man jedesmal wartet, bis die Molke ganz abgelaufen ist. Dies ist ein heikles Unterfangen, denn die Bruchmasse in den großen Kesseln soll nicht zerschnitten werden.

Dann läßt man 24 Stunden lang die Molke ablaufen, wobei die Form zweimal umgedreht wird. Danach nimmt man den Laib aus der Form, bestäubt die eine Seite mit *Penicillium candidum* und salzt sie. Zwei Tage später verfährt man mit der anderen Seite genauso. Der Käse wird dann in einem gut belüfteten, nicht zu kühlen Trockenraum gelagert, bis sich auf der gesamten Oberfläche der Weißschimmelrasen gebildet hat, der die erwünschte Aktivität von *Penicillium candidum* anzeigt. Etwa eine Woche später werden die Camembert-Laibe in einen kühlen Reifekeller gebracht und regelmäßig gewendet. Die Reifung ist in weniger als zehn Tagen abgeschlossen. Die Laibe werden nun in beschichtetes Papier gewickelt und in die berühmten Spanschachteln mit ihren dekorativen Etiketten gepackt. Der Käsehändler lagert sie in Kühlkellern und überwacht ihre Entwicklung sorgfältig, denn ein Camembert ist ein überaus lebendiges Wesen. Bei einem perfekt gereiften Camembert hat der Teig auch im Kern seine leicht kalkige Struktur verloren und eine geschmeidige Konsistenz entwickelt.

Brillat-Savarin (OBEN).
UNTEN LINKS: Umschichten des Bruchs bei der Herstellung von Munster.
UNTEN MITTE: Verschiedene Reifestadien von Munster. Von oben nach unten: nach 4, 11, 18 und 25 Tagen.
UNTEN RECHTS: Formen des Bruchs bei der Herstellung von Pont-l'Évêque.

KÄSE MIT GEWASCHENER RINDE

Diese aus unbehandelter oder pasteurisierter Milch hergestellten Käse stammen praktisch alle aus Nordfrankreich, dem östlichen Teil Belgiens, aus Luxemburg und den westlichen Grenzgebieten Deutschlands. Soweit man weiß, war der im gleichnamigen Kloster erfundene Maroilles der Prototyp dieser Gruppe, und er ist noch immer führend unter all diesen streng riechenden, jedoch mild schmeckenden Käsen, sei es Remoudou, Herve, Limburger, Livarot, Pont-l'Évêque, Époisses, Langres, Munster und wie sie sonst alle heißen. Ein Beispiel, stellvertretend für die ganze Gruppe: Remoudou. Remoudou wurde ursprünglich nur auf Bauernhöfen und in kleinen Molkereien gemacht, wird jedoch inzwischen auch häufig industriell aus pasteurisierter Milch hergestellt. Trotz der modernen Verfahren und der Automatisierung des Ablaufs sind die Herstellungsschritte gleich geblieben. Nach dem Einlaben der in großen Kesseln stehenden Milch und dem etwa einein-

Holländischer Mimolette (OBEN).
UNTEN: Der heiße Bruch wird in die Chedda-Wanne gefüllt.

halbstündigen Dicklegen wird vorsichtig abgeschäumt und die Molke abgezogen. Früher legte man dazu eine schwere, durchlöcherte Keramikplatte als eine Art umgedrehtes Sieb auf die Gallerte. Mit einer Metallharfe wird die Gallerte in 2 bis 3 cm große Würfel geschnitten und dann auf ein großes Ablaufbrett mit Längsrillen geschüttet. Die feste Masse bildet schließlich einen langen Strang, der in Stücke zerteilt wird. Diese legt man auf ein anderes Abtropfbrett und wendet sie zwei Tage lang mehrfach. Früher wurde der zarte Laib zunächst von Hand gewaschen und dann in Salzlake gelegt. Während der Reifung, die etwa zwei (manchmal sechs) Monate dauert, werden die Laibe regelmäßig mit schwacher Kochsalzlösung gewaschen und dabei gewendet. So bleibt die Masse feucht, und die Konsistenz von Käse und Rinde wird erhalten. Zugleich werden bestimmte Enzyme zerstört und die Entwicklung der Rotschmierebakterien gefördert, die Remoudou seine typische Farbe verleihen.

GEPRESSTE, NICHT NACHGEWÄRMTE KÄSE

Manchego, ein spanischer Schafskäse.

Cheshire, Cheddar, Cantal, Saint-Nectaire, Mimolette, Ossau-Iraty, Gouda, Edamer und die vielen Bergkäse oder Tommes sind die bekanntesten Vertreter dieser Schnittkäse-Gruppe. Doch auch sie repräsentieren nur einen kleinen Ausschnitt aus der Vielfalt dieser überwiegend in Westeuropa beliebten Käsesorten.

Für diese Käse wird unbehandelte oder pasteurisierte Milch in der Regel auf 36 °C erhitzt und bei etwas geringeren Temperaturen dickgelegt. Der Bruch wird in reiskorngroße Stückchen zerteilt, in mit Tüchern ausgelegte Formen gegossen und die Molke ausgepreßt. Nach dem Entfernen der Form wird der Käse in Salzlake getaucht. Später, wenn der Laib fest geworden ist, wird er trocken gesalzen, und zwar jedesmal, wenn man ihn während der zwei- bis dreimonatigen Reifezeit wendet. Dies erfolgt in kühlen, feuchten Reifekellern (7 bis 10 °C, 90 % Luftfeuchtigkeit). Die Rinde wird gebürstet, um ihr eine gleichmäßige Patina zu verleihen und der Bildung von feuchten Stellen vorzubeugen. Großformatige gepreßte, nicht nachgewärmte Käse wie Pecorino, Manchego und Idiazabal werden auch aus Schafsmilch hergestellt.

Ein Beispiel, stellvertretend für die ganze Gruppe: Cheddar. Cheddar ist der am häufigsten kopierte Käse dieser Gruppe. Als erster Käse wurde er mit Hilfe einer industriellen Methode hergestellt, des ›Cheddaring‹. Das Verfahren ist insofern etwas anders als bei den übrigen Sorten, als der ganze Ablauf mechanisiert ist und die Masse mehrfach gewässert wird. Das Lab wird maschinell in die pasteurisierte, auf 30 °C erhitzte Milch eingerührt. Der Bruch wird in Streifen geschnitten (früher in Klumpen), gesalzen, geknetet und zwei Stunden lang auf 35–40 °C erwärmt. Dabei läuft ganz langsam die Molke ab. Die Stücke wachsen zu Bruchkuchen zusammen, was das eigentliche Prinzip des Cheddaring darstellt. In großen Betrieben schichtet man dazu die Bruchstreifen in einem ›Cheddar tower‹ übereinander. Sobald die Masse fest geworden ist, wird sie geschnitzelt und in Formen gefüllt, nochmals gepreßt und schließlich gereift.

Man findet auch heute noch Farmhouse Cheddar aus Rohmilch. Der Bruch wird mit einer mechanischen Käseharfe geschnitten und die Molke im Kessel abgeschieden (wobei der Bruch zu Boden sinkt, was man

Herstellung von Farmhouse Cheddar. Der Bruch wird umgeschichtet (oben links). Oben rechts: Salzen eines Tomme. Unten: Eine Käsepresse, wie sie früher für Gruyère verwendet wurde. Zeichnung aus dem 19. Jahrhundert.

›pitching‹ nennt). Der Bruch wird dann im Kessel von Hand in Würfel oder Rechtecke geschnitten, zerdrückt, gepreßt, nochmals zerschnitzelt und ausgerührt, bis der richtige Säuregehalt erreicht ist. Schließlich wird der Bruchkuchen je nach Sorte in unterschiedlich große Stücke zerteilt und gesalzen.

Gepresste, nachgewärmte Käse

Bei der Herstellung großer, wagenradförmiger Käselaibe von bis zu 100 kg Gewicht wie z. B. Emmentaler konnte jeweils die gesamte Ausbeute einer Melkung auf einmal verarbeitet werden. Deshalb wiesen die Laibe, die von den Genossenschaften im Tal aus der Tag für Tag von den Almen heruntergebrachten Milch hergestellt wurden, oft ein beeindruckendes Format auf. Dagegen waren die direkt auf der Alm gemachten Käse viel kleiner, weil sie ja über steile Bergpfade ins Tal getragen werden mußten. In Bergregionen sind immer zwei Käsetypen zu finden: der stets aus fettreicher, aromatischer Rohmilch gemachte Sommerkäse von den hohen Bergweiden und Winterkäse aus der Milch von Vieh, das auf den tiefer gelegenen Winterweiden oder – solange Schnee lag – im Stall stand und mit Heu gefüttert wurde. Die meisten dieser Sorten kommen aus den französischen Alpen und dem Jura (Beaufort, Gras de Bauges, Comté etc.) sowie der Schweiz (Greyerzer und Emmentaler), Österreich, Süddeutschland und Norditalien. Zwischen den gepreßten, nachgewärmten Hartkäsen besteht praktisch kein Unterschied. Die berühmtesten Hartkäse sind wohl Parmesan und Sbrinz. Sie werden aus Alpenmilch gemacht, die man über Nacht stehenläßt, entrahmt und dann mit der Morgenmilch vermischt.

Ein Beispiel, stellvertretend für die ganze Gruppe: Greyerzer/Gruyère. Die Herstellung ist im Prinzip die gleiche wie die der anderen großen Bergkäse. Erst bei der Reifung entwickelt Greyerzer sein typisches kräftiges Aroma. Jeden Morgen wird die Milch vom Vorabend auf 33 °C erwärmt und in riesigen Kupferkesseln eingelabt. Bei dieser Temperatur gerinnt die Milch innerhalb von 30 Minuten. Die Gallerte wird mit einer

Emmentaler-Bruch wird zusammen mit dem Tuch in die Form gedrückt.

Käseharfe geschnitten (das ist ein Handgriff mit Schneidedrähten zwischen zwei Querstangen). Danach wird die Masse ›gebrannt‹, d. h. 30 Minuten lang auf 53 °C nachgewärmt, dadurch werden die Bruchkörner fest (›rösch‹). Um den Bruch aus dem Kessel zu heben, wird ein großes Tuch an einem Rahmen im Kessel um die Käsemasse gezogen; man knotet die Enden zusammen und hebt das gefüllte Tuch mit Hilfe eines kleinen Flaschenzuges aus dem Kessel. Man läßt einige Minuten lang die Molke ablaufen, drückt das Tuch in einen Holzreifen (in der Regel aus Esche) und preßt die Molke aus. Dabei wird der Druck allmählich verstärkt und der Ring fester angezogen. Wenn der Käse fest genug ist, entfernt man das Tuch und preßt weiter. Danach wird der Käse 48 Stunden lang in Salzlake gelegt. Bei der Gärung bilden die Mikroorganismen in der Masse Kohlendioxid, das die typische Lochung entstehen läßt (Emmentaler hat viele, Comté nur wenige Löcher). Die Reifung erfolgt in einem kühlen, feuchten Reifekeller und dauert vier bis zehn Monate. Während dieser Zeit wird der Käse mit schwacher Salzlake gewaschen und gebürstet. Indem man für einen konstanten Feuchtigkeitsgehalt der Rinde sorgt, stellt man sicher, daß die Reifung gleichmäßig von außen nach innen verläuft.

Ein Stück Gruyère mit der typischen Lochung, die durch die Bildung von Kohlendioxid bei der Gärung entsteht.

BLAUSCHIMMELKÄSE

Der bekannteste Vertreter dieser Gruppe ist Roquefort. Er ist neben Beenleigh Blue und Lanark Blue (Schottland) einer der wenigen Blauschimmel aus Schafsmilch. Die übrigen großen Sorten – Stilton, Danablu, Bleu de Causses, Bleu de Gex, Fourme d'Ambert und Gorgonzola – werden aus Kuhmilch gemacht. Die Äderung

Bleu de Haute Savoie, durchgereift und zum Verzehr bereit.

beruht auf der Tätigkeit von *Penicillium roqueforti* bzw. *Penicillium gorgonzola.* Die italienischen Blauschimmel (z. B. Gorgonzola) bestehen aus der Milch von Kühen, die von den Almweiden zurückkehren.

Ein Beispiel, stellvertretend für die ganze Gruppe: Gorgonzola. Traditionell wurde für diesen Käse allein die Milch von Kühen verwendet, die von den Almweiden in ihre Heimat bei Gorgonzola zurückkehrten. Heute wird wegen der großen Nachfrage auch Milch aus den Regionen Mailand, Bergamo und Brescia verwendet. Die Milch wird bei einer Temperatur von 28 bis 35 °C eingelabt. Am folgenden Tag zerschneidet man die Gallerte in haselnußgroße Stücke und schüttet sie in eine Form, die zuvor mit einem dünnen Tuch ausgelegt wurde. Später werden im Abstand von einigen Stunden weitere Schichten aufgefüllt. Bei der traditionellen Herstellungsmethode wurde die erste Bruchschicht aus der Abendmilch gemacht, also aus entrahmter Milch (heute wird teilentrahmte Milch gleich welcher Melkung verwendet). Dazu gab man lediglich eine Schicht Bruch aus der Morgenmilch. Nach dem Ausheben aus den Formen werden die noch immer in Tücher eingehüllten Laibe 24 Stunden lang immer wieder gewendet, um die Molke abtropfen zu lassen. Danach legt man sie ohne Tuch in die Formen zurück, salzt sie und wendet sie mehrmals im Laufe der folgenden Woche. Nach zwei Wochen in einem kühlen, feuchten Reifekeller werden die Laibe mit Hilfe langer Nadeln mit *Penicillium gorgonzola* beimpft. Ausgereift ist der Käse zwei Monate später.

Fourme d'Ambert in einem frühen Reifestadium vor dem völligen Aushärten der Rinde (OBEN). RECHTS: Frischer Bleu de Gex in einer schönen Holzform.

KÄSE MIT NATÜRLICHER RINDE

Dabei handelt es sich im wesentlichen um Ziegen- und Schafskäse. Diese Tierarten, deren Milch ungemein aromatisch ist, können auch auf kargen Böden überleben, die Rindern nicht genügend Nahrung liefern. Süd-

lich der Loire gibt es zahlreiche Ziegenkäse: Sainte-Maure, Pouligny-Saint-Pierre und Crottin de Chavignol, um nur einige wenige zu nennen. Einige Käse dieser Gruppe kommen auch aus anderen Regionen, so etwa der köstliche Saint-Marcellin aus dem Département Drôme.

Schafskäse sind eigentlich vor allem typisch für den Mittelmeerraum. Die meisten Käse von der iberischen Halbinsel, den Mittelmeerinseln (Korsika, Sardinien, Sizilien und den griechischen Inseln) und Italien (mit Ausnahme der Alpenregion) sind Schafskäse. Ihre Herstellung ist seit der Antike bekannt. Da man für sie nur geringe Mengen an Milch braucht, sind sie problemlos herzustellen. Schafskäse werden teilweise erst dann gegessen, wenn sie steinhart sind. Dies dürfte eine Tradition aus den Zeiten sein, als sie für den ganzen Winter reichen mußten. Da ihr Geruch in diesem Reifestadium sehr streng wird, legte man sie gern in duftendes Olivenöl ein. Zur Herstellung dieser Käse wird die Milch auf 30 °C erwärmt, der Bruch geschnitten und in Formen geschöpft. Ziegenkäse haben meist charakteristische Formen: Pyramiden, Stäbe, ›Pferdeäpfel‹, ›Hosenknöpfe‹ und dergleichen.

Kernhem, ein holländischer halbfester Schnittkäse aus jüngerer Zeit (oben). Unten links: Ziegenfrischkäse (fromage blanc de chèvre) aus der französischen Region Berry. Unten Mitte: Fromage Blanc in einem Käsesieb (*faisselle*). Unten rechts: Ziegenfrischkäse.

Sauermilch- und Schmelzkäse

Schmelzkäse wird durch Einschmelzen eines oder mehrerer nachgewärmter oder nicht nachgewärmter gepreßter Käse unter Zugabe von Milch, Sahne, Butter und oft auch Geschmacksstoffen hergestellt. Die Molkenkäse Metton, Gjetost und Schabzieger sind einige Sorten, die als Grundsubstanzen für Schmelzkäse dienen. Um beispielsweise *Metton* zu machen, der Ausgangsprodukt für einen Kochkäse namens Cancoillotte aus dem Franche-Comté bildet, wird die bei der Herstellung von Comté abgeschiedene Molke solange gekocht, bis sich eine flockige Masse an der Oberfläche absetzt. Diese wird abgeschöpft, vergoren und die Masse mit Blauschimmelkulturen beimpft. Aus dieser Masse wird dann durch Schmelzen mit Salzwasser und Butter Cancoillotte gemacht. Auch Schweizer Schabzieger fällt quasi als Nebenprodukt bei der Herstellung der großen gepreßten Bergkäse an. Bezeichnungen wie z. B. ›Glarner Kräuterkäse‹ gehen auf den beigemischten Schabziegerklee zurück. Der zylinderförmige Magerkäse wird getrocknet und gerieben.

Die Käseindustrie damals und heute. Im Laufe des 20. Jahrhunderts änderte sich vieles (rechte Seite). Oben: Innenraum einer Molkerei um 1900, Aquarell von A. Dressel (Ausschnitt). Unten: Automatisierte Käseherstellung im Jahr 1993. Munster beim Verlassen der Presse und nach dem Waschen.

A. DRESSEL

NORDEUROPA

Die traditionellen Käsesorten Nordeuropas sind vor allem lange haltbare Hartkäse. Ihre dicken Naturrinden, gewachst oder in Tücher gewickelt, bewahren das Aroma des Sommers, um an kalten Wintertagen auch nordische Gaumen zu erfreuen. Der britische Double Gloucester, den man einst bei einem besonderen Fest steile Hügel herunterrollte und der im Mittelalter nach Europa und später in die amerikanischen Kolonien gebracht wurde, hat eine harte, glatte Rinde, die an den alten holländischen Bauerngouda, Boerenkaas, erinnert, der in seiner Rinde zu einer parmesanähnlichen Konsistenz und Würze heranreift. Ebenso bekannt ist der wohlschmeckende, kugelförmige Bauernedamer, der äußerst fest werden kann. Der in Tücher gewickelte zylindrische Farmhouse Cheddar reift jahrelang, bevor er hart wird und einen scharfen Geschmack entwickelt oder, noch besser, süß und würzig schmeckt. Norwegischer Gamalost (›alter Käse‹, manchmal mit Salbei versetzt) erinnert mit seinem intensiven Geschmack an Parmesan. Schwedens traditioneller Sveciaost ist ein Jahr oder länger haltbar, besonders die gewürzte Variante Kryddost. Lapparnas Renost (schwedisch für lappländischen Rentierkäse) ist über die südliche Grenze Lapplands hinaus (Nordostnorwegen, Nordschweden und Nordfinnland; die nicht seßhaften Lappen beachten keine Grenzen) kaum bekannt. Lappen tunken ihren Käse in Kaffee.

Um die Haltbarkeit von halbfesten Käsen zu verlängern, wurden sie in Flandern und Hainaut, auf beiden Seiten der französisch-belgischen Grenze, in Lake, Bier oder Alkohol gewaschen, und die Schweden benutzen zur Herstellung von Prästost (Priesterkäse) Whisky. Der belgische Herve ist ein Vetter des französischen Maroilles. Ninette Lyon, die aus Belgien stammt, hat uns verraten, daß der kräftigste Herve zum Frühstück und am Nachmittag gegessen wird, dazu trinkt man sehr starken, süßen schwarzen Kaffee (was wiederum an die Lappen erinnert). Noch intensiver ist ›Hette-kees‹ (eine Variante des Aettekees). Im Brüsseler Stadtteil Les Marolles ist er als Hette-voeten (Füße) oder Stink-kees (wie Le Puant, ›Stinker‹, aus Lille) bekannt. In einer offiziellen belgischen Broschüre werden zwar 15 belgische Varianten von ausländischen Käsespezialitäten beschrieben, die 300 belgischen Originalsorten jedoch, von denen einige erst in den 60er Jahren wieder neu entdeckt wurden und seitdem wieder hergestellt werden, bleiben bedauerlicherweise unerwähnt.

Von den nordeuropäischen Käsen mit gewaschener Rinde ist der Esrom, der angeblich der wiederentdeckte dänische Klosterkäse ist und lange Zeit als dänischer Port-Salut verkauft wurde, der bekannteste. Die dänischen Käsesorten Esrom, Havarti und Samsø können zwar sehr aromatisch sein, sollten jedoch vor dem Kauf probiert werden. In Finnland werden Käse hergestellt, die dem Roquefort, Edamer, Emmentaler, Port-Salut und Tilsiter nachempfunden sind, es haben jedoch auch eigene Traditionen überlebt. Juustoleipa wird handgepreßt und am offenen Feuer geröstet. Munajuusto (›Eierkäse‹), der seine goldene Farbe durch Zusatz von Eigelb erhält, wird ebenfalls zur besseren Haltbarkeit geröstet. Der berühmteste und, abgesehen von Gamalost, bedeutendste Käse Norwegens ist Gjetost, der gewöhnlich aus entrahmter Milch hergestellt wird, die manchmal mit Sahne angereichert ist. *Gjet* bedeutet Ziege, doch wenn der Käse nicht den Zusatz

Taufstein von Renier de Huy in der Kirche St-Barthelémy in Lüttich (frühes 12. Jahrhundert).
VORHERGEHENDE SEITEN: Reifekeller für Cheddar. Wenn man Cheddar sehr lange in einem trockenen Kellerraum heranreifen läßt, entwickelt der Teig eine braune Marmorierung.

Darstellung eines Londoner Milchmädchens aus dem Jahre 1865.

›Ekte‹ trägt, kann bis zu 90 % der Milch Kuhmilch sein. Seine braune Farbe und die glatte, feste Beschaffenheit, den süßlichen Geschmack und die gute Haltbarkeit verdankt er der Karamelisierung. Norweger im Ausland vermissen ihren Gjetost sehr. Aus den 30er Jahren ist mir eine klebrige, saftige, lachsfarbene Variante in Erinnerung geblieben, die einem norwegischen Schulfreund von daheim geschickt wurde, zweifellos ein ›Ekte‹. Norwegens anderer wichtiger Exportkäse, der Jarlsberg, eine Art Emmentaler, hat beim Anschnitt ein sehr erfrischendes Aroma. »Grönland, das grüne Land, ist eisig, und Island, das eisige Land, ist grün«, mag zwar ein bekanntes Paradox sein, doch auch auf Island kann im Juli noch Schnee liegen oder fallen. Für ganz kurze Zeit grasen die Kühe jedoch auf vollkommen unberührtem Weideland. Das beliebte Skyr, das ursprünglich aus Schafsmilch hergestellt wurde, wird heute in der Hauptsache aus entrahmter Milch oder Buttermilch gewonnen. Isländer glauben, daß die Bretagne, deren Bewohner wie die Isländer eine große Vorliebe für Milchprodukte haben, ihren Ribot bretonischen Fischern verdankt, die von ihren Reisen das Rezept für Skyr mit nach Hause brachten. Die meisten isländischen Käsesorten gehen auf importierte Rezepte zurück.

Irland, die grünste aller Inseln, ist nie für seinen Käse berühmt gewesen. Nach dem Zweiten Weltkrieg wurden dort allerdings immer größere Mengen Block-Cheddar und diverse, von Frankreich finanzierte Weichkäse hergestellt. In der 80er Jahren gelangten zahlreiche neue Bauernkäse durch Besucher oder per Post ins Land. Ich selbst habe die Hersteller beraten und später die erfolgreichen Produkte verkauft. Mein Sohn hat diese Entwicklung verfolgt, so daß ich schließlich 1988 in einer neuen Ausgabe meines Werkes *Great British Cheese Book* auch zwanzig irische Sorten auflisten konnte, der Titel meines Buches ist daher also nicht mehr ganz zutreffend. Zu den Rohmilchkäsen gehören unter anderem Cashel Blue, Milleens (würzig, mit gewaschener Rinde) und andere Weichkäse, halbfeste Schnittkäse und Hartkäse, von denen einige aus Ziegen- oder Schafsmilch gewonnen werden.

Farmhouse Cheddar und Double Gloucester gehören zu den wichtigsten traditionellen britischen Käsesorten. Der seltene, aus Rohmilch gewonnene Farmhouse Lancashire, bei dessen Herstellung die gesäuerte Bruchmasse vom Vorabend mit dem Bruch vom Morgen vermischt wird, ähnelt nach einer Reifezeit von 6 Monaten mit seinem scharfen Geschmack dem französischen Laguiole. Den Cheshire gab es bereits zu Zeiten der Römer. Er verdankt sein charakteristisches Aroma und seinen Geschmack dem salzhaltigen Boden der Region. Heute wird er meist jung verzehrt, doch der in Tücher gewickelte Käse kann auch 18 Monate oder länger reifen. Natürliche Blauschimmelbildung ist selten, in den 60er Jahren jedoch wurde gezielt ein Blue Cheshire entwickelt. Der berühmte Stilton, der bereits in den 20er Jahren des 18. Jahrhunderts bekannt war, ist ein ungepreßter, saftiger, bröckeliger, zylindrischer Käse mit Naturrinde und blaugrünen Adern und wird in seiner Ursprungsregion Leicestershire und im südlichen Teil der Grafschaften Nottinghamshire und Derbyshire hergestellt. Er ist der einzige gesetzlich geschützte britische Käse. Englands ältester Blauschimmelkäse, der Wensleydale, der

Holländischer Edamer mit seinem typischen roten Wachsüberzug.

inzwischen nicht mehr in seiner Ursprungsregion Nord-Yorkshire hergestellt wird, ist fester als der auf natürliche Weise mit Blauschimmel durchsetzte Bauernkäse aus der Zeit vor 1939. Weichere Farmhouse-Käse aus den Dales, den Tälern Yorkshires, haben in Swaledale und in Teesdale überlebt, wo der Käse Cotherstone genannt wird, doch sie werden normalerweise verzehrt, bevor sich Blauschimmel bildet.

Farmhouse Cheddar. GEGENÜBERLIEGENDE SEITE: Eine Herde Milchkühe in Surrey, einer englischen Grafschaft, die für ihre Milchprodukte berühmt ist.

Derby-Mühlsteine, gewachst oder in Tücher gewickelt, sind vom Typ her zwischen dem Lancashire und dem Single Gloucester anzusiedeln. Von allen britischen Käsen besitzt der Leicester den größten in Tücher gewickelten Laib und die stärkste rötliche Färbung. Er wird in seiner Heimatgrafschaft in dem Ort Melton Mowbray hergestellt. Double und Single Gloucester und der marmorierte Berkeley wurden in den 70er Jahren neu entdeckt und aus der Milch der hervorragenden Gloucester-Milchkühe von den Martells in Dymock hergestellt. Um diese Zeit begann eine Käse-Renaissance, die sich über ganz England, Schottland und Wales ausbreitete. Immer mehr Käseliebhaber begannen, sich der biodynamischen Landwirtschaft zuzuwenden, mit dem Ziel, Milch von erstklassiger Qualität und ortstypischem Charakter zu erhalten, die von alten Rinderrassen, Ziegen und Schafen gewonnen wurde. Sie benutzten diese Rohmilch zur Herstellung alter, inzwischen fast vergessener Käsesorten. 1985 wurde der Europäischen Gemeinschaft schlagartig bewußt, daß sie schon viel zu lange für die künstliche Hochhaltung der Milchpreise und den Ankauf und die Lagerung von unverkäuflichen Butterbergen, Blockkäse und Milchpulver gezahlt hatte. Statt jedoch den übermäßigen Einsatz von künstlichen Düngemitteln einzuschränken und die Produktion von minderwertigen Milch-, Butter- und Käseprodukten einzudämmen, wurde aufgrund der rigiden Milchquoten der EG die gesamte Produktion gedrosselt. Die Verfechter der biodynamischen Landwirtschaft mit ihren seltenen Rinderrassen und ihren umweltfreundlichen Methoden, die bisher mühsam versucht hatten, der wachsenden Nachfrage nach ihren Produkten Herr zu werden, sahen sich daher gezwungen, ihren Viehbestand zu dezimieren statt zu vergrößern. Da der besondere ortstypische Charakter der Milch ihre Produkte so einzigartig macht, ist es ihnen unmöglich, ihre Milch von anderen Stellen zu beziehen. Kunstdünger und chemische Spritzmittel »haben inzwischen die Unterschiede zwischen den einzelnen Weidegebieten völlig aufgehoben«, wie der weltweit größte Experte, der inzwischen verstorbene Dr. George Cooke, mir mitteilte. Sie haben die aromatischen Ester in den Grünpflanzen zerstört und rauben damit der Milch und dem Käse einen Großteil des typischen Aromas. Außerdem scheint die Abtötung der zahlreichen natürlichen, gesunden Bakterienstämme im Boden die Entwicklung von Listeria zu begünstigen. Es ist bezeichnend, daß die Milchproben von den biodynamisch betriebenen Höfen in einer der großen Regionen der Käseherstellung stets frei von Listeria sind. Außerdem sind die Tiere auf diesen Höfen gesünder, was durch das American Department of Agriculture nachgewiesen werden konnte, Untersuchungen von biodynamisch betriebenen Höfen in Großbritannien kamen zu demselben Ergebnis.

Käserei und Käsemarkt in Chippenham im Jahre 1850.

Man nimmt an, daß vor etwa 5500 Jahren Hirten vom Festland aus den Kanal überquerten und auf die britischen Inseln gelangten. Mit ihren Familien und Herden wanderten sie langsam nach Nordosten. Ein ehemaliges Lager in der Grafschaft Wiltshire, in der Nähe von Avebury, wird auf etwa 2500 v. Chr. datiert. Es liegt hoch oben auf einem Hügel, umgeben von Gräben, und wurde benutzt, um die Tiere (Rinder, Schafe, Schweine) während der Nacht einzupferchen. Die ersten Käsesiebe aus Terrakotta stammen aus dieser Zeit. Ganz allmählich wurde dieses Gebiet mit seinem Seeklima – feucht, gemäßigt und geradezu ideal als Weideland – immer stärker zur Viehhaltung genutzt. Für die Kelten, die um 400 v. Chr. hier eintrafen, war Milch ein bedeutender Wirtschaftsfaktor. Zur damaligen Zeit durfte ein freier Mann sieben Kühe und einen Bullen besitzen, dazu sieben Säue und einen Eber, sieben Schafe und

Pressen, die für die Herstellung von Cheddar benutzt werden (UNTEN). OBEN: Geräte, die Anfang des 20. Jahrhunderts bei der Bruchverarbeitung verwendet wurden.

genug Land, um die Tiere zu ernähren. Vasallen erhielten die Tiere von ihren Lehnsherren und mußten ihnen dafür als Gegenleistung Gerste und Milch abgeben, aus der weicher, weißer Käse hergestellt wurde.

Milchkühe wurden bei Tauschgeschäften eingesetzt, sozusagen als eine Art Viehwährung, denn Münzen als Zahlungsmittel kannte man zu jener Zeit noch nicht. Hatte jemand einen Sohn und wollte ihn in Pflege geben, um sicherzugehen, daß er eine gute Ausbildung erhielt, kostete ihn dies sechs Färsen und eine Milchkuh. Mädchen waren noch teurer, denn in der keltischen Gesellschaft besaß die Frau bis zur Zeit der normannischen Eroberung einen viel höheren Rang als der Mann, ihre Erziehung kostete daher acht Färsen und zwei Milchkühe.

Dem Beispiel von Julius Caesar nacheifernd, führte Kaiser Claudius seine römischen Legionen durch Gallien und überquerte im 1. Jahrhundert n. Chr. den Kanal. Aufgrund massiver Widerstände der einheimischen Bevölkerung konnte er jedoch trotz sechsmonatiger Expedition Irland und Schottland nicht unterwerfen. Die eroberten Gebiete sollten das Mutterland mit Lebensmitteln versorgen und die Soldaten ernähren, die das römische Reich verteidigten. Die Römer waren es auch, die ihre Methoden der Hartkäseherstellung einführten. Diese recht ansehnlichen Produkte, die gut haltbar waren und sich hervorragend transportieren ließen, gehörten zu den Grundnahrungsmitteln im Marschgepäck der Legionäre. Die Militärvorschriften sahen vor, daß jeder Soldat neben seinen Waffen Vorräte für 15 Tage bei sich führte, dazu gehörte auch ein großes Stück Käse. Einige englische Käsesorten, beispielsweise der Cheshire, sollen aus dieser Zeit stammen.

Die traditionell keltischen Gebiete Wales, Irland und Schottland hielten nicht viel von diesen Hartkäsen und schienen ihre eigenen frischen und wenig gereiften Käseprodukte vorzuziehen, etwa den walisischen Caerphilly. Das 5. Jahrhundert n. Chr. war das Zeitalter der großen Invasionen: Von der dänischen Halbinsel kamen Jüten und Angeln herüber, aus Deutschland Sachsen und aus Skandinavien die Wikinger. Sie alle waren große Anhänger von Milchprodukten und Weichkäsen, eine Vorliebe, die sich rasch unter den besiegten Völkern ausbreitete.

Nachfahren der Wikinger, die Normannen, überwältigten im Jahre 1066 die Sachsen in der Schlacht bei Hastings und brachten ihre eigene Kultur auf die Insel. Die großen Rinder, die sie einführten, waren die Ahnen der Gloucester-

Kühe in der heute für ihre Käseherstellung berühmten Grafschaft Gloucestershire. Während ihres Aufenthaltes auf dem Kontinent konvertierten die ehemaligen Klosterplünderer allmählich zum Christentum. Mit der Zeit ließen sich zahlreiche Gottesmänner auf den Britischen Inseln nieder. Wilhelm der Eroberer ließ seinen Onkel, den damaligen Abt des normannischen Klosters Savigny-en-Bray, nach England kommen. Aus Aufzeichnungen weiß man, daß bereits im Jahre 1150 in Yorkshire Zisterzienser aus den französischen Abteien Jervaulx und Fountains überaus erfolgreich Blauschimmelkäse nach Roquefort-Art herstellten.
Später wurde dieser Vorläufer des Wensleydale sogar in den politischen und religiösen Konflikt verwickelt, der schließlich in der Loslösung Englands vom Papst gipfelte. Heinrich VIII. bemächtigte sich der kirchlichen Besitztümer, unter anderem auch der Klöster, mit allem, was dazugehörte (1536–1539). Damit war auch das Ende der Klosterkäse besiegelt. Im 20. Jahrhundert wurden Milchprodukte zwar immer beliebter, doch während des Zweiten Weltkriegs verschwanden unaufhaltsam immer mehr Farmprodukte, und bestimmte traditionelle Käsesorten, beispielsweise der Stilton, fielen lange Zeit dem Vergessen anheim. Während der letzten 20 Jahre jedoch kam es in der Hauptsache durch die Initiative von Bauernkäsereien allmählich zu einer Renaissance.
Ende der 80er Jahre gab es bereits wieder etwa 200 Bauern, die Käse herstellten, unter anderem Cheddar, Double Gloucester, Cheshire, Caerphilly, Lancashire und Cotherstone. Käsearten wie Single Gloucester und Berkeley wurden wiederentdeckt, und neue Produkte aus Rohmilch, die von Kühen stammte, die auf naturbelassenem, unbelastetem Weideland grasten, wurden nach traditionellen Methoden hergestellt. Viele dieser Käse wurden aus Ziegen- oder Schafsmilch oder aus der Milch alter Rinderrassen gemacht.

Patrick Rance konnte in den 80er Jahren in seinem Geschäft über 100 britische Käsesorten anbieten. 1973 hatte es noch weniger als 50 Höfe gegeben, die mit traditionellen Methoden etwa 30 Käsesorten herstellten. Inzwischen gibt es etwa sechsmal so viele, die 250 Varietäten herstellen. 70 davon sind Ziegenkäse, und 30 werden aus Schafsmilch hergestellt. Die Nachfrage nach Farmhouse-Käsen von immer mehr guten Käsefachgeschäften und anspruchsvollen Restaurants übersteigt heute bei weitem das Angebot.

The Milksop (›Das Muttersöhnchen‹). Stich von T. Rowlandson, frühes 19. Jahrhundert (OBEN). Victoria and Albert Museum, London.
UNTEN: Käsemarkt in Chester. Illustration aus einer Zeitschrift aus dem 19. Jahrhundert.

CAERPHILLY

Der Caerphilly ist der einzige berühmte Käse, der aus Wales stammt. Er wurde gegen Mitte des 19. Jahrhunderts zunächst in der Nähe der kleinen Stadt Caerphilly in Südwales hergestellt und erfreute sich dort bei den Bergarbeitern sofort großer Beliebtheit. Dieser Käse entsprach genau ihren Vorstellungen: Er war mild, nicht zu hart und bereits nach 3 Wochen reif. Zudem hatte er wie alle Milchprodukte den Vorteil, vor den üblen Folgen der eingeatmeten giftigen Dämpfe zu schützen.

- CAERPHILLY

Kuhmilchkäse (48 % F. i. Tr.)
TYP: gepreßt, nicht nachgewärmt, mit Naturrinde
FORM: rund, 35 cm Durchmesser, 7 cm hoch, auch in anderen Größen erhältlich
GEWICHT: 3,6 kg
REIFUNG: 3 Wochen

CHEDDAR

Der Cheddar gehört zu den beliebtesten britischen Käsesorten. Er ist nach dem Dorf Cheddar und Cheddar Gorge in der Grafschaft Somerset in Südwestengland benannt. Im Jahre 1655 beschrieb ihn Thomas Fuller in seinen Schriften als »den größten und besten englischen Käse«. Ursprünglich wurden die eindrucksvollen 28 kg schweren Zylinder auf Gutshöfen hergestellt, und der Fettgehalt hing sehr stark vom Wohlstand des jeweiligen Bauern ab. Wenn er arm war, benötigte er den gesamten Rahm, um Butter daraus zu machen, die er in der Stadt verkaufte. Der Vollmilch-Cheddar, der auf den Märkten verkauft wurde, gelangte ausschließlich auf den Tisch der Reichen. Im Unterschied zum Armeleute-Cheddar besaß er eine cremig-gelbe Farbe. Um diese Farbe zu imitieren, begann man, den Cheddar aus entrahmter Milch mit einer Prise Safran zu färben. Im 17. Jahrhundert wurde derselbe Effekt mit Annatto, dem

Cheddar wird gelagert (UNTEN). OBEN: Reifekeller für Käse. Kleine Cheddar-Käse oder ›Truckles‹, Wells Stores, Streatly. GANZ RECHTS: Cheddar.

Farbstoff des Orleanstrauches, erreicht. Diese Methode war bedeutend preiswerter und wurde später auch bei anderen Käsesorten angewandt, beispielsweise dem Leicester und Cheshire. Obwohl Cheddar, der für den Export bestimmt ist oder im Ausland hergestellt wird, oft eine rötliche Färbung aufweist, enthält echter Cheddar niemals Farbstoffe. Mitte des 19. Jahrhunderts entwickelte Joseph Harding die Cheddar-Herstellung von der handwerklichen zur maschinellen Produktion weiter. Die Industrialisierung hatte ihren Einzug gehalten und machte diesen sehr alten regionalen Käse höchst erfolgreich. Neue Methoden ermöglichten die Verarbeitung immer größerer Mengen Milch, was die Produktion vereinfachte. Die Reifezeit wurde auf einige Monate herabgesetzt, obwohl die Qualität die gleiche blieb. Die kürzere Reifezeit wurde durch höhere Temperaturen erreicht, die den Prozeß beschleunigten. Heute wie damals gibt es jedoch immer noch einige Hersteller, die ihren Käse weiter für einen Zeitraum von neun Monaten bis zu zwei Jahren lagern. Erst in den 60er Jahren begannen die großen industriellen Käsereien, pasteurisierte Milch zu benutzen und die traditionellen Herstellungsmethoden aufzugeben, wodurch der Cheddar genau wie alle anderen industriell hergestellten britischen Käsesorten seinen besonderen Geschmack einbüßte.
Der nach wie vor in Somerset, Devon und Dorset produzierte Cheddar wird heute fast überall imitiert: in Österreich, Belgien, Kanada, Dänemark, Holland, Neuseeland und vielen anderen Ländern, sogar in Afrika.

■ CHEDDAR

Kuhmilchkäse (48 % F. i. Tr.)
TYP: gepreßt, nicht nachgewärmt, Schnittkäse, trockene Rinde
FORM: rund, 40 cm Durchmesser, 40 cm hoch. Auch in Blockform erhältlich
GEWICHT: 2 bis 25 kg und mehr
REIFUNG: durchschnittlich 3 bis 6 Monate, aber auch bis zu 2 Jahre
HANDELSFORM: in Tücher gewickelt

CHESHIRE

Der Cheshire oder Chester, wie er in Frankreich und Belgien genannt wird, wiegt beeindruckende 22 kg und wird in der Gegend um Chester und den benachbarten Grafschaften hergestellt, vor allem in Shropshire. Dieser sehr alte Käse soll angeblich noch aus der Zeit der Kelten stammen, und Gourmets aller Epochen haben nie aufgehört, sein Lob zu singen. Seine außergewöhnliche Qualität verdankt er dem Herkunftsgebiet der Milch, aus der er gemacht wird: dem leicht salzhaltigen Weideland in der Umgebung der Stadt Cheshire an der walisischen Grenze. Fast jeder traditionelle weiße und gefärbte Cheshire wird heute in Tücher gewickelt und gewachst. Die besten Gutshöfe benutzen Rohmilch, und die Abbey Farm Hawkstone in Shropshire hält nach wie vor an der Tradition fest, ihren Cheshire in ungewachstes Tuch zu wickeln. Diese Varianten schmecken mit 18 Monaten kräftig, aber nicht scharf, und entwickeln möglicherweise ›Green Fade‹, die alte Cheshire-Bezeichnung für Blauschimmel (die sich aus der Vermischung des grünlich-blauen Schimmels mit dem aprikosenfarbenen Käse erklärt). Cheshire ist heute härter und wird nach vereinheitlichtem Rezept hergestellt, der ›Green Fade‹ ist daher selten geworden. Er hat einer wichtigen neuen blauen Variante Platz gemacht, dem speziell entwickelten Rohmilchkäse BLUE CHESHIRE der Hinton Bank Farm in Whitchurch in der Grafschaft Shropshire. Er wird nur leicht gepreßt, besitzt eine scheckige Rinde, wird mit Luftdüsen statt mit Nadeln pikiert und weist nach 2 ½ Monaten ein kräftigeres Aroma auf als der alte ›Green Fade‹. Vor etwa 100 Jahren wurde auf einigen Farmen ein weicherer Cheshire hergestellt, wobei der Bruch vom Vortag mit frischer Bruchmasse vermischt wurde, eine Methode, nach der auch Stilton hergestellt wird, daher trug diese Variante den Namen ›Stilton Cheshire‹. Unter diesem Namen verkaufte Patrick Rance den modernen blauen Nachfolger, den SHROPSHIRE BLUE, der von einem Stilton-Hersteller in Schottland entwickelt und in Wirklichkeit niemals in Shropshire hergestellt wurde. Heute wird er von der Long Clawson Stilton Dairy in Leicestershire produziert.

■ CHESHIRE
Kuhmilchkäse (48 % F. i. Tr.)
TYP: gepreßt, nicht nachgewärmt, Schnittkäse, Naturrinde, in Leintuch gewickelt, gewachst oder ungewachst
FORM: rund, die größten Laibe haben 35 cm Durchmesser, 40 cm hoch
GEWICHT: 1, 2, 5, 20 oder 22 kg
REIFUNG: 3 bis 6 Monate oder länger bei ungewachsten Varianten

DERBY

Dieser milde, delikate Käse war ursprünglich eine Spezialität der Grafschaft Derbyshire in den englischen Midlands. Heute wird er aus pasteurisierter Milch hergestellt. Die Reifezeit beträgt im allgemeinen 2 bis 3 Monate, kann aber auch bis zu einem Jahr dauern, falls ein etwas strengerer Geschmack gewünscht wird, der ein wenig an den Lancashire erinnert, obwohl die Konsistenz des Teigs weniger krümelig ist.

■ DERBY
Käse aus pasteurisierter Kuhmilch (48 % F. i. Tr.)
TYP: gepreßt, nicht nachgewärmt, Schnittkäse, Naturrinde

Blue Cheshire (OBEN, KLEINES BILD, UND OBEN RECHTS). Der Käse wird pikiert, damit sich Blauschimmel entwickeln kann.
OBEN LINKS: Herstellung von Farmhouse Cheddar auf einem Gutshof.
UNTEN: Cheshire.

Sage Derby, mit Salbei versetzter Derby, mit grüner Marmorierung und typischem Kräutergeschmack (OBEN LINKS).
MITTE: Dorset Blue Vinney.
OBEN RECHTS: Porträt Heinrichs VIII., unter dessen Herrschaft die Käseherstellung ›demokratisiert‹ wurde.

FORM: rund, 38 cm Durchmesser, 12 cm hoch
GEWICHT: 14 kg
REIFUNG: 3 bis 12 Monate
HANDELSFORM: in gewachstes Leintuch gewickelt

DORSET BLUE VINNEY

Der Dorset Blue Vinney (oder Vinny) ist ein echter regionaler Käse und wird im Sherbourne Tal hergestellt. Er ist ein Hartkäse, der aus der entrahmten Milch von einer oder mehr Melkungen gemacht wird. Der Rahm wurde zum Buttermachen verwendet, ein wichtiger Aspekt der regionalen Wirtschaft. Wenn der Käse reift, bilden sich kleine Risse im Teig, in denen sich Schimmel entwikkelt. Die Entstehung des Schimmels erklärte man sich damit, daß in dem Raum, in dem der Käse heranreifte, Pferdegeschirre aufbewahrt wurden und die Bakterien, die sich auf dem Leder befanden, den Käse verunreinigten. Die Reifezeit kann 12 bis 18 Monate betragen. Dadurch entsteht ein Käse, dessen sprichwörtliche Härte in seiner Heimatregion schon zu unzähligen Vergleichen geführt hat. Der heute produzierte Blue Vinney hat einen bedeutend höheren Fettgehalt als die meisten seiner Vorgänger und entspricht selbstverständlich den heute geforderten Hygieneansprüchen. Nachahmungen dieses Käses, die außerhalb von Dorset hergestellt sind, werden gelegentlich unter dem Namen Dorset Blue verkauft.

■ DORSET BLUE VINNEY
Kuhmilchkäse (40 bis 46 % F. i. Tr.)
TYP: Blauschimmelkäse, nicht nachgewärmt, hart bis halbfest, dicke Naturrinde
FORM: rund, 15 cm Durchmesser, 20,5 cm hoch

GEWICHT: 4,5 kg
REIFUNG: bis zu 9 Monate und länger

GLOUCESTER

Die Herrschaft Heinrichs VIII. brachte große Veränderungen im Bereich der Käseherstellung mit sich, denn nach der Auflösung der Klöster wurde die Käse-

produktion Aufgabe der Bauern. Da die Qualität nicht länger von der strengen Befolgung klösterlicher Regeln bestimmt war, führte die wachsende Anzahl von Käsereien zu einer Vielfalt regionaler Käsespezialitäten. Aus Aufzeichnungen geht hervor, daß der Gloucester bereits im 8. Jahrhundert außerhalb der Grafschaft Gloucestershire bekannt war. Man unterscheidet zwei Arten von Gloucester: Der Single Gloucester, der 6 bis 7 kg wiegt und aus einer Mischung von entrahmter Abendmilch und nicht entrahmter Morgenmilch gemacht wird, ist in Konsistenz und Geschmack leichter, aber saftiger als der goldfarbene Double Gloucester, der fast doppelt so schwer ist wie der Single und aus nicht entrahmter Morgen- und Abendmilch hergestellt wird. Der Gloucester spielt immer noch eine wichtige Rolle bei einem alten Volksfest, das später mit dem Feiern des Pfingstfestes verknüpft wurde. Am Pfingstmontag werden in dem kleinen Dorf Randwick drei mit Blumen und Bändern geschmückte Käselaibe durch die Dorfstraßen getragen, um die Rückkehr des sonnigen Wetters zu begrüßen und dem Vieh Gesundheit und Fruchtbarkeit zu verschaffen. Früher hat man die Käselaibe um die Kirche gerollt, bevor sie schließlich an die Gemeinde verteilt wurden. In Brockworth werden die Käse auf einen Hügel, Cooper's Hill, gebracht und dann heruntergerollt. Das anschließende Verspeisen des Käses gehörte mit zum Vergnügen, besonders für die Kinder, die einen gesunden Appetit entwickelten, nachdem sie mit den Käselaiben den Hügel heruntergerannt waren. Früher bot dieser Brauch außerdem einen guten Test für die hübsche, glänzende Rinde, die immerhin stark genug sein mußte, um den Käse auf seiner langen Reise in andere europäische Länder und nach Amerika zu schützen. Käsehändler prüften die Robustheit außerdem dadurch, daß sie mit beiden Füßen auf den Käse sprangen. Wenn die Rinde einriß, kauften sie den Käse nicht. In den 70er Jahren verkaufte Patrick Rance noch einwandfreien, saftigen natürlich gereiften Double Gloucester. Leider stellte sich der große Arbeitsaufwand, der nötig war, um eine derart harte Rinde zu produzieren, und die lange Reifezeit als zu unrentabel heraus, so daß der Hersteller, der die alte Tradition wieder hatte aufleben lassen, gezwungen war, aufzugeben. Heute wird sogar der in Bauernkäsereien hergestellte Gloucester in Leinentuch gewickelt. Die industriell hergestellte Variante mit Plastiküberzug ist inzwischen zu stark

gefärbt und hat mit dem traditionellen Käse nichts mehr gemein. Seit einiger Zeit haben Veränderungen im Modetrend und Geschmack der Konsumenten dazu geführt, daß Käse mit Kräutern, Knoblauch, Beeren und Gewürzen angereichert werden. Es gibt daher inzwischen diverse Gloucester-Varianten: den COTSWOLD mit Zwiebeln und Schnittlauch, den WINDSOR mit Preiselbeeren und den SHERWOOD mit würzigen Aromen. Der WALTON, dem Walnüsse zugesetzt werden, verbindet die Geschmeidigkeit des Double Gloucester mit der cremigen Beschaffenheit und Schärfe des Stilton.

■ GLOUCESTER

Kuhmilchkäse (48 % F. i. Tr.)
TYP: gepreßt, nicht nachgewärmt, Schnittkäse, rauhe, blaßgelbe oder orangefarbene Rinde
FORM: rund, 38 cm Durchmesser, 6,5 cm hoch beim ›Single‹; 38 cm Durchmesser und 13 cm hoch beim ›Double‹
GEWICHT: 6 bis 7 kg beim ›Single‹; 10 bis 12 kg beim ›Double‹
REIFUNG: bis zu 6 Monate
HANDELSFORM: kleines Etikett mit Markennamen auf dem rotbraunen Wachsüberzug, in Leintücher gewickelt

LANCASHIRE

Dieser regionale Käse wird oft verzehrt, wenn er noch weich ist, und wird seit langem aus Rohmilch von Kühen hergestellt, die auf Weiden grasen, die dem

Windsor Red Cheese, mit Preiselbeerwein verfeinert (OBEN).
OBEN MITTE: Industriell hergestellter Double Gloucester.
UNTEN: Viktorianischer Kuhstall auf der Eastwood Manor Farm, East Harptree.
FOLGENDE SEITEN: Die North Yorkshire Dales.

salzhaltigen Nebel und Sprühregen des Meeres ausgesetzt sind. Echter Lancashire, von zylindrischer Form und in Tuch (oft gewachst) gewickelt, wird im Gegensatz zu den zahlreichen im Handel angebotenen Lancashire-Varianten aus unpasteurisierter Milch hergestellt. Der Bruch von zwei aufeinanderfolgenden Tagen wird vermischt und immer wieder mit den Händen geknetet und gepreßt und schließlich in Tücher gewikkelt. Aroma, Geschmack und die krümelige Konsistenz dieses Käses beginnen sich nach 3 Wochen auszuprägen, nach 6 Monaten ist der Käse schließlich mit dem Laguiole vergleichbar. Varianten, die mit pasteurisierter Milch hergestellt werden, weisen diese Merkmale allerdings nicht auf. Die schlimmste Variante ist der sogenannten ›Simple Acid‹ (der aus dem übersalzenen Bruch einer einzigen Melkung hergestellt wird). Es gibt auch Lancashire, dessen Bruch mit Walnüssen oder Salbei versetzt ist.

Lancashire (UNTEN) und Leicester (MITTE). GANZ RECHTS: Roche Abbey, Yorkshire.

■ LANCASHIRE
Kuhmilchkäse (48 % F. i. Tr.)
TYP: gepreßt, nicht nachgewärmt, Schnittkäse
FORM: rund, 30 cm Durchmesser, 25 cm hoch
GEWICHT: etwa 20 kg
REIFUNG: 3 bis 6 Wochen
HANDELSFORM: in gewachstes Leintuch gewickelt und mit einem kleinen Etikett oder Band versehen (dies gilt nicht für alle Lancashire-Varianten)

LEICESTER

Leicester wurde ursprünglich auf den Gutshöfen in der Gegend von Leicestershire hergestellt, einer berühmten Region der Käseherstellung. Dort produziert man ihn auch heute noch, er wird allerdings auch noch von einigen Bauern und Käsereien außerhalb dieser Grafschaft aus pasteurisierter Milch hergestellt. Typisch ist seine orangerötliche Farbe. Ganz früher pflegte man ihn mit Möhrensaft zu färben, seit etwa 200 Jahren benutzt man Annatto.

■ LEICESTER
Käse aus pasteurisierter Kuhmilch (48 % F. i. Tr.)
TYP: gepreßt, nicht nachgewärmt, Schnittkäse, Naturrinde
FORM: rund, 30 oder 50 cm Durchmesser, 12 cm hoch
GEWICHT: 9 oder 20 kg
REIFUNG: 3 bis 6 Monate

STILTON

Seinen Namen verdankt der ›König der englischen Käse‹ dem Dorf Stilton im Cambridgeshire, das an der alten Straße von London nach York liegt. Erstmals wurde er um 1720 verkauft. Angeblich soll eine gewisse Elizabeth Scarbrow, die Haushälterin der Familie Ashby in Quenby Hall in der Nähe von Leicester, den Stilton erfunden haben. Sowohl sie als auch ihre Tochter, Mrs. Paulet, sorgten dafür, daß ihr Käse rasch bekannt wurde, denn sie belieferten das ›Bell Inn‹, das der spätere Ehemann von Mrs. Paulet führte, mit ihren Qualitätsprodukten. Dieses Gasthaus wurde mit der Zeit sehr berühmt. Gegen Ende des 18. Jahrhunderts stellten bereits zahlreiche Bäuerinnen Stilton aus frischer Morgenmilch her. Daniel Defoe, der Verfasser von *Robinson Crusoe,* besuchte Stilton auf einer seiner zahlreichen Reisen und erinnerte sich später gern an das Dorf, »das für seinen Käse so berühmt« war. Kurze Zeit später, im Jahre 1733, veröffentlichte der berühmte Dichter Alexander Pope seine *Imitations of Horace.* Darin widmete er dem damals bereits berühmten Käse sogar einige Zeilen: »Cheese, such as men in Suffolk make/But wish'd it Stilton for his sake.« Den Höhepunkt seiner Berühmtheit erreichte der Stilton jedoch, als man begann, ihn mit Südweinen zu genießen. Wer als erster auf die Idee kam, Stilton mittels kleiner Metallröhrchen mit Port oder Madeira zu tränken, ist nicht bekannt. Jedenfalls stellte sich die Kombination der saftigen Wiesen Leicestershires mit den prallen, sonnenverwöhnten Trauben der iberischen Halbinsel als äußerst glücklich heraus. Nachdem er eine Woche mit Wein getränkt wurde, schneidet man oben die Rinde wie einen Deckel ab und ißt das weichgewordene Innere mit dem Löffel. Bedauerlicherweise wird COTTENHAM, ein Blaukäse, der eng mit dem Stilton verwandt ist und einst in der Region um Cambridge hergestellt wurde, heute nicht mehr produziert.

■ STILTON

Käse aus Kuhvollmilch (48 bis 55 % F. i. Tr., mit Sahne angereichert)

TYP: Blauschimmel, Naturrinde

FORM: rund, 20 bis 30 cm Durchmesser, 40 cm hoch (groß) oder 25 cm hoch (klein)

GEWICHT: 2 bis 4,5 kg

REIFUNG: zwischen 6 und 12 Monate bei hoher Luftfeuchtigkeit

WENSLEYDALE

Während es den Blue Wensleydale bereits seit mehreren Jahrhunderten gibt, kennt man die weiße Variante erst seit etwa 100 Jahren. Ursprünglich war der Wensleydale ein Schafskäse aus dem Ure Valley, einem Tal in Yorkshire, heute wird er in Hawes und Kirkby Malzeard im Ure Valley, das auch als Wensleydale bekannt ist, hergestellt. Im Nordosten trifft man auf den SWALEDALE aus dem Swale Valley und den COTHERSTONE aus dem Tees Valley in Durham. Beide werden nur in geringer Stückzahl auf kleinen Bauernhöfen hergestellt. Ein Wensleydale aus biodynamischer Produktion wird in Otterbury in Northumbria aus unpasteurisierter Kuhmilch (Ayrshire-Kühe) und Schafsmilch (friesische Milchschafe) hergestellt. Wenn man die besten regionalen Farmprodukte genießen möchte, sollte man unbedingt eine Scheibe Wensleydale mit einem Stück Apfelkuchen probieren.

Harvest Supper von Edna Bizon (GANZ OBEN).
UNTEN LINKS: Stilton.

UNTEN RECHTS: Blue Wensleydale.
OBEN, KLEINES BILD: Farmhouse Wensleydale.

- **Wensleydale**
  Kuhmilchkäse (48 % F. i. Tr.)
  Typ: gepreßt, nicht nachgewärmt, Schnittkäse, weiß oder blau geädert (Blue Wensleydale), Naturrinde
  Form: rund
  Gewicht: 1,2 oder 5 kg
  Reifung: 4 Wochen bis mehrere Monate
  Handelsform: ohne Verpackung, Markenzeichen auf der Rinde

Andere Käsesorten

›Cottage Cheese‹, Frischkäse (Hüttenkäse), war die übliche Kost der armen Landbevölkerung. Es handelt sich hierbei um Speisequark aus entrahmter Milch, der mit frischer Sahne verzehrt werden kann. In Schottland nennt man ihn Crowdie. Caboc (dessen Wurzeln bis ins 15. Jahrhundert zurückreichen) ist in seiner Konsistenz butterähnlich und mit Haferflocken umhüllt.
Lanark Blue, ein Schafsmilchkäse, Dunsyre Blue, aus der Milch von Ayrshire-Kühen, und der Weißschimmelkäse Bonchester, die alle aus unpasteurisierter Milch hergestellt werden, sollten ebenfalls erwähnt werden. In Wales gibt es zahlreiche Höfe, auf denen alternative Landwirtschaft und Viehzucht betrieben wird und die Käse aus unpasteurisierter Milch herstellen. Dazu gehören unter anderem Caerphilly (Maesllyn), Llanboidy, Llangloffan, Pant-y-Llyn, Tynlgrug, Pencarreg und Cardigan aus der Grafschaft Dyfedd und Marianglas (Ziegenkäse) aus der Grafschaft Gwent.
Aus dem Norden Englands stammen der Cumberland Farmhouse (Biokäse, unpasteurisiert) und der Staffordshire. Der Beenleigh Blue (Biokäse aus Schafsmilch) aus dem Südwesten gehört zu den bekanntesten der inzwischen so beliebten neuen Schafs- und Ziegenkäse. Dunlop wurde angeblich 1688 von Barbara Gilmour erfunden. Dieser recht weiche, milde Käse wird aus der Milch von Ayrshire-Kühen gewonnen. Die Schotten essen ihn relativ jung, lassen ihn jedoch für den Verkauf in andere Teile des Landes länger reifen. Heute wird dieser Käse nur noch industriell hergestellt. Die Highlands und Inseln Schottlands produzieren andere milde Farmhouse-Käse, etwa den Orkney, einen Weichkäse mit Naturrinde, und den Islay von den Hebriden.

Dieses relativ flache Land mit seinem kaum ausgeprägten Relief zeichnet sich durch Seeklima und erstaunlich geringe Temperaturschwankungen aus (maximal 10 °C). Daher unterscheiden sich die extrem milden Winter kaum von den kühlen Sommern. Der reichliche Niederschlag und die gemäßigten Temperaturen sind für die Vegetation eine wahre Wohltat. Im Süden des Landes wachsen sogar Palmen. Aus der hervorragenden Qualität des Weidelandes erklärt sich auch, warum drei Viertel der landwirtschaftlichen Produktion Irlands aus der Viehzucht stammt. Doch auch hier nimmt die Zahl der Höfe ab, und immer mehr kleine Höfe verschwinden. Früher produzierte Irland eine große Vielfalt lokaler Käsespezialitäten. Viele von ihnen haben dem Druck durch die Modernisierung der Landwirtschaft nicht standhalten können. Zu den Sorten, die es inzwischen nicht mehr gibt, gehören Mulchan (ein Käse aus Buttermilch), Grus (ein gepreßter Käse mit eigenwilligem Geschmack), der milde Millsen und Faiscre Grotha, ein traditioneller weicher Bauernkäse. Ende der 70er Jahre jedoch beschlossen einige Käser, auch Produkte herzustellen, die außer-

Ein typisches schottisches Hochlandrind (oben). Unten links: Cottage Cheese. Unten rechts: Milleens-Käse aus dem County Cork.

halb ihrer Ursprungsregion nicht mehr produziert wurden. Zur selben Zeit begann Irland Käsesorten herzustellen, die den berühmten Käsespezialitäten der Welt nachempfunden waren, um den Import aus anderen Ländern zu verringern. Dabei handelte es sich keineswegs um nichtssagende Kopien, denn dank hervorragender Herstellungsmethoden und hochwertigem Weideland gelang es, zahlreiche neuartige und ungewöhnliche Varianten zu entwickeln. Der MILLEENS aus der Grafschaft Cork ist in ganz Irland bekannt. Er ist ein flacher, runder, milder Käse mit gewaschener Rinde und wiegt etwa 1,5 kg. RYEFIELD, ein kleiner Käse mit schwarzer Schutzhülle, ist im Grunde ein sehr reifer Cheddar. COOLEENEY, ein sehr weicher Käse, besitzt ein recht ausgeprägtes Aroma (COOLEENEY, der auf Gutshöfen hergestellt wird, ist milder). GUBBEEN aus der Cork-Region ist ein halbfester Käse mit gewaschener Rinde (es gibt auch eine Variante, die über einem Eichenholzfeuer geräuchert wird). KERRY, in dem Gebiet hergestellt, dem er seinen Namen verdankt, ist ein Schnittkäse mit einem Durchmesser von etwa 15 cm und wird manchmal mit Wachs überzogen. CORLEGGY, ein Hartkäse aus Ziegenmilch, besitzt eine Naturrinde und enthält nur pflanzliches Lab. Er wird eigens für vegetarische Konsumenten hergestellt. RING ist ein zylindrischer Käse von 12 cm Durchmesser und hat eine Konsistenz wie gut gereifter Gouda. Der etwas scharfe DESMOND erinnert im Geschmack an den französischen Saint-Nectaire, und GABRIEL, der eine Lochung wie Schweizer Käse aufweist, kann reifen, bis er völlig hart ist. BAYLOUGH ist ein echter regionaler Käse mit ausgeprägtem Geschmack. BALLYDAGUE wird für zahlreiche Rezepte verwendet, während KNOCKANOUR an Port-Salut erinnert.

Blauschimmelkäse werden in verschiedenen Teilen Irlands hergestellt. Aus der Grafschaft Cork stammt der CHETWYND BLUE, ein Käse aus pasteurisierter Kuhmilch, und aus Tipperary kommt der CASHEL BLUE, ein milder, recht bröckeliger Schnittkäse. Außerdem stellt man in Irland Schafskäse, etwa den 3 kg schweren CRATLOE, und Ziegenkäse her, beispielsweise den Schnittkäse LUGH CAUM oder CROGHAN.

Wie in vielen anderen Ländern der Welt gehört der beliebte Cheddar auch in Irland wegen der unkomplizierten Herstellungsmethode zu den meistproduzierten Käsesorten.

BLARNEY

Blarney ist der einzige alte, typisch irische Käse, der in großen Mengen produziert wird. Er ist ein Schnittkäse aus Kuhmilch mit weniger als 50 % Fett. Obwohl man ihn aufgrund seiner Lochung oft als irischen Gruyère bezeichnet, ähnelt er eigentlich eher dem dänischen Samsø.

- BLARNEY
  Kuhmilchkäse (50 % F. i. Tr.)
  TYP: Schnittkäse, rötlich, mit harter Rinde
  FORM: rund
  GEWICHT: ca. 10 kg

In Ballyferriter, Kerry, überqueren Bauern mit der an einem Tag ermolkenen Milch bei Ebbe den Strand (OBEN).
UNTEN: Blick auf das Glendalough Tal, County Wicklow, Irland.

Zwar waren die ersten Menschen, die isländischen Boden betraten, höchstwahrscheinlich irische Mönche, doch es waren die norwegischen Wikinger, die um 870 n. Chr. begannen, das Land ›aus Feuer und Eis‹ auf die Dauer zu besiedeln. Das moderne Isländisch erinnert immer noch stark an das Altnordische, die Sprache, in der diese mittelalterlichen Siedler ihre Sagas schrieben. Die Wikinger waren nicht nur große Fischer und Robbenjäger, sie pflanzten auch Getreide an und hielten Vieh auf den schmalen Küstenstreifen, die ihnen zur Verfügung standen. Die Herden konnten den ganzen Sommer frei herumlaufen und wurden in riesige, von Steinwällen umgebene Pferche, *rettir,* getrieben, wenn der Herbst kam. Den Winter verbrachten sie in Gebäuden, die wie traditionelle Häuser aussahen, mit Erde und Gras bedeckt waren und heute liebevoll gepflegt werden. Nach einiger Zeit holte man kräftige Rinder aus Norwegen, später auch aus Dänemark herüber. Diese Rinder waren zwar nicht sehr robust, aber besser in der Lage, die langen Wintermonate im Stall zu verbringen. Ihr berühmtes Aroma und ihre Reinheit verdankt die isländische Milch dem hochwertigen Gras, das auf dieser durch Umweltschäden noch nicht belasteten Insel wächst. Aufgrund ihres besonderen Aromas sind die isländischen Varianten des Edamer (BRAUDOSTUR), Tilsiter (TILSITTER), Emmentaler (ODALOSTUR), des dänischen Havarti (BURI) sowie des Camembert, Port-Salut und Brie (DALA-BRIE) ausgesprochen wohlschmeckend.

Altmodische, mit Schnitzereien verzierte Milchkanne (OBEN RECHTS).
GANZ UNTEN: Schwefelquellen in Namaskar, in der Nähe von Myvatn, Island.
UNTEN: Skyr.

SKYR

Außer getrocknetem oder geräuchertem Fisch gehört auch Skyr zu den Grundnahrungsmitteln. Ursprünglich wurde dieser weiche, weiße Käse ohne Lab hergestellt: Die Milch wurde zunächst erwärmt und dann dickgelegt, indem man etwas Skyr vom Vortag dazugab. Die Gallerte wurde in Stücke geschnitten und gesiebt. Der Einsatz von Lab verbesserte zwar die Qualität des Käses, doch auch heute noch greift man auf diese einfache Herstellungsmethode zurück. Inzwischen wird Skyr aus der Molke von Kuhmilch hergestellt, die zur Butterproduktion verwendet wird. Andere Käseprodukte aus erhitzter und entrahmter Kuhmilch sind MYSINGUR und MYSUOSTUR, ein brauner, relativ geschmeidiger, sahniger Käse. Skyr wird in verschiedenen Formen hergestellt und verkauft: naturbelassener Skyr, Skyr mit Früchten, AVAXTSKYR, oder mit Sahnezusatz, RJOMASKYR. Bleibt nach der Käseherstellung noch etwas übrig, wird daraus ein Getränk, MYSA, gewonnen.

- SKYR
  Molkekäse aus pasteurisierter Kuhmilch (weniger als 10 % F. i. Tr.)
  TYP: weich
  REIFUNG: wird frisch verzehrt
  HANDELSFORM: 1-Liter-Behälter

In der Vergangenheit war Armut das Los der norwegischen Bevölkerung, und die Größe der Viehherden hing von der Größe des zur Verfügung stehenden Weidelandes und der Anzahl der Familienmitglieder ab, die sich darum kümmern konnten (die langen Winter erforderten, daß große Futtervorräte angelegt wurden). Ziegen, die überall Wurzeln und Gras finden konnten, boten eine zusätzliche Milchquelle für Eltern und Kinder. Trotzdem war die Ernährung der Nordmänner durch Beeren, die reich an Vitamin C sind, Eier und Lebertran (dessen unangenehme Seiten die kleinen Wikinger als erste ertragen mußten) recht ausgewogen und vitaminhaltig. Es überrascht daher nicht, daß diese energiestrotzenden wilden Krieger, die weder Schwert noch Eis fürchteten, überall Angst und Schrecken verbreiteten. Die Nahrungsmittelknappheit im eigenen Land veranlaßte sie, auf die Meere hinauszusegeln, um mit Bernstein, Fischen und Fellen zu handeln und Beute und Sklaven mit nach Hause zu bringen. Die Wikingerherrschaft dauerte zwei Jahrhunderte. Als die Wikinger schließlich zur Ruhe kamen, nachdem sie sich die besten Landstriche angeeignet und die Töchter der von ihnen besiegten Feinde geheiratet hatten, verwandelten sich die wilden Krieger wieder in friedliche Bauern. Sie nahmen den christlichen Glauben an und ließen sich von Mönchen taufen, die sich noch gut an die schrecklichen Geschichten erinnerten, die sie von ihren Vorgängern gehört hatten. Diese mutigen Missionare, meist irische Mönche, hatten nie gezögert, sich Stürmen und Schiffbrüchen auszusetzen, um die Anhänger

von Thor und Odin zu bekehren, wenn das Schicksal ihnen günstig gesinnt war, oder, falls dies nicht der Fall sein sollte, den Märtyrertod zu erleiden. Gewappnet mit Kreuzen und Bibeln, brachten sie zur Linderung des Hungers, der die Nordmänner zu ihren Überfällen auf fremde Länder verleitet hatte, auch die Kunst des Käsemachens mit und lehrten die Nordmänner, den größtmöglichen Nutzen aus ihrer Milch zu ziehen. Die Skandinavier gaben schließlich den irdischen Vorteilen der Landwirtschaft und der Herstellung von Weichkäse vor dem hypothetischen Walhall der Walküren den Vorzug. Mit seinem langen Küstenstreifen am Atlantischen Ozean hat Norwegen Seeklima, das jedoch durch die Präsenz des Golfstroms gemildert wird, und steile Bergregionen, die regelmäßig von starken Niederschlägen heimgesucht werden. Es gibt nur wenig, jedoch qualitativ hochwertiges Weideland, das lediglich 0,3 % der Gesamtfläche des Landes einnimmt. Ackerland findet sich etwas häufiger, es macht jedoch auch nur 3 % der Gesamtfläche aus. Ein Viertel des Landes ist bewaldet, der Rest besteht aus Bergen, und im Norden erstreckt sich die Tundra. Im Sommer ist die Tundra sehr feucht, im Winter wird sie zum Paradies für die Lappen (oder Samen) mit ihren Schlitten und Rentieren. Überall in Lappland

Hölzerne Butterform (20 cm Durchmesser). Die Innenseite des Deckels ist mit einer Schnitzerei verziert, so daß die Butter ein ›Markenzeichen‹ erhält.

OBEN MITTE: Norwegen produziert mehr Ziegenmilch als Kuhmilch.

UNTEN: Der Narvikfjord in Norwegen.

Rentiermilch hat einen höheren Fettgehalt als die Milch der meisten anderen Tiere. Aus ihr werden einige Käsesorten in Lappland, Norwegen und Schweden hergestellt (UNTEN). OBEN: Ein Schaf aus der Voss-Region. UNTEN RECHTS: Gamalost.

sind Rentiere ein wichtiger Wirtschaftsfaktor. Einige wenige kastrierte männliche Tiere werden zum Transport benutzt, die übrigen dienen als Schlachtvieh, deren Fleisch besonders im Süden des Landes sehr geschätzt wird. Die Lappen stellen wie auch die Finnen traditionelle Käsesorten aus Rentiermilch her. Obwohl vier von fünf Norwegern heute Städter sind, vergessen auch sie nicht, daß ihre Vorfahren auf dem Land lebten. Die jüngere Generation schätzt die einfachen Artefakte aus Holz, die den Bauern früher als Gerätschaften im Haushalt dienten. Einen besonderen Ehrenplatz unter diesen Gegenständen nehmen die Eimer, in denen einst die Milch transportiert wurde, und die alten Butterfässer ein. Genauso wie die Menschen in den Bergregionen lernten auch die Bauern im Landesinneren, daß sie ihre Milch am besten nutzen konnten, wenn sie auch die Nebenprodukte von Butter (Buttermilch) und Käse (Molke) verwerteten und in Käse verwandelten. Das Ergebnis sind ›fettfreie‹ Käsesorten (Gamalost mit nur 3 % Fett und Mysost), die heute aufgrund ihres geringen

Fettgehaltes besonders begehrt sind. Würzig, scharf und geschmeidig, stehen sie für die rauhe Härte dieses Landes, dessen Natur ebenso überwältigend ist wie das Frühstück, das man hier liebt. Man denke nur an die berühmten *frukosts:* eingelegte Heringe direkt nach dem Aufstehen, dazu diverse Käsesorten, Eier und Konfitüre.

GAMALOST

Gamalost oder Gammelost ist ein traditioneller, intensiv schmeckender Käse, der von den Almen der steilen Felsenregion hoch über einigen der schönsten norwegischen Fjorde im Gebiet von Bergen stammt. Die Region um den Sognefjord (200 km lang) ist die Heimat einer Gamalost-Variante, die aus Ziegenmilch gewonnen wird, während am Hardangerfjord (170 km lang) eine Variante aus Kuhmilch hergestellt wird. Der Name des Käses scheint gut gewählt (*gammel* = alt und *ost* = Käse), denn die Naturrinde, die aus sich spontan entwickelndem grünlich-braunem Schimmel besteht, verleiht dem Gamalost rasch das Aussehen eines mit der Zeit gereiften alten Käses. Man kann ihn je nach persönlicher Vorliebe entweder jung, nach einem Monat, oder aber erst nach sechs oder mehr Monaten verzehren. Für besondere Feinschmecker wird der Reifeprozeß dadurch vollendet, daß man den Gamalost in Stroh, das mit Gin getränkt wurde, einwickelt. Auf diese Weise kann er langsam von innen her reifen, ohne daß er von unerwünschten Insekten oder Bakterien befallen wird. Genau wie die Engländer ihrem Stilton manchmal einen guten Schuß Port zugeben, können auch die Norweger ihren in Ehren gealterten Gamalost etwas verbraucherfreundlicher machen, indem sie ihn mit einem Messer oder Teelöffel ein wenig aushöhlen und ihr Lieblingsgetränk, Gin, Aquavit oder Bier, hineingießen. Und da wir in Skandinavien sind, kann derjenige, der am Steuer sitzt und die anderen heimfährt, als Alternative genausogut eine Tasse Tee oder Kaffee trinken.

■ GAMALOST

Käse aus Ziegen- (Sognefjord) oder Kuhmilch (Hardangerfjord)

TYP: Blauschimmelkäse, weich. Wenn er

sehr reif ist, wird dieser Käse hart wie Parmesan
FORM: rund, manchmal rechteckig
GEWICHT: 3 kg oder mehr
REIFUNG: 1 bis 6 Monate oder länger

GJETOST

Der Gjetost ist in seiner Heimat der beliebteste Käse. In anderen Ländern existieren vergleichbare Varianten, die unter anderem Namen verkauft werden, etwa der Getost in Schweden. Ganz in der Tradition eines echten Bauernkäses wird er aus allem hergestellt, was gerade vorhanden ist, entweder aus Kuh- oder Ziegenmilch oder aus einem Gemisch beider Milcharten (heute meist im Verhältnis von 90 % Kuhmilch zu 10 % Ziegenmilch). Puristen lehnen es ab, ihn als Käse zu bezeichnen, da sie mit Recht einwenden, daß bei seiner Herstellung kein Lab zugesetzt wird. Dennoch hat der Gjetost viele Generationen von Bauern ernährt und gehörte zu den Grundnahrungsmitteln, die von den Wikingern auf ihre zahlreichen Expeditionen mitgenommen wurden. Er wird aus Molke hergestellt, die in Norwegen *Mysost* heißt. Wie sein Name verrät (*gjet* = Ziege und *ost* = Käse), war er ursprünglich ein Ziegenkäse, und nur diese authentische Variante trägt den Zusatz *Ekte*. Wenn zu seiner Herstellung lediglich Kuhmilch verwendet wird, lautet der korrekte Name des Käses MYSOST. Die Molke, die vom Buttermachen übrig geblieben ist, wird langsam in Behältern aus Edelstahl erhitzt und so lange gerührt, bis die Menge auf ein Viertel eingekocht ist. Das Ergebnis ist

eine braune Karamelpaste, die *Prem* genannt wird. Um Geschmack und Fettanteil zu steigern, wird Sahne oder Milch zugesetzt, dann wird der Käse in Blöcken verpackt, deren Gewicht zwischen 250 g und 1 kg variiert. PULTOST, der auch nach seiner Herkunftsregion benannt sein kann, ist ein Kuhmilchkäse mit niedrigem Fettgehalt (10 %) und wird ebenfalls aus Molke hergestellt. Er kann ähnlich wie Gjetost verarbeitet werden, indem Sahne, Gewürze und aromatische Kräuter als Geschmacksverstärker zugesetzt werden.

■ GJETOST
Käse aus Ziegen- (Ekte) oder Kuhmilch oder aus einer Mischung der beiden Milcharten (35 % F. i. Tr.)
TYP: Schnittkäse, bräunlich
FORM: rechteckig
GEWICHT: 250 g oder 1 kg
HANDELSFORM: in Plastikfolie verpackt

JARLSBERG

Dieser sehr alte Käse war schon in Vergessenheit geraten, wurde jedoch während des letzten Jahrhunderts als Bauernkäse wieder neu entdeckt. Jarlsberg, der ›Emmentaler der Fjorde‹, verdankt seinen Namen der ältesten Wikingersiedlung in Norwegen in der Nähe von Tonsberg am Oslofjord. Er wurde wieder hergestellt, nachdem Mitte des 19. Jahrhunderts einige Bauern im Süden des Landes eine Genossenschaft gründeten, die von der Abteilung für Landwirtschaftliche Forschung der Universität von Ås unterstützt wurde. Der Jarlsberg wird aus Sommermilch hergestellt, die von hochgelegenen Almen stammt, deren Flora, zum Teil bedingt durch die unermüdliche nordische Sonne, sich durchaus mit den Almen der Schweizer Alpen messen kann. Der Jarlsberg ist in Norwegen äußerst beliebt und wird in die Vereinigten Staaten und viele andere Länder exportiert.

■ JARLSBERG
Käse aus pasteurisierter Kuhmilch (45 % F. i. Tr.)
TYP: gepreßt, nachgewärmt, mit unregelmäßiger runder Lochung und glatter Rinde
FORM: rund, 30 cm Durchmesser, 10 cm hoch
GEWICHT: 10 kg
HANDELSFORM: Stempel direkt auf der Rinde

Gjetost ohne Verpackung (OBEN LINKS) und in seiner Plastikhülle (OBEN). UNTEN: Jarlsberg.

NÖKKELOST

Die Skandinavier brachten verschiedene Schnittkäse aus Holland mit, darunter

Norbo und Ridder. Ein weiterer Käse war der Nökkelost, der Gewürznelken enthielt. Im 17. Jahrhundert besaß die holländische Stadt Leiden das Gewürzmonopol in Westeuropa. Als Folge davon trägt Nökkelost heute auf seiner Rinde die zwei Schlüssel aus dem Wappen dieser Stadt (*nökkel* = Schlüssel).

Nökkelost (OBEN LINKS).
UNTEN: Ein Schäfer mit seiner Familie in Delecarlie, Schweden. Gemälde aus dem 19. Jahrhundert. Bibliotheque des Arts Décoratifs, Paris.

- NÖKKELOST
  Käse aus Kuhmilch (45 % F. i. Tr.)
  TYP: gepreßt, nicht nachgewärmt, enthält Gewürznelken, glatte Rinde
  FORM: rund oder rechteckig
  GEWICHT: 5 bis 15 kg
  REIFUNG: 3 Monate
  HANDELSFORM: unverpackt mit Stempel

Schweden blickt auf eine lange Geschichte von Eroberungen zurück, die man wohl kaum als sanft oder schonend bezeichnen kann. Wer könnte die starken Dynastien der Langobarden, Burgunder und Goten vergessen, die aus der alten Heimat der Suionen stammten? Der Name Schweden geht auf diesen germanischen Stamm zurück, der im 2. Jahrhundert vom römischen Geschichtsschreiber Tacitus erwähnt wird. Es ist sicher schwierig, ihre Bedeutung für die Landwirtschaft abzuschätzen, doch man darf nicht vergessen, daß die Burgunder der französischen Provinz Burgund ihren Namen gaben, eine Region, die berühmt ist für ihre erstaunliche Vielfalt an köstlichen Käsesorten und berühmten Weinen. Die überraschende Wandlung der Wikinger von heidnischen Kriegern und Eroberern zu friedlichen Bauern, die ihr Land liebten, wurde von Mönchen erzielt, die ebenso überzeugt von ihrem Glauben waren wie die Wikinger von ihrer Kraft und Stärke. Im 9. Jahrhundert schickte Ludwig der Fromme, der Sohn Karls des Großen und König der Franken, den Benediktinermönch Ansgar nach Skandinavien. Ansgar unternahm zahlreiche Reisen nach Jütland, von denen er jedesmal unverrichteter Dinge heimkehrte, schließlich hatte er jedoch bei den Schweden mehr Glück. Sie erlaubten den Bau von Kirchen, und der schwedische König Olaf ließ sich sogar vom Erzbischof von York taufen. Neben der christlichen Botschaft, ihrem Glauben und ihren heiligen Büchern brachten die Mönche auch Handbücher über die Kunst der Käseherstellung mit. In dieser rauhen, unwirtlichen Umwelt benötigten sie nicht nur geistige, sondern auch irdische Nahrung. Als sie ihre Kreuze im Land von Thor und Odin errichteten, bauten sie auch eigenständige Zisterzienserklöster, zu denen Käsereien, Felder und Weiden gehörten. Die Bauern, die auf diesem Land

lebten, bezahlten später ihre Schulden in Form von Milchprodukten, wie dies auch in anderen europäischen Ländern gehandhabt wurde. Wie in Norwegen wurde auch die Molke, die bei der Herstellung von Butter und Käse, die zum Verkauf bestimmt waren, übrig blieb, stets genutzt. Man stellte daraus karamelfarbene Käse mit geringem Fettgehalt her: GETOST, MESOST und GETMESOST. Diese Käsesorten, nach traditionellen Methoden hergestellt und zum eigenen Verzehr bestimmt, sind in Schweden auch heute noch beliebt. GOTAOST oder Gotlandkäse wird von alters her aus Kuh- oder Ziegenmilch gemacht. Gotland, eine Insel in der Ostsee, war einst Sammelpunkt für viele Eroberungsfahrten und gehörte zu den großen Zentren der Wikingerkultur. Von der glorreichen Vergangenheit dieser Insel zeugen auch heute noch die reich ausgestatteten Grabhügel, in denen Goldmünzen aus allen Teilen Europas gefunden wurden. PRÄSTOST, ein handgemachter Weichkäse, der in mehreren Verfahrensschritten hergestellt wird, ist ein traditionsreiches Überbleibsel aus alten Zeiten. Auch als ›Priesterkäse‹ oder ›Pfarrhauskäse‹ bekannt (*präst* = Priester), wurde er früher von der Pfarrersfrau aus der Milch hergestellt, die ihr die Gemeindemitglieder brachten. Zuerst wurde die frische Milch dickgelegt, dann gesalzen und in ein Tuch gewickelt und darin gepreßt, um das Ablaufen der Molke zu be-

schleunigen. Dann wurde der Käse einige Tage im Keller gelagert, wo er heranreifte. Schließlich konnte er zum Markt gebracht werden. Er wurde zu einem runden Laib geformt, dessen Gewicht je nach Menge der gespendeten Milch variierte. Man konnte dem Käse daher genau ansehen, wie großzügig die Gemeinde des jeweiligen Pfarrers war. War der Priester beliebt, konnte er damit rechnen, Käse mit einem Gewicht von weit mehr als 10 Kilo zu verkaufen. Prästost gibt es heute auch in zahlreichen ›weltlichen‹ Varianten, beispielsweise als SAARLAND PFARR. Bei dieser Variante wird der Bruchmasse ein wenig Whisky zugegeben, danach wird der Prästost während seiner Reifezeit zweimal pro Woche mit Whisky gewaschen. Diese Behandlung findet in einem kühlen Keller mit hoher Luftfeuchtigkeit statt. Der Geschmack des Käses erinnert an den des französischen Langres au Marc de Bourgogne, einem Käse mit gewaschener Rinde, der in *Marc* gelegt wird, einen Tresterbranntwein, den man aus den Preßrückständen von Weinbeeren herstellt.

Typischer Bauerhof in der Nähe der dänischen Grenze (OBEN LINKS).
MITTE: Prästost.
OBEN: Åseda.

ADELOST

In Schweden liebt man nicht nur scharf schmeckende Käse, auch Blauschimmelkäse stehen hoch im Kurs. Adelost ist dafür ein hervorragendes Beispiel.
Er wird industriell aus Kuhmilch hergestellt und hat die Form eines breiten Zylinders.

- ADELOST
  Käse aus pasteurisierter Kuhmilch (45 % F. i. Tr.)
  TYP: Blauschimmelkäse, Naturrinde
  FORM: rund, 18 cm Durchmesser, 10 cm hoch
  GEWICHT: 2,5 kg
  REIFUNG: 2 bis 3 Monate
  HANDELSFORM: in Silberfolie verpackt

HERRGÅRDOST

Auch in Schweden wird Käse des Emmentaler-Typs hergestellt, der jedoch trotzdem ein regionales Produkt ist. Die

Mit Kümmel versetzter Kryddost (OBEN). OBEN RECHTS: Sveciaost. UNTEN: Herrgårdost.

Schweden sind geradezu versessen auf diesen Käse. Herrgårdost ist zwar ein gepreßter Schnittkäse, jedoch etwas fester als andere Käse desselben Typs. Sein Fettgehalt liegt bei 45 %, und obwohl seine Löcher nicht so groß sind wie die des Emmentalers, ist sein Geschmack genauso mild wie der seines Schweizer Verwandten. Herrgårdost hat die Form eines Wagenrades und braucht etwa 3 Monate, um zu reifen, kann aber auch verzehrt werden, wenn er härter ist. GREVE ist ein weiterer wagenradförmiger Käse, wiegt etwa 15 kg und hat einen Fettgehalt, der je nach Region zwischen 30 und

45 % schwankt. Wie der Emmentaler ist auch er für sein mildes Aroma bekannt, benötigt jedoch etwa 10 Monate, bis er voll ausgereift ist.

■ HERRGÅRDOST

Käse aus pasteurisierter Kuhmilch mit mittlerem Fettgehalt zum täglichen Verzehr (30 bis 45 % F. i. Tr.)

TYP: gepreßt, erhitzt (45 °C), Schnittkäse mit Lochung, Naturrinde

FORM: rund

GEWICHT: 12 bis 20 kg

REIFUNG: 4 Monate

HANDELSFORM: unverpackt mit Etikett

HUSHÅLLSOST

Es dauerte recht lange, bis man auch in Schweden beschloß, einen Käse aus Vollmilch herzustellen, da man aus der Milch nach alter Tradition immer zuerst Butter für den Verkauf hergestellt hatte und nur die übriggebliebenen Reste zur Käseherstellung genutzt wurden. Heute verfügen die schwedischen Molkereien jedoch über die neuesten Herstellungstechniken und haben große Mengen qualitativ hochwertiger Milch zur Verfügung – 5000 kg Milch pro Kuh im Jahr! Basierend auf einem Genossenschaftssystem, das seit über einem Jahrhundert erprobt und bewährt ist, stellt man in Schweden heute hervorragende Nachschöpfungen von berühmten ausländischen Spezialitäten her: Cheddar, Gouda, Tilsiter, Camembert, Brie und Port-Salut. Doch es gibt auch einen regionalen Käse, der auf traditionelle bäuerliche Weise hergestellt wird: Hushållsost, ein kleiner Kuhmilchkäse, der manchmal einen Fettgehalt von bis zu 60 % aufweist. Er ist ein gepreßter, nicht nachgewärmter zylindrischer Käse, der relativ schnell reift, in einem feuchten Reifekeller benötigt er 2 Monate.

■ HUSHÅLLSOST

Käse aus pasteurisierter Kuhmilch (bis 60 % F. i. Tr.)

TYP: gepreßt, nicht nachgewärmt, Schnittkäse, Naturrinde

FORM: rund

GEWICHT: 1 bis 2 kg

REIFUNG: 2 Monate

HANDELSFORM: unverpackt mit Etikett

SVECIAOST

Dank der Tradition des Hansehandels exportierte Schweden seit langem erfolgreich Milchprodukte nach Nowgorod, Riga, Visby, Danzig, Lübeck, Hamburg, Köln, Brügge, London und Bergen. Der Handel zwischen den Ländern an Ost- und Nordsee hatte für die Verbreitung der Herstellungstechnik von Käse tiefgreifende Folgen. Der Einfluß der Niederlande, die viele Jahre lang verschiedene Schnittkäse lieferten, kann an der Anzahl von Gouda- und Edamer-Varianten abgelesen werden, die man in Schweden herstellt. Einer dieser Käse ist der Svecia, ein relativ großer Käse mit gewachster Rinde, der 20 Kilo wiegt. Er ist ein gepreßter Schnittkäse mit einem Fettgehalt von 45 % und kleiner Lochung. Er kann in verschiedenen Reifestadien verzehrt werden, je nachdem ob man ihn mild (3 Monate) oder eher kräftig (1 Jahr oder mehr) bevorzugt. Man findet auch Svecia-Varianten mit rotem Wachsüberzug, die mit Gewürznelken oder Kümmel versetzt sind. Beide können bereits nach einer kurzen Reifezeit von 8 Wochen verzehrt werden. VÄSTERBOTTEN ist ein naher Verwandter des Svecia, er ist jedoch größer. Er ist ein relativ flacher, runder Käse, gepreßt, nicht nachgewärmt, hat nur eine kurze Reifezeit (zwischen 8 und 10 Wochen) und schmeckt daher milder. Sollte man jedoch ein kräftigeres, schärferes Aroma vorziehen, kann man ihn auch genausogut nach einer längeren Reifezeit verzehren. KRYDDOST, ein weiterer zylinderförmiger Käse mit Kümmel- oder Nelkenzusatz, ist ein typischer Vertreter der Käsesorten mit schärferem Geschmack und wird ›alt‹ gegessen (12 Monate oder mehr). Es gibt zahlreiche schnell reifende Käse, die Gewürze in unterschiedlicher Menge enthalten (Kümmel, Nelken oder Pfeffer). Zu diesen Sorten gehört auch der RIDDAROST, ein rindenloser Käse mit oder ohne Gewürze, der erst in seiner endgültigen Verpackung ausreift.

■ SVECIAOST

Käse aus pasteurisierter Kuhmilch (30 bis 50 % F. i. Tr.)

TYP: gepreßt, nicht nachgewärmt, Schnittkäse, gewachste Rinde

FORM: rund, etwa 30 cm Durchmesser, 13 cm hoch

GEWICHT: 12 bis 14 kg

REIFUNG: 2 bis 4 Monate oder mehr

HANDELSFORM: unverpackt mit Stempel

Vor vielen tausend Jahren kamen die Finnen aus den weiten Steppen westlich des Urals und erlernten die Viehzucht und die verschiedenen Arten der Milchverwertung von ihren baltischen Nachbarn. Trotz des Landklimas können finnische Kühe nicht wie die meisten ihrer Artgenossen das ganze Jahr draußen auf saftigen grünen Weiden verbringen. Das rauhe Klima der höheren Breitengrade zwingt die Bauern, ihre Tiere während der sechs eisigen Wintermonate in warmen Ställen unterzubringen. Finnland gehörte lange Zeit zu Schweden, während dieser Zeit kamen die Finnen auch in Kontakt mit den westlichen Methoden der Käseherstellung. Obwohl auf dem Land immer noch traditionelle Käsesorten hergestellt werden, sind in den Hafenstädten der Ostsee ausländische Produkte schon seit langem beliebter. Es scheint ganz so, als richte Finnland seine Blicke seit dem Mittelalter gen Westen. Der amerikanische Schriftsteller D. S. Connery hat Finnland einmal als den »Exzentriker Europas« bezeichnet, was nicht nur auf die Geographie, Sprache und Geschichte des Landes zutrifft, immerhin hat Finnland über 50 Kriege gegen Rußland verloren und es dennoch geschafft, unabhängig zu bleiben, sondern auch im Hinblick auf seine Käsesorten: Jeder Käse ist ein echtes Unikat. Im Land der Aurora borealis, in den riesigen Weiten jenseits des Nördlichen Polarkreises, ist Käse aus Rentiermilch genauso beliebt wie Rentierfleisch. Rentierkäse ist eine Spezialität, die, wie man es in derart eisigen arktischen Regionen fast erwarten könnte, in heißen Kaffee getunkt wird.

Um sie herzustellen, wird Milch auf 38 °C erwärmt und Lab zugesetzt. Die Gallerte wird gepreßt, in rechteckige Stücke geschnitten und getrocknet. Bauern stellen auch heute noch gern regionale Käse her, einer davon heißt ILVES, wiegt 2 Pfund und hat einen maximalen Fettgehalt von 45 %, während des Gerinnens wird noch ein Ei zugegeben. Heute wird ILVES häufiger industriell als auf den Höfen oder in Privathäusern hergestellt. Ein anderer Käse, JUUSTOLEIPA, wird zuerst noch über Feuer geröstet, bevor er reifen darf. Der desolate Zustand, in dem sich das Land Ende

In Tenala wird finnischer Gruyère hergestellt (OBEN). UNTEN: Finnische Landschaft.

Eine finnische Bäuerin hält einen Juustoleipa-Käse über ein Kaminfeuer (RECHTS).
UNTEN: Finnischer Gruyère.

GANZ UNTEN: Eine Auswahl finnischer Käsesorten: hinten Tutunmaa, in der Mitte Ilves, links davon Juustoleipa.
GANZ RECHTS: Alte dänische Schmiede in Orbach, Fionie.

des Zweiten Weltkriegs befand, und die immensen Reparationszahlungen, die es in äußerst kurzer Zeit an die ehemalige UdSSR zu zahlen hatte, zwangen Finnland, sich eine hochmoderne Industrie aufzubauen, um überhaupt überleben zu können. Ganz von vorn anzufangen hat jedoch den Vorteil, daß man über die modernsten Maschinen und die neueste Technologie verfügt. Wie seine skandinavischen Nachbarn versuchte auch Finnland, seine landwirtschaftliche Produktion, Qualität und Effizienz zu steigern, indem es mit anderen Ländern zusammenarbeitete. Schwedische Käsehersteller wurden ins Land geholt, um den Finnen die Herstellung von Emmentaler beizubringen. Heute stammt fast der gesamte Emmentaler, der in die Vereinigten Staaten exportiert wird, aus Finnland, und seine Qualität ist wirklich ausgezeichnet.

TUTUNMAA

Das Land der tausend Seen ist zu Recht stolz auf seine vollkommen unbelastete Natur und produziert sowohl für den eigenen Markt als auch für den Export eine breite Palette von Käsesorten mit unverwechselbar finnischen Namen. Inzwischen ist Finnlands Milchindustrie völlig automatisiert, und auch der Hygienestandard entspricht den berühmten ›skandinavischen Qualitätsanforderungen‹. Tutunmaa gehört zu den pasteurisierten Käsen des Gouda-Typs. Sein Geschmack verrät zweifellos die vorzüglichen Weiden, auf denen die finnischen Kühe grasen. Andere Varianten des Gouda-Typs sind KARTANO und KORSHOLM. Auch in Finnland wird Cheddar hergestellt, hier heißt er JUHLA, ebenso Tilsiter, KREIM, und ein Blauschimmelkäse namens AURA.

■ TUTUNMAA
Käse aus pasteurisierter Kuhmilch (50 % F. i. Tr.)
TYP: gepreßt, nicht nachgewärmt, Schnittkäse, mit kleiner, unregelmäßiger Lochung, natürliche, gewachste Rinde
FORM: rund
GEWICHT: 6 kg (10 kg bei Korsholm)
REIFUNG: 2 bis 3 Monate

Die Dänen waren bereits vor 4000 Jahren leidenschaftliche Milchtrinker, stellten allerdings keinen Käse im modernen Sinne her, d. h., sie verwendeten kein Lab, doch sie ließen die Milch gerinnen und sauer werden, was durchaus als Schritt in die richtige Richtung betrachtet werden kann. Als das Klima sich ca. 1500 v. Chr. zu erwärmen begann, erlebten auch Getreideanbau, Viehzucht und Handel eine Blütezeit. Das Goldene Zeitalter Skandinaviens begann. Obwohl die Menschen dort weder Gold, Kupfer oder Zinn besaßen, entwickelten sie sich sehr bald zu den geschicktesten Goldschmieden Europas. Da sie den Bernsteinhandel an der Ostsee kontrollierten,

konnten sie in den Besitz von Metallen kommen, indem sie mit benachbarten Städten im Süden Handel trieben. 1000 Jahre später, als gesunkene Temperaturen die Getreideernten schmälerten, mußten die Bauern Ställe bauen, um ihre Tiere vor Kälte zu schützen, und enorme Mengen von Heu lagern, damit das Vieh während der jetzt langen Winter genügend Futter hatte. Im 9. Jahr-

hundert war schließlich fast das gesamte Land von Wäldern bedeckt, und der Boden, auf dem Getreide gesät werden konnte, war knapp geworden. Dies war auch der Grund für die Feldzüge der landhungrigen Skandinavier. In der Normandie, wo Land und Klima sie an ihre Heimat erinnerten, fanden die dänischen Wikinger, was sie suchten. Während ihre nördlichen Nachbarn in den ›polaren Wintern‹ in ihren Bergregionen und oft unfruchtbaren, kargen Gebieten der Kälte trotzten und dennoch stolz auf ihre rauhe, aber wunderschöne Landschaft waren, dankte man in Dänemark, wo der höchste Berg weniger als 200 Meter hoch ist, dem Himmel für das milde, feuchte Seeklima, das die Wiesen dieser langen Inselkette, die von Deutschland bis Schweden reicht, so frisch und saftig macht. Im 13. Jahrhundert erlebte die Wirtschaft des Landes durch das Wachstum der Städte und den Ausbau des Handels einen Aufschwung, so daß ein Teil der Produkte exportiert werden konnte.

›Holländische Käse‹ wurden ein beliebter Handelsartikel, teils wegen ihres Geschmacks, teils aber auch, weil sie sich hervorragend transportieren ließen. Damals wie heute unterlag die Käseherstellung strengen Regeln, die Produkte selbst waren jedoch auch eine Art Statussymbol. Um ihren Wohlstand zu beweisen und andere zu beeindrucken, wetteiferten Bauern darum, die größten Laibe zu produzieren. Veränderungen im Bereich der Eigentumsverhältnisse, ein Gefühl der Unsicherheit und die Weigerung der kleinen Bauern, ihre sozialen Bedingungen zu akzeptieren, sind noch nie ideale Voraussetzungen für den Fortschritt der Käseindustrie gewesen. Als Folge der zahlreichen Konflikte zwischen Dänemark und Schweden seit dem 16. Jahrhundert fühlten sich die Bauern schließlich durch die wachsenden Verpflichtungen ihren Herren gegenüber unterdrückt. Doch die Situation verschlechterte sich noch weiter, und sie gerieten in die Fänge von Landbesitzern und deutschen Einwanderern. Zum damaligen Zeitpunkt gab es schließlich nicht einmal mehr tausend unabhängige Bauern. Erst im Jahre 1788 ermöglichten neue Gesetze eine Umverteilung des Landes. Mitte des 19. Jahrhunderts war die Zeit des Absolutismus schließlich zu Ende, und Anfang des 20. Jahrhunderts wurde die Genossenschaftsbewegung zur treibenden Kraft und mit ihr das Recht auf persönliche Freiheit; so begann die Käseherstellung zu florieren.

DANABLU

Nachdem Dänemark jahrzehntelang Käse nach holländischem Vorbild hergestellt hatte, begann man schließlich auch mit der Produktion von Spezialitäten aus südlichen Ländern. Dänische Käser beschäftigten sich eingehend mit Roquefort, Gorgonzola und anderen

Ein Kanal in Kopenhagen (OBEN). UNTEN: Das Innere einer modernen dänischen Großmolkerei.

Mycella (oben).
Ganz oben: Danablu.
Ganz rechts: Danbo.
Unten: Ein malerischer kleiner Hafen der Färöer-Inseln.

Blauschimmelkäsen. Man konnte sie natürlich nicht ganz genau kopieren, doch die hervorragende Qualität der dänischen Weiden und die strengen Herstellungskontrollen, die von der Industrie vorgeschrieben waren, führten zur Entwicklung dänischer Blauschimmelkäse ganz eigener Art. Der in seinem Ursprungsgebiet sehr beliebte Danablu oder Marmora hat auch im Ausland großen Erfolg. Er ist ein heller Käse, der wie ein Roquefort geformt ist und aus homogenisierter Kuhmilch hergestellt wird. Er wird von blaugrünen Schimmeladern durchzogen und in Silberfolie mit Markenbezeichnung angeboten.
Mycella ist ein weiterer dänischer Blauschimmelkäse, in seiner Konsistenz jedoch cremiger. Wenn der Danablu die dänische Version des Roquefort ist, entspricht der Mycella dem Gorgonzola. Seine grünlichen Adern verdankt er der Versetzung mit *Penicillium mycellium*. Er ist größer als Danablu und wiegt zwischen 5 und 9 kg.

- DANABLU
  Käse aus pasteurisierter Kuhmilch (50 bis 60 % F. i. Tr.), geschützt durch die Stresa-Konvention
  Typ: Blauschimmelkäse, gelbliche Rinde mit Außenschimmel
  Form: rund, 20 cm Durchmesser
  Gewicht: 3 kg (runder Laib), 2 kg oder mehr (Block)
  Reifung: 2 bis 3 Monate
  Handelsform: in Silberfolie mit aufgedrucktem Markennamen eingeschlagen

Danbo

Danbo ist ein Schnittkäse, der mit dem Samsø verwandt ist und eine regelmäßige Lochung mittlerer Größe aufweist. Er ist wie ein quadratischer Block geformt und auch mit Kümmel gewürzt erhältlich. Er gehört zu den berühmten dänischen Käsesorten, ist außerordentlich beliebt und überall im Ausland begehrt. Fynbo, Elbo, Svenbo und Molbo sind in ihrer Konsistenz ähnlich und besitzen einen aromatischen Geschmack. Tybo wurde in einem kleinen Dorf im Norden der Insel Seeland hergestellt und gehört zu den ältesten dänischen Käsesorten. Sowohl mit als auch ohne Gewürze wurde er häufig kopiert und nach den verschiedensten Regionen benannt. Berühmt wurde dieser

dänische Käse, als König Christian II. (1513–1523) holländische Käser als ›technische Berater‹ ins Land rief.
Maribo hat einen hellgelben Wachsüberzug und ist ein entfernter Verwandter des Gouda. Er ist ein gepreßter Schnittkäse mit recht kräftigem Geschmack und kleiner, unregelmäßiger Bruchlochung. Er wird sowohl als runder Laib als auch in rechteckiger Form von 9 bis 14 kg angeboten, hat einen Fettgehalt von 30 bis 45 %.

- DANBO
  Käse aus pasteurisierter Kuhmilch (45 % F. i. Tr.)
  Typ: gepreßt, nicht nachgewärmt, Schnittkäse mit mittelgroßen Löchern, mit oder ohne Kümmel, Naturrinde mit gelblichem Wachsüberzug
  Form: 25-cm-Blöcke
  Gewicht: 6 kg
  Reifung: 2 bis 3 Monate, plus Waschen

Esrom

Dieser sehr milde Kuhmilchkäse verdankt seinen Namen dem alten Kloster

Esrom auf der Insel Seeland. Er wurde von Mitarbeitern des staatlichen dänischen Milchwirtschaftsinstituts ›wiederentdeckt‹ und dem modernen Trend entsprechend neu entwickelt.

■ ESROM

Käse aus pasteurisierter Kuhmilch (45 oder 60 % F. i. Tr.), geschützt durch die Stresa-Konvention von 1952

TYP: gepreßt, geschmeidig, weich, unregelmäßige kleine Lochung, mit oder ohne Kümmel oder Gewürze erhältlich, dünne Rinde mit gelbem Wachsüberzug

FORM: Block

GEWICHT: 200 g bis 2 kg

REIFUNG: 3 Wochen

HANDELSFORM: in Goldfolie mit aufgedrucktem Markennamen verpackt

HAVARTI

Dieser dänische Käse trägt den Namen des Gutshofes, auf dem er Mitte des 19. Jahrhunderts von einer Bäuerin, die Europa bereiste, um die Herstellung von Käse zu studieren, entwickelt wurde. Havarti gehört zu den berühmtesten dänischen Käsespezialitäten. Er schmeckt je nach Reifegrad mehr oder weniger pikant.

■ HAVARTI

Käse aus pasteurisierter Kuhmilch (30 oder 45 % F. i. Tr.)

TYP: gepreßt, nicht nachgewärmt, Schnittkäse, unregelmäßige kleine Lochung, mit oder ohne Kräuter oder Gewürze, dünne Naturrinde, manchmal mit rotem Wachsüberzug

FORM: rund oder Block

GEWICHT: 2 bis 4,5 kg

REIFUNG: 1 Monat, gewaschene Rinde

SAMSØ

Anfang des 19. Jahrhunderts ließ der dänische König, der großes Interesse an der Herstellung von Käse hatte und beabsichtigte, auch auf diesem Gebiet erfolgreich zu sein, Schweizer Käser ins Land bringen, um den Dänen deren Kunst der Käserei beizubringen. Als die dänischen Bauern die neuen Techniken beherrschten, stellten sie ihren eigenen milden Schnittkäse mit haselnußartigem Aroma her, der vom Typ her zwischen dem Tybo und dem berühmten Schweizer Emmentaler anzusiedeln ist. Er trägt den Namen einer Insel im Großen Belt, der Verbindung zwischen Fünen und Seeland. Samsø ist inzwischen zum Urtyp des dänischen Käses geworden. Er hat kleine Löcher, ist oft wie ein Schweizer Käse geformt und besitzt einen Durchmesser von etwa 45 cm.

■ SAMSØ

Käse aus pasteurisierter Kuhmilch (45 % F. i. Tr.)

TYP: gepreßt, Schnittkäse, kleine Lochung, Naturrinde, manchmal mit bedrucktem gelbem Wachsüberzug

FORM: rund, 45 cm Durchmesser

GEWICHT: etwa 14 kg

REIFUNG: 3 bis 6 Monate

ESROM (OBEN LINKS). MITTE: Havarti. OBEN RECHTS: Samsø. UNTEN: Ein typisches Haus mit Grasdach, Elduvik, Färöer-Inseln.

Friesische Melkerin (OBEN). Ausschnitt aus einem Aquarell (16. Jahrhundert). UNTEN: Stilleben mit Käse und Schinken von van Schooten (17. Jahrhundert). GGEGENÜBERLIEGENDE SEITE: Der berühmte Käsemarkt in Alkmaar.

Die bedeutenden Käsesorten, die aus den Niederlanden stammen, lassen sich an den Fingern einer Hand abzählen, sie sind jedoch überall auf der Welt so beliebt, daß es inzwischen unzählige Kopien und Varianten von ihnen gibt. Die einfache Herstellung, ihre Geschmeidigkeit und ihre gastronomischen Qualitäten haben dafür gesorgt, daß sie sehr gefragt sind. Gouda, Edamer und deren Abkömmlinge stehen oft in den Ländern an erster Stelle, die gerade erst angefangen haben, eine eigene Käseindustrie zu entwickeln. Da mehr als die Hälfte des Landes unterhalb des Meeresspiegels liegt, ist es nicht verwunderlich, daß die Niederländer sagen, Gott habe zuerst die Erde geschaffen und es dann den Holländern überlassen, Holland zu schaffen. Zahlreiche Spuren zeugen noch von den unermüdlichen Kämpfen, die die ersten Bewohner dieses Landes gegen das bedrohliche Meer führten. Vor über 1000 Jahren errichteten sie in Friesland, im Norden des Landes, große Dämme (*terpens*), auf denen sie ihre Holzhäuser bauten. Vor der Ankunft der Römer wurde das Land von drei germanischen Stämmen in Besitz genommen: Im Norden besaßen die Friesen das Küstengebiet, den Chamaven gehörte das eigentliche Holland, und die Bataver nahmen das Land zwischen Rhein und Maas in Besitz. Diese unterschiedlichen Stämme züchteten Vieh und stellten einfachen Käse her: fermentierte Milch und weißen Frischkäse. Zu den zahlreichen archäologischen Funden, die man in den Überresten vorrömischer Häuser entdeckte, gehörten auch Gefäße zum Abtropfen von Käse. Die Technik des Deich- und Kanalbaus, die schließlich zur Schaffung von Poldern (eingedeichtes Marschland) führte, die man als Weideland nutzte, wurde von den Römern eingeführt, die bis zum Rhein vordrangen. Dieser mächtige Fluß, der eine hervorragende Verteidigungslinie darstellte, begrenzte das römische Reich im Norden. Entlassene römische Legionäre ließen sich dort nieder und bebauten das Land, beschränkten sich dabei jedoch nicht auf den Anbau von Getreide. Es lag im Interesse aller, die Region zu erschließen, also lehrten die Römer die besiegte Bevölkerung, daß man die Milch am besten nutzen konnte, indem man Käse, vor allem Hartkäse daraus herstellte. Im 5. Jahrhundert kam es zu weiteren Invasionen. Während sich die mehr oder weniger romanisierten Bataver mit den Sachsen vermischten, blieben die Friesen sicher in ihren Dünen verschanzt und setzten sich mit aller Kraft gegen die Sachsen und Franken zur Wehr. Schließlich unterlagen sie der fränkischen Invasion von Pippin II., dessen unehelicher Sohn Karl Martell später, im Jahre 732, in den Entscheidungsschlachten von Tours und Poitiers die Araber aus Frankreich vertreiben sollte. Angelsächsische Missionare trugen schließlich den Sieg davon, als der Mönch Willibrord 695 das Erzbistum Utrecht, Hollands religiöses Zentrum, gründete. Die unbeugsamen Friesen setzten sich weiterhin zur Wehr, doch auch ihr Land wurde schließlich von Karl dem Großen, dem Vater Europas und großen Förderer der Käseherstellung, annektiert. Zu Beginn des Mittelalters waren gepreßte Käse des Gouda- und Edamer-Typs bereits ein sehr wichtiger Bestandteil der holländischen Wirtschaft, und die Steuern aus dem Verkauf von Käse wander-

Die Herstellung von holländischem Käse Anfang des 19. Jahrhunderts (OBEN). Stich von F. van Maenen. Bibliotheque des Arts Décoratifs, Paris. UNTEN: Ein Käse des Edamer-Typs. GANZ UNTEN RECHTS Edamer wird gepreßt. Stich aus dem 19. Jahrhundert.

ten in die Taschen der entsprechenden Behörden. Überall richtete man besondere Wiegehäuser (*Waagehuis*) wie die in Alkmaar ein, in denen der Käse gewogen und vermessen wurde. Nachdem das genaue Gewicht festgestellt war, wurde der Käse strengen Qualitätskontrollen unterzogen, woraufhin die Höhe der an die Gemeinde zu entrichtenden Abgabe festgesetzt wurde. Da es sich um äußerst haltbare Produkte handelte, die mit zunehmendem Alter sogar noch besser wurden, waren sie bereits im 12. Jahrhundert sehr begehrt. Gegen Ende des 16. Jahrhunderts wurde Holland endlich unabhängig, und die Vereinigten Niederlande begannen, ihre Schiffe auf Entdeckungsreise zu schicken. 1621 wurde die holländische Ostindische Kompanie gegründet. Es dauerte nicht lange, bis die Holländer die Portugiesen von den indonesischen Inseln vertrieben hatten und den Gewürzexport selbst kontrollierten. Amsterdam stieg zum mächtigen Handels- und Geschäftszentrum auf. Hollands Bedeutung als Käseproduzent wurde durch den Export von Gouda gefestigt. 1649 exportierte Edam eine halbe Million Kilo, und ein Jahrhundert später »versorgte die Stadt Hoorn ganz Europa mit Käse«. In Frankreich kostete der Käseimport aus Holland das Königreich so viel Geld, daß Colbert, der Schatzmeister Ludwigs XIV., den Import verbot und veranlaßte, daß Edamer fortan auch in Frankreich hergestellt wurde. Daraus sollte sich später der Mimolette entwickeln, der seine kräftige Farbe Möhrensaft verdankt. Das Goldene Zeitalter Hollands (›Nederlandsche Gouden Eeuwe‹) wurde von Franz Hals, Ruisdael, Rembrandt und Vermeer festgehalten. Eines von Vermeers Meisterwerken zeigt eine Melkerin, die Milch in einen Krug gießt. Die holländischen Maler liebten die Käsesorten ihrer Heimatstädte. In Delft, dem Heimatort Vermeers, und in Leiden, der Stadt Rembrandts, wurde Käse aus gewürzter Milch hergestellt. Ende des letzten Jahrhunderts, als die Nachfrage nach nordamerikanischen Getreideprodukten immer mehr zunahm, wurde die holländische Landwirtschaft umstrukturiert und die Milchwirtschaft in den Mittelpunkt gestellt. Heute wird ein Drittel der Bodenfläche für die Viehzucht genutzt (Friesland und Holland). Fast 2 Millionen Kühe produzieren etwa 11,4 Millionen Tonnen Milch, von der 85 % von Genossenschaften verarbeitet werden. Während der letzten 100 Jahre hat sich die Käseproduktion mehr als verdoppelt und übersteigt inzwischen eine halbe Million Tonnen (1988 waren es 550 000 Tonnen, 400 000 davon wurden exportiert).

Die Käseherstellung unterliegt wie in allen anderen europäischen Ländern strengsten Qualitätskontrollen. Jedes Produkt (Butter und andere Molkereiprodukte inbegriffen) muß mit einem Gütezeichen versehen sein, auf dem Handelsname, Fettgehalt des Produktes, Ursprungsort und Name des Herstellers angegeben sind.

BOERENKAAS

Außerhalb der großen Käsereien, wie etwa Rijkevoort, die bis zu 40 Tonnen Käse pro Tag produzieren, wird der Boerenkaas, ein Bauerngouda (*boer* = Bauer, *kaas* = Käse), immer noch auf kleinen Höfen nach einfachen, traditionellen Methoden hergestellt. Nachdem er 2 bis 12 Stunden lang gepreßt wurde, wird der Käse mehrere Tage in Salzlake gelegt. Danach wird er mit einer porösen Kunststoffschicht überzogen, bevor er 1 bis 4 Monate reift. Während dieser Zeit wird er regelmäßig gebürstet. Wenn er alt ist, ähnelt der Käse in seiner Konsistenz dem Parmesan. Er kann in verschiedenen Reifestadien verzehrt werden, je nach persönlichem Geschmack. Ein Boerenkaas kann bis zu 40 kg schwer sein.

■ BOERENKAAS
Kuhmilchäse (45 % F. i. Tr.)
TYP: Schnittkäse, gepreßt, nicht nachgewärmt, Naturrinde mit Kontrollstempel
FORM: rund, 35 cm Durchmesser, 10 cm hoch
GEWICHT: 10 kg und mehr
REIFUNG: 1 bis 4 Monate, aber auch bis zu 2 Jahre

EDAMER

Im Mittelalter führte man während der großen Pestepidemien die Resistenz gegen die Seuche auf den Verzehr von Fisch und Käse zurück. Damals wurde holländischer Käse zuerst nach Deutschland exportiert, später auch nach Frankreich und Antwerpen, wo man bereits Handel mit England trieb. Im folgenden Jahrhundert begannen Gouda, Edamer und die friesischen Käse mit dem Aufkommen und der Modernisierung des Hochseetransports und dem Aufschwung des Hansehandels im Ostseeraum und in Richtung Mittelmeer auch den ausländischen Markt zu erobern (Amsterdam gehörte zur Hanse, einem Bund verschiedener großer Städte im Norden Europas). Edamer, der ursprünglich im Norden der Provinz Holland hergestellt wurde, wird heute überall im Land produziert (25 % der holländischen Käseproduktion). Seinen Namen verdankt er der kleinen Hafenstadt Edam, die einige Kilometer nördlich von Amsterdam am Ijsselmeer liegt, das einst den Name Zuiderzee trug. Der Edamer ist ein gepreßter Schnitt- oder Hartkäse in Kugelform und wiegt etwa 1,5 kg. Ursprünglich wurde er aus Vollmilch hergestellt, heute macht man ihn aus pasteurisierter Milch, und sein Fettgehalt liegt für gewöhnlich bei 40 % (selten 45 %), wodurch er trockener ist als der ihm verwandte Gouda. Um seine Herkunft auf dem internationalen Markt

kenntlich zu machen, erlaubte man vor 600 Jahren den Edamer-Herstellern, ihren Käse mit einer roten Wachsschicht zu überziehen. Er wird in verschiedenen Formen und Größen verkauft: klein (Baby-Edamer), mittel und sehr groß. Während der letzten Jahre sind viele neue Varianten hinzugekommen: Edamer mit Kräutern (grüner Wachsüberzug), Pfeffer (mahagonirot) und Kümmel (hellorange). Außerdem gibt es einen reifen Edamer (17 Wochen alt) mit schwarzem Wachsüberzug und sogar eine vegetarische Variante, bei deren Herstellung kein tierisches Lab zugesetzt wird. Im allgemeinen wird er zum Frühstück verzehrt, man benutzt ihn jedoch auch gern für Salate und verschiedene andere Ge-

Das Ablassen der Molke bei der Herstellung von Edamer (OBEN).
GANZ LINKS: Boerenkaas.
UNTEN: Markt in Alkmaar, um 1937, Postkartenmotiv.

Commissiekaas, Kommissionskäse, oder Mimolette (OBEN).
UNTEN LINKS: Edamer.
MITTE: Nagelkaas.
OBEN RECHTS: Gouda in Salzlake.
UNTEN RECHTS: Reifer Gouda.

richte. COMMISSIEKAAS oder ›Kommissionskäse‹ ist ein Edamer, der zwischen 3 und 4,5 kg wiegt und mit Möhrensaft gefärbt wird. Bekannter ist er unter dem Namen DUTCH MIMOLETTE.
Die erstaunliche Haltbarkeit des Edamer wurde offenbar, als man auf die Überreste von Scotts Südpol-Expedition stieß. Man fand nämlich auch ein Stück Edamer, der zwar nach 42 Jahren in der Antarktis etwas strenger schmeckte, aber immer noch genießbar war!

■ EDAMER
Käse aus pasteurisierter Kuhmilch (40 % F. i. Tr.)
TYP: Schnittkäse, gepreßt, nicht nachgewärmt, Naturrinde mit rotem Wachsüberzug und Kontrollstempel
FORM: Kugel, 13 cm Durchmesser
GEWICHT: etwa 1,5 kg
REIFUNG: mindestens 2 Monate, bei hartem Edamer länger

FRIESEKAAS

Dieser große, wagenradförmige Käse ist ein klassisches holländisches Erzeugnis, kann bis zu 20 kg wiegen und hat

einen Fettgehalt von 20 bis 40 %.
Er ist in verschiedenen Geschmacksrichtungen erhältlich: KANTERKAAS (naturbelassen), KRUIDKAAS (mit Kümmel) und NAGELKAAS (mit Nelken, manchmal auch mit Kümmel).

■ FRIESEKAAS
Käse aus pasteurisierter, teilentrahmter Kuhmilch (40 % F. i. Tr.)

TYP: Schnittkäse, gepreßt, gewürzt, nicht nachgewärmt, natürliche Rinde mit Wachsüberzug und Kontrollstempel
FORM: rund, 40 cm Durchmesser, 10 cm hoch
GEWICHT: 10 kg und mehr
REIFUNG: 3 Monate bis 1 Jahr, je nach gewünschter Konsistenz

GOUDA

Dieser Käse stammt aus der kleinen Stadt Gouda nordöstlich von Rotterdam und war im Ausland bereits im 13. Jahrhundert bekannt. Gegen Ende des Mittelalters, als die Engländer Bier aus Delft und Käse aus Gouda importierten, stellten die Schweden bereits ähnlichen

Käse her. Im 16. Jahrhundert begannen Käser, Gouda mit asiatischen Gewürzen, beispielsweise Gewürznelken, zu versetzen. Dies machte den Käse nicht nur haltbarer, es regte außerdem den Appetit des Käseliebhabers an. Heute ist der Gouda Hollands wichtigster Käse und macht 60 % der Gesamtkäseproduktion des Landes aus. Meist hat er die Form eines Wagenrads mit gewölbtem Rand und einen Durchmesser von etwa 30 cm. Nachdem er 1 bis 18 Stunden lang gepreßt wurde, wird er in Lake gewaschen und schließlich mit Wachs überzogen. Traditioneller Gouda hat einen gelben Kunststoffüberzug, doch es sind auch andere Varianten erhältlich: mit Kräutern (grün), Pfefferkörnern (mahagonirot) und Kümmel (hellorange). Reifer Gouda, 18 Monate bis 2 Jahre alt, besitzt eine dunklere Farbe, hat

einen schwarzen Wachsüberzug und wiegt etwa 9 kg.

■ GOUDA
Käse aus pasteurisierter Kuhmilch (40 % F. i. Tr.)
Typ: Schnittkäse, gepreßt, nicht nachgewärmt, Naturrinde
Form: rund, Zylinder- oder Blockform, verschiedene Größen
Gewicht: 10 kg und mehr
Reifung: jung: 4 bis 6 Wochen, jung abgelager: 7 bis 12 Wochen, Pikantje: mindestens 4 Monate, dreiviertelalt: 6 bis 8 Monate, alt: 8 bis 12 Monate, überjährig: ab 12 Monate

LEIDENKAAS

Dieser gewürzte Käse wird auf Höfen in der Umgebung von Leiden hergestellt. Ausgangsprodukt ist teilentrahmte Milch, der ein Farbstoff zugesetzt wird. Wenn die Milch dickgelegt ist, versetzt man sie mit Kümmel oder Anis, danach wird der Käsebruch gepreßt. Leidenkaas besitzt eine gleichmäßige Konsistenz,

hat keine Lochung und eine grünlich-gelbe Farbe. Auf seiner orangeroten Rinde trägt er wie sein Verwandter, der norwegische Nökkelost, die berühmten Schlüssel aus dem Wappen der Stadt Leiden. Wenn er mit Gewürznelken versetzt ist, heißt er NAGELKAAS. BOEREN LEIDENKAAS wird aus Rohmilch hergestellt.

■ LEIDENKAAS
Käse aus pasteurisierter Kuhmilch oder Rohmilch (40 % F. i. Tr.)
Typ: Schnittkäse, gepreßt, nicht nachgewärmt, gewaschene und gebürstete Rinde
Form: rund, verschiedene Größen (meist 40 cm Durchmesser, 10 cm hoch)
Gewicht: 3, 6 bis 9 kg
Reifung: etwa 3 Monate
Handelsform: unverpackt mit Herkunftsstempel

MAASDAMER

Dank der Initiative einiger regionaler Käsehersteller ist seit einiger Zeit ein neuer Käsetyp auf dem Markt: der Maasdamer. Es handelt sich um einen großen, runden Käse von 6 bis 12 kg Gewicht, und er erinnert in Aussehen und Geschmack ein wenig an Emmentaler. Durch Versetzung der Bruchmasse mit einem Bakterium besitzt er ähnlich große Löcher wie der berühmte Schweizer Käse. Er reift sehr schnell und hat sowohl in Holland als auch in anderen Ländern viele Nachahmer gefunden. Ende 1990 überstieg die Produktion bereits 60 000 Tonnen. Maasdamer ist der Oberbegriff für eine neue Käsefamilie, zu der LEERDAMER, WESTBERG, GOUTALER und FRICOTAL gehören.

■ MAASDAMER
Kuhmilchkäse (45 % F. i. Tr.)
Typ: fest, strohfarben, große Löcher, geschmeidig, Rinde ohne Überzug
Form: rund und gewölbt
Gewicht: 6 bis 12 kg
Reifung: 5 Wochen oder länger

Das hübsche Etikett eines nach Frankreich importierten Gouda (OBEN).
GANZ LINKS: Traditioneller, naturbelassener Gouda.
OBEN MITTE: Boeren Leidenkaas.
LINKS: Eine Maasdamer-Variante.
GANZ UNTEN: Leerdamer.

Frankreich ist nicht das einzige ›Käseland‹. Proportional zu seiner Größe besitzt Belgien eine ähnlich große Käsevielfalt wie sein französischer Nachbar. Bei einer Größe von 30 000 km^2 schafft es Belgien immerhin, 300 verschiedene Käsesorten zu produzieren und zu verkaufen. Wie in anderen nordeuropäischen Ländern, die am Meer liegen, ist das Klima während des ganzen Jahres mild, und es fällt reichlich Niederschlag. Auf die Landwirtschaft wirkt sich dies günstig aus. Auf den Weiden wächst saftiges Gras, die Böden sind reich an Spurenelementen und Mineralien, was auf die Sedimente zurückzuführen ist, die verschiedene Flüsse dort abgelagert haben (Maas, Escaut, Lys usw.). Doch dies gilt nur für den westlichen Teil Belgiens. Im östlichen Teil sieht es anders aus: Hier erhebt sich das über 600 Meter hohe Ardennenmassiv, das Klima ist kühler, Frost- und Schneetage sind häufiger. Dasselbe gilt für Luxemburg, den kleinen Staat (seine Fläche beträgt nur 2 586 km^2) zwischen Belgien, Deutschland und Frankreich. Während der neolithischen Zeit war die Zahl der Einwohner zwischen Maas und Escaut wahrscheinlich größer als zur Zeit der Römer. Es gab eine Art rudimentäre Landwirtschaft, und große Flächen Weideland wurden den Wäldern oder dem Marschland abgetrotzt. Käseherstellung in ihrer einfachsten Form – fermentierte Milch – gab es bereits, als die Kelten gegen Anfang des 1. Jahrtausends v. Chr. dort eintrafen. Die Belgen, ein Volk indoeuropäischer Abstammung, siedelten nach dem 4. Jahrhundert v. Chr. in dieser Region. Sie formten jedoch keinen Staat im eigentlichen Sinne, sondern eher einen Zusammenschluß verschiedener Stämme. Wichtige Entscheidungen wurden von allen Anführern gemeinsam getroffen. Diese Stämme gaben vielen Städten in Belgien und Nordfrankreich ihren Namen: Amiens wurde nach den Ambiani benannt, Beauvais nach den Bellovaci, Soissons nach den Suessiones, Reims nach den Remi, Arras nach den Atrebates, Condroz nach den Condrusi usw. Später profitierte das Land vom Wissen und der Tatkraft der Römer, als nämlich ehemalige Legionäre als Lohn für ihre Dienste Sklaven und Land erhielten, auf dem sie sich niederlassen konnten. Als das römische Reich Ende des 5. Jahrhunderts ein unrühmliches Ende fand, zog ein germanischer Stamm in die Region und brachte neue Sitten und Sprachen mit. Einige Stammesmitglieder siedelten im Norden, in einem rauhen, unwirtlichen, unfruchtbaren Sumpfgebiet. Andere ließen sich im Süden nieder und lebten gemeinsam mit der ansässigen belgischen Bevölkerung, die stark romanisiert war. Das Nebeneinander von germanischer und lateinischer Sprache führte später zur Spaltung in einen flämischen und einen wallonischen Teil, die bis zum heutigen Tage besteht. Nach der Ankunft der Franken verwurzelte sich die Bekehrung

Etikett eines Käses, der nach einem gallischen Krieger benannt wurde (OBEN).
GANZ OBEN RECHTS: Die Ruine des mittelalterlichen Klosters von Orval, das im Jahre 1070 von Benediktinern in der Nähe von Villers-devant-Orval gegründet wurde.
UNTEN: Eine flämische Melkerin mit ihrem Hundekarren, aus der Zeit um 1890, Postkartenmotiv.

zum Christentum dauerhaft. Die Zeit zwischen 625 und 730 stand ganz im Zeichen religiösen Eifers, und es wurden rund 50 Klöster gegründet. Käse wurde sehr rasch zu einem wichtigen Bestandteil der Bedarfswirtschaft. Es dauerte nicht lange, bis die Mönche die Salzmarschen trockengelegt und in Polder (eingedeichtes Marschland) für Getreide und Weideland verwandelt hatten. Die Entwicklung der Käseherstellung in Belgien war eng verknüpft mit dem Aufschwung der Städte, deren Kirchtürme im Belgien des 12. und 13. Jahrhunderts in der flachen, ebenmäßigen Landschaft schon von weitem zu sehen waren. Jede kleine Stadt mit ihren Bürgern und Handwerkern, die alle größten Wert auf ihre Selbständigkeit und Freiheit legten, entwickelte sich zu einem eigenen Markt, der reiches Zeugnis von der Vielfalt und Vielseitigkeit der einheimischen Produkte ablegte. In der kleinen flämischen Stadt Lo verdrängte die Käseherstellung sogar die Tuchproduktion. Für jeden Bürger, der dort lebte und etwas auf sich hielt, wäre es geradezu undenkbar gewesen, keinen Käse auf dem Tisch zu haben. 1167 verlieh der Graf von Flandern, ein Vasall des französischen Königs, dieser berühmten kleinen Stadt den Freibrief für die Herstellung und den Verkauf von Käse. Als flandrische Händler gegen Ende des Mittelalters mit Seide und Gewürzen aus dem Orient zu handeln begannen, trat die Käseherstellung in den Hintergrund und beschränkte sich auf kleine Höfe, wo Bauern weiterhin ihren Käse für den privaten Verzehr produzierten. Zu einer ›Käse-Renaissance‹ kam es erst Ende des letzten Jahrhunderts, als immer mehr Molkereien und Käsereien entstanden, weil die Nachfrage nach Butter von seiten der sich entfaltenden Mittelschicht immer größer wurde. Ende des Zweiten Weltkriegs begann man allmählich, Schnittkäse des Gouda- und Saint-Paulin-Typs industriell herzustellen. Doch erst in den 60er Jahren interessierte man sich wieder für die traditionelle Käseproduktion. Wie Volkskundler, die durch das Land streifen, um die letzten Spuren alter Märchen und Mythen aufzuspüren, bevor sie im Nebel der Zeit für immer verlorengehen, suchten engagierte Käser Gutshöfe und Klöster auf, um nach Käsesorten zu forschen, die vom Verschwinden bedroht waren. Viele dieser Spezialitäten, die ihr Überleben einer flüchtigen Beschreibung auf irgendeiner Seite einer wissenschaftlichen Studie verdankten, sind heute wieder hoffähig. Ein gutes Beispiel dafür ist der Castellum, der auf ein französisches Rezept zurückgeht, im 16. Jahrhundert im Schloß von Westwesele hergestellt wurde und heute wieder unter seinem Originalnamen verkauft wird. Auch der Rubens, ein anderer fast verlorener Käse, konnte von einer regionalen Käserei gerettet werden. Er ist ein Schnittkäse mit kleiner Lochung und grünlicher Rinde. Ein Porträt des berühmten flämischen Malers, der für seine Liebe zu üppigen Damen bekannt war, ziert diesen rundlichen, 3 kg schweren Käse. Zu den anderen wichtigen belgischen Käsesorten gehört zweifelsohne der Maredsous, ein Weichkäse, der von den Mönchen des Klosters Maredsous in der Nähe von Namur hergestellt wird. Außerdem wäre noch der Beauvoorde zu erwähnen, ein Schnittkäse, der nach einem flämischen Dorf in der Nähe der Stadt Passendale

René Magritte, der berühmte belgische Surrealist, hielt Käse offenbar für ein höchst inspirierendes Motiv!

Unten: Eine Landschaft in den belgischen Ardennen.

benannt ist. Dieser sechseckige Käse, der mit unregelmäßigen, großen Löchern durchsetzt ist, wiegt etwa 3 kg und ist eindeutig ein Käse des 20. Jahrhunderts. Wegen seiner festen Konsistenz und ungewöhnlichen Form ist er sehr gefragt.

Dem Kloster Saint Bernard de Passendale nördlich von Ypres verdanken zahlreiche Schnittkäse ihren Namen. Einheimische Käsereien tun ihr Bestes, um alte Traditionen zu bewahren, und halten alle 2 Jahre große Käsefeste ab.

Einer der zahlreichen belgischen Klosterkäse (OBEN). GANZ OBEN: Maredsous. UNTEN: Aettekees.

AETTEKEES

Aettekees, auch unter dem Namen Brussels Kaas oder Brüsseler Käse bekannt, ist ein traditioneller Käse aus Brabant. Heute wird er aus pasteurisierter, entrahmter Milch hergestellt, kann aber auch aus Vollmilch gemacht werden. Er ist sehr salzig und riecht stark, ist weich und weiß und hat eine dünne, klebrige Rinde. Zu seiner Herstellung sind zwei getrennte Verfahrensschritte notwendig: Nachdem der Milch bei 20 °C Lab zugesetzt wurde, wird die Gallerte in Stücke geschnitten, einen halben Tag lang läßt man die Molke ab. Dann werden die Stücke zerkleinert, zu 10 % gesalzen und in Formen gegeben, wo die restliche Molke abfließt.

Die Blöcke *(pollens)* werden 3 bis 4 Wochen lang getrocknet. Danach kann die zweite Reifungsphase beginnen. Die Blöcke werden in einem feuchten Reifekeller 2 Monate lang auf speziellen Gestellen gelagert. Jede Woche werden sie in lauwarme Lake getaucht, leicht gesalzen und gewendet. Danach werden sie gebürstet, entfettet, in sechs Teile geschnitten und in kunststoffbeschichtetes Papier gewickelt.

■ AETTEKEES

Kuhmilchkäse (50 % F. i. Tr.)

TYP: Weichkäse, gesalzen, dünne, glatte Rinde

FORM: variiert je nach Verpackung

GEWICHT: etwa 200 g

REIFUNG: 2 Monate in feuchtem Reifekeller, jede Woche gesalzen

HANDELSFORM: in Schachtel oder Kunststoff-Film verpackt

HERVE

Nach der Eroberung Galliens durch Clovis ermöglichte das von Karl dem Großen gegründete Reich im Jahre 800 den wohlverdienten und triumphalen Siegeszug des Käses in Westeuropa. Durch diesen berühmten Herrscher, der stets sorgsam darauf bedacht war, daß seine Geschichtsschreiber auch die Produkte seines riesigen Reiches mit dem nötigen Lob bedachten, wurde Aachen bzw. Aix-la-Chapelle, die Hauptstadt eines vereinten Europas, auch zur Hauptstadt der Käsespezialitäten. Um Weichkäse mit Rotschmiere im idealen Reifezustand verzehren zu können, ließ sie der sagenumwobene Kaiser von Spezialboten transportieren. Der Palast war daher erfüllt von dem intensiven, rustikalen Duft von Brie, Roquefort und Herve, einem berühmten Rotschmierekäse aus Lüttich. Herve erinnert ein wenig an den französischen Maroilles, ebenfalls ein Weichkäse mit Rotschmiere, und läßt sich bis ins 7. Jahrhundert zurückverfolgen, als in Herve, einer ländlichen Region mit unzähligen Feldern und mäandrierenden Hecken in Ostbelgien, die ersten Klöster gebaut wurden. Traditionell wurde der Käse aus der Milch hergestellt, die nach der Melkung im Euter der Kuh zurückgeblieben war. Ein ausgesprochen durchdringender Geruch ist auch für andere Käsearten typisch, man denke nur an REMOUDOU und Limburger. Einige Fachleute führen den Namen Remoudou auf das wallonische Wort *remoud* (nach dem Melken) zurück, andere glauben, daß es von dem deutschen Wort Rahm abgeleitet wurde.

Außerdem erinnert es auch noch an das Wort *rebloche* (zweite Melkung) im Savoyard-Dialekt, das von Hirten benutzt wurde, die sich die restliche Milch für den Eigenbedarf zu reservieren pflegten, ohne daß ihr Herr davon wußte. Eine ausgezeichnete Alternative zum Herve, der von sensiblen Nasen meist als unangenehm empfunden wird, ist der PLATEAU, ein runder Weichkäse mit Rotschmiere, der zwar genauso schmeckt, aber nicht riecht. Dies ermöglicht auch Personen mit einem ausgeprägten Sinn für Höflichkeit, diesen köstlichen Käse zu genießen, ohne bei ihren Mitmenschen Anstoß zu erregen.

■ HERVE

Kuhmilchkäse (Provinz Lüttich)

TYP: Weichkäse mit Rotschmiere

FORM: rechteckig (Remoudou ist quadratisch), 7 cm hoch

GEWICHT: 200 g

REIFUNG: 3 Monate (Remoudou 6 Monate) in einem feuchten Reifekeller, in Salzwasser gewaschen

HANDELSFORM: in Papier verpackt

PASSENDALE

Der Passendale ist der bekannteste unter den neuen flämischen Käsesorten.

Er erinnert in mancher Hinsicht an bestimmte holländische Käsesorten, hat allerdings die Form eines Bauernbrotes und wiegt 3 kg. Er wird nach einem alten Klosterrezept hergestellt und ist besonders in England sehr beliebt. Er hat eine feste Konsistenz mit kleinen, unregelmäßigen Löchern, und seine Rinde ist mit einer leichten weißen Flora bedeckt.

■ PASSENDALE

Käse aus pasteurisierter Kuhmilch (Flandern)

TYP: Schnittkäse, harte Rinde

FORM: wie ein Bauernbrot

GEWICHT: 3 kg

REIFUNG: mindestens 45 Tage bei gemäßigter Luftfeuchtigkeit

HANDELSFORM: unverpackt mit Markenstempel

PLATTEKEES

Zahlreiche Käsesorten, die nach alten Methoden hergestellt werden, sind den klassischen fermentierten Käsen ebenbürtig. Für den MACQUÉ, eine etwas krümelige wallonische Spezialität, die aus entrahmter Milch oder Molke hergestellt wird, gilt dies in ganz besonderem Maße.
Plattekees und POTTEKEES werden in Körbchen, in Töpfen oder in Stroh verpackt und sollten zu rohem Gemüse gegessen werden. Pottekees ist ein weißer weicher Käse, der aus einem Gemisch von $\frac{1}{3}$ Aettekees und $\frac{2}{3}$ Plattekees gemacht wird.

■ PLATTEKEES

Frischer Käse aus Kuhmilch (Flandern und Brabant)

TYP: Molkenkäse

FORM UND GEWICHT: unterschiedlich

Chimay, ein Schnittkäse, der den Namen des Klosters trägt, in dem er hergestellt wird (OBEN).
GANZ OBEN LINKS: Remoudou.
UNTEN LINKS: Herve.
MITTE: Passendale.
GANZ UNTEN RECHTS: Plattekees.

Frankreich

Plinius erwähnt gallischen Käse bereits im 1. Jahrhundert n. Chr., doch den Schleier um seine Ursprünge versuchte man erst nach den Barbareneinfällen zu lüften, als sich das Dunkel des Hochmittelalters allmählich lichtete. Diese Geschichte ist anschaulich in den Rechnungsbüchern der großen Abteien dokumentiert. Aus ihnen erfahren wir beispielsweise, daß Maroilles vor über 1000 Jahren von Benediktinermönchen im Norden Frankreichs erfunden wurde. Im Osten Frankreichs gibt es den Munster, dessen Name sich von ›monastère‹ (Kloster) ableitet. Viele andere heute berühmte Käse wurden ebenfalls nach romanischen Klöstern benannt, etwa Tamié in Savoyen, Cîteaux in Burgund, Bricquebec in der Normandie und die vielen, vielen anderen, die noch immer überall im Land hergestellt werden. Karl der Große erließ Gesetze, die viele seinerzeit bekannte Käsesorten schützten, und er schwärmte vom Brie ebenso wie von einigen Blauschimmelkäsen, auch wenn er sich standhaft weigerte, ›das Grüne‹ mitzuessen. Die großen Käse Frankreichs entstanden vielfach nach Geheimrezepten, die ganz im Stillen zwischen Mönchen und Landfrauen ausgetauscht wurden. Als die französische Revolution die Klosterbrüder aus ihren Abteien vertrieb und sie ihr Auskommen als umherziehende Wanderprediger suchen mußten, fand der eine oder andere Unterschlupf in einem Schloß oder in einem Kuhstall. Selbst heute noch raunen Menschen, die an Hexenkräfte glauben, manche von ihnen besäßen übersinnliche Kräfte, die Milch zum Gerinnen und Käse zum Reifen bringen. Schließlich konnte man noch bis vor kurzem zusehen, wie sich die Bäuerinnen im Vercors auf ihren Melkschemel hockten und dabei ihre Unterröcke über die Töpfe legten, in denen der dortige Käse für alle sichtbar hergestellt wurde…

Der Bauer des 20. Jahrhunderts stellt den Käse nur noch in den seltensten Fällen selbst her, denn Eisenbahn, Güterfernverkehr und die Technik des Pasteurisierens haben das Bild grundlegend gewandelt. Der Bauer verkauft nun einfach seine Milch, anstatt sich mit der Käserei zu befassen. Das Pasteurisieren ist zwar ein Segen, was den Konsum frischer Milch angeht, die früher oft unzählige gesundheitsschädliche Keime enthielt, doch beim Käse führte es zu einer Nivellierung der Unterschiede. Neben den standardisierten Industriekäsen gibt es natürlich weiterhin Rohmilchkäse, so daß man heute die Sorten danach unterscheidet, ob sie auf dem Hof, in der Molkerei oder in der Fabrik gemacht werden. Manche Käse haben die Kategorie ganz gewechselt, so zum Beispiel der ursprünglich in einem Kloster hergestellte Saint-Paulin, der mittlerweile zum Oberbegriff für eine Sorte geworden ist. Immer mehr Käse werden industriell produziert, ob blau oder weiß, als Schmelzkäse, als Rolle oder mit allen möglichen und unmöglichen Parfümierungen. Je nach den eigenen kulinarischen Vorstellungen wird man Geschmack an der einen oder anderen Sorte finden, während manche andere nicht mehr so recht in das Bild passen wollen, das wir uns von dem Produkt Käse machen. Geschmack entwickelt sich allerdings schon früh, und die Kinder von heute sind verrückt nach Produkten, die im Fernsehen angepriesen werden, Produkte, die perfekt einem Standard entsprechen und stets so gleichförmig sind, daß es weder positive noch böse Überraschungen gibt. Bedeutet das nun das Ende aller ›fermier‹-Käse und handgemachten Köstlichkeiten aus Rohmilch? Wohl nicht für alle Zeiten, denn die Lieb-

Auf der VORHERGEHENDEN DOPPELSEITE ist ein kleiner Ausschnitt aus Frankreichs umfangreicher Käseproduktion abgebildet. Im Vordergrund sehen Sie eine Auswahl von Ziegenkäsen, dahinter Weichkäse, wie Époisses, und im Hintergrund verschiedene Blauschimmel (Fourme d'Ambert, Bleu d'Auvergne, Roquefort) und Hartkäse wie Emmentaler, Cantal und Comté.

Ausschnitt aus dem Firmenschild einer Pariser *Crémerie*. Viele dieser Geschäfte, die ›Beurre-Oeufs-Fromages‹ anbieten, also Butter, Eier und Käse, waren vor dem Zweiten Weltkrieg mit solchen wunderschönen naiven Bildern auf Kacheln oder Holztafeln verziert.

Werbeplakat vom Anfang des 20. Jahrhunderts mit Reklame für Gervais-Milchprodukte.

haber des Echten bevorzugen nach wie vor Käsesorten, die als typische Produkte einer bestimmten Region erkennbar sind. Das Gütesiegel *Appellation d'Origine Contrôlée* schützt solche Sorten gesetzlich und garantiert zwar nicht immer ihre Qualität, aber doch ihre Authentizität.

Seit Jahrhunderten wird das Hohe Lied des Käses von Menschen jeglicher Herkunft und sozialer Zugehörigkeit gesungen. Ob in Prosa, Poesie oder Volksdichtung, gibt es in der Literatur zahlreiche Beispiele für solche Lobeshymnen. Bei La Fontaine taucht Käse in der Fabel auf, Zola hinterließ uns in *Der Bauch von Paris* begeisterte Schilderungen, und auch Colette fand herzliche Worte zu diesem Thema. Französischer Käse tauchte sogar auf der politischen Weltbühne auf, als nämlich Churchill im Zweiten Weltkrieg erklärte: »Ein Land, das 200 Käsesorten aufzuweisen hat, kann nicht bei schlechter Gesundheit sein.« Etwas später beharrte allerdings Charles de Gaulle darauf, daß »ein Volk, das über 325 Käsesorten besitzt, unregierbar« sei – ein Bonmot, das gelegentlich Georges Duhamel zugeschrieben wird. Von Churchill bis de Gaulle stieg die Zahl der Sorten also von 200 auf 325! Heute gibt es schätzungsweise 500 verschiedene Rohmilch- und Molkereikäse, die lokal begrenzten Sorten nicht mitgezählt. Weil Typen, Konsistenz und Aromen tausendfach immer wieder neu erfunden werden, ist die Vielfalt der französischen Käse schier unerschöpflich und auf der ganzen Welt einzigartig.

Noch bevor man den Geschmack eines Käses wahrnimmt, tritt zunächst einmal die Nase in Aktion. Ein gut gemachter Käse erinnert zuweilen an zartgrüne Frühlingswiesen, winterliches Heu oder im negativen Fall auch an Silofutter. Ein echter Käse läßt an die reine Luft der Berge denken, in der sich die Tarentaise-, Abondance- oder Salers-Kühe bewegt haben, oder an die salzige Gischt der See, an deren Küsten die massigen normannischen Rinder weiden. Denken Sie nur an das fast schon süße, milde Aroma eines provenzalischen Brousse, den strengen Geruch eines Munster, eines Époisses oder mancher Camemberts, von denen der französische Dichter Léon-Paul Fargue meinte, so müßten »Gottes eigene Füße« wohl riechen... In Anlehnung daran müßte man beim Gris de Lille wohl von des Teufels Füßen sprechen, denn dieser Käse trägt seinen Spitznamen ›Puant Macéré‹ (eingelegter Stinker) völlig zu Recht. Einige französische Käse sind frisch, weich und mit Edelschimmel überzogen, bei anderen wurde die feste Oberfläche mit dem gewaschen, was traditionell gerade zur Hand war: Cidre, Weißwein, Bier oder Weintresterbrand. Wieder andere, etwa der Bergkäse, die riesigen Emmentaler-Laibe und die etwas bescheideneren Beaufort und Comté, weisen durch das Nachwärmen und Pressen eine dichte, feste Struktur auf. Die Palette der Blauschimmel ist schier unendlich, und unter ihrer weichen, flaumigen Oberfläche verbirgt sich das köstliche Farbspiel des weißen bis goldgelben Teigs mit seiner azurblauen bis grünen Äderung. Da sind die Blauschimmel aus Schafsmilch, die aus Béarn in den Pyrenäen importiert und ›weiß‹ und jungfräulich in die Höhlen von Roquefort gebracht werden, wo sie bis zur Reife von kühlen, zephirartigen Luftströmungen umfächelt werden. Man könnte endlos fortfahren, doch um es kurz zu machen: Ohne Käse wäre Frankreich einfach nicht das, was es ist!

Etikett auf einer Camembert-Schachtel aus den 30er Jahren mit dem Namen des berühmten Pariser Käsehändlers Androuët.

Das untere Seinetal, wo der Fluß sich zwischen üppigen Feldern auf sedimentreichen Böden dahinwindet, ist seit der Altsteinzeit von Menschen bewohnt. Die Kelten siedelten hier im 1. Jahrtausend v. Chr. und brachten Metallwerkzeuge mit, die gut geeignet waren, um den fruchtbaren Boden zu bearbeiten und in saftige Weiden zu verwandeln. Unter den Römern entstanden große und kleine Städte. Zu Beginn des 6. Jahrhunderts. n. Chr. breitete sich das Christentum auch hier aus, und in der Folge wurden zahlreiche Klöster gebaut. Etwas später entstand unter den Normannen eine bäuerlich geprägte Kultur. Heute noch stammen 20 % der französischen Milchprodukte aus der Normandie.

Der Jurist und Gastronom Jean-Anthelme Brillat-Savarin (OBEN) wurde durch sein 1826 veröffentlichtes Buch *Die Physiologie des Geschmacks* bekannt. OBEN RECHTS: Vignette mit verschiedenen ländlichen Arbeiten. Links machen zwei Frauen Käse, in der Mitte trägt ein Milchmädchen Käse zum Markt, rechts sieht man die Bäuerin beim Melken. UNTEN: Milchvieh und blühende Apfelbäume in der fruchtbaren Landschaft der Normandie.

Das Pays d'Auge ist die Heimat von Pont-l'Évêque, Livarot und Camembert. Vimoutiers, die Hauptstadt der Region Camembert, ist zu einem bedeutenden Zentrum der französischen Milchverarbeitungsindustrie geworden.

Die normannischen Weidegebiete – ein von weiten, regenreichen Tälern durchzogenes Hochplateau – lassen kaum eine andere Form der landwirtschaftlichen Nutzung zu. Dies war allerdings nicht immer so, denn erst im 18. Jahrhundert setzte sich die ›Gras-Monokultur‹ durch. Auf den Wiesen mästete man Rinder, die man in der Bretagne und dem Poitou kaufte und später auf dem Pariser Viehmarkt wieder anbot, doch sie ernährten auch »zahlreiche Kühe, aus deren Milch man Käse machte, die Angelots und Livarots genannt werden«, wie ein Chronist schrieb.

Der älteste normannische Käse scheint der berühmte Angelot gewesen zu sein, ein Vorfahre des Pont-l'Évêque. Der Name ist möglicherweise eine Verballhornung von ›Augelot‹, einem schon von Guillaume de Lorris 1236 im *Roman de la rose* erwähnten Käse.

Er könnte aber auch der Vorfahre einer anderen lokalen Berühmtheit sein, des Livarot. Vielleicht hatten Angelot und Pont-l'Évêque sogar noch früher einen gemeinsamen Ahnherrn, nämlich den großen Maroilles aus dem französischen Teil Flanderns. Weitere durchaus erwähnenswerte normannische Käsesorten sind BRILLAT-SAVARIN, LUCULLUS, BOUILLE und EXCELSIOR.

CAMEMBERT

Ist er der König der französischen Käse? Vielleicht, doch selbst wenn es so ist, verdankt er wie viele andere Käsesorten seine Existenz bescheidenen Bauern. Sein Geburtsjahr ist bekannt: 1789, ebenso der Name seiner Erfinderin: Marie Harel, damals eine junge Bauersfrau aus dem Dorf Roiville bei Camembert. Madame Harel perfektionierte ihre Käsereikunst aller Wahrscheinlichkeit nach dank der Kenntnisse des Abbé Gobert, eines vor den Wirren der Revolution geflohenen Priesters. Er hatte daheim gut aufgepaßt, wie seine Gemeindemitglieder Brie herstellten, und beschloß, die Frau, die ihn beherbergte und schützte, in die Geheimnisse einzuweihen. Camembert, ein runder Käse von 11 Zentimeter Durchmesser und damals noch mit einer bläulichen Rinde überzogen, verdankt seine heute übliche Farbe einem Schimmelpilz, der auf *bondons* wuchs, kleinen zapfenförmigen Käsen aus dem Pays de Bray.

Geschichtsträchtig wurde Camembert allerdings erst anläßlich der Eröffnung der Weltausstellung von 1855, bei der Napoleon III. diesen Käse über die Maßen lobte und vor Rührung Madame Harels Tochter küßte. Einer anderen Geschichte zufolge hörte der Kaiser 1863 bei der Einweihung der Eisenbahnlinie Paris-Granville zum ersten Mal den Namen Camembert. In dieser Anekdote war es Marie Peynel, die Enkelin Marie Harels, die das Wort Camembert aussprach, als Napoleon III. sie nach dem Namen des köstlichen Käses fragte, den er gerade probiert hatte. Das Debüt des Camembert hätte wohl kaum unter einem günstigeren Stern stehen können, denn schon am nächsten Tag brachte jede Pariser Tageszeitung die Geschichte in großer Aufmachung. Anschließend hatten es die Restaurants der Hauptstadt natürlich sehr eilig, den ›Kaiserkäse‹ auf ihre Speisekarte zu setzen. Der Ruhm des Camembert hing wie der vieler anderer Käsesorten zum einen eng mit der Einführung der Eisenbahn zusammen, zum anderen aber auch mit der genialen Idee, Schachteln aus Spanholz zu verwenden, in denen der Käse sicher transportiert werden konnte, aber auch Gelegenheit hatte, nachzureifen. Dieses Verdienst kommt einem Mann names Ridel zu, der die Schachteln 1880 zum ersten Mal verwendete. Der zu dieser Zeit in Paris bereits beliebte Camembert konnte nun seinen Siegeszug rund um die Erde antreten. Natürlich gab es schon bald viele Nachahmer. Trotz seiner glorreichen Geschichte wurde dem Camembert erst 1983 eine geschützte Herkunftsbezeichnung (AOC) zugestanden, zu spät, um die damals schon rückläufigen traditionellen Herstellungsmethoden am Leben zu erhalten. Ein Camembert darf deshalb von überall herkommen und aus jeder Art von Milch gemacht werden, solange der Hersteller die Herkunft des Produktes (Region bzw. Land) auf der Schachtel angibt. Heute wird sogar Ziegencamembert angeboten! Das AOC-Gütesiegel wird nur für Camembert vergeben, der in der Normandie hergestellt wurde, und für ihn ist die Bezeichnung ›Camembert de Normandie‹ obligatorisch. Camemberts können auch industriell aus pasteurisierter oder wärmebehandelter Milch produziert werden. Um eine garantierte Qualität zu erhalten, sollte der Käufer darauf achten, daß auf der Schachtel ›au lait cru, moulé à la louche‹ steht – aus Rohmilch hergestellt und handgeschöpft. Es ist auch nützlich zu wissen, daß die besten Sorten aus dem Pays d'Auge kommen. Während Camembert insgesamt das ganze Jahr über eine gleichbleibend gute Qualität aufweist, ist die beste Zeit für Camembert fermier (vom Bauernhof) zwischen dem 15. April und dem 15. November.

Käseherstellung im 19. Jahrhundert (OBEN). Der Bruch wird in die Formen geschöpft. LINKS: Verkäuferin oder *crieuse*, die kleine Käse anbietet. Kupferstich von Bonnard (18. Jahrhundert). UNTEN: Der Camembert-Markt in Vimoutiers in der Region Calvados im Jahr 1927.

CAMEMBERT
DU
PETIT CHAPERON ROUGE
FABRIQUÉ
dans le DOUBS

CAMEMBERT
DOUBLE
CRÊME
J. LAVALOU À SERANS PAR ECOUCHÉ (ORNE)
DES JOURS DE FÊTE

FROMAGERIE DE LA VALLÉE DE LA SOUTE
CAMEMBERT EXTRA
FABRIQUÉ EN SAINTONGE
SOUILLAC
MARQUE DÉPOSÉE
40%
MATIÈRE
GRASSE

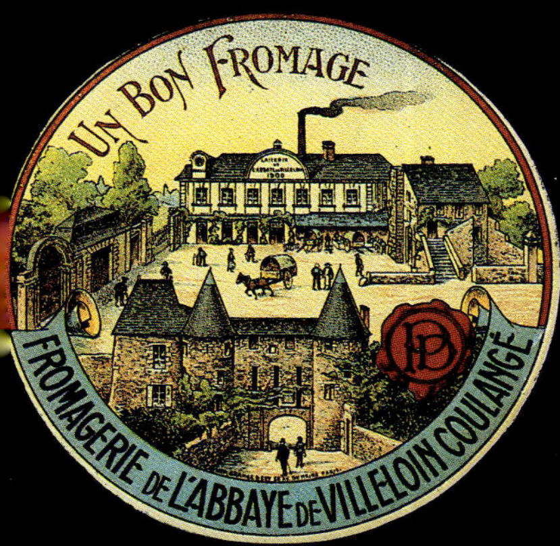
UN BON FROMAGE
FROMAGERIE DE L'ABBAYE DE VILLELOIN COULANGÉ

CAMEMBERT DE LA TOUVRE
45% de
MATIÈRE
GRASSE
16 J
FABRIQUE EN CHARENTE

CAMEMBERT
DU MARIN
FROMAGERIE DE
LA CHAPELLE DU JUCH

CAMEMBERT EXTRA FIN
DE LA COMÈTE
MARQUE DÉPOSÉE

CAMEMBERT FABRIQUÉ EN NORMANDIE
BUQUET
CHAMBOIS
BUQUET
CHAMBOIS
45%
MATIÈRE
GRASSE
L'INVALO
Eclopé mais tout de même un peu là !!

CAMEMBERT FABRIQUÉ en TOURAINE
LE YOYO
Spécialité
Mon VUILLEMIN_BRETEUILOISE.

CAMEMBERT EXTRA-FIN
FABRIQUÉ EN NORMANDIE
NORMANDIE
MOREAU. 15, Rue Lagrange, PARIS

CAMEMBERT
SOUPA
DE LA
FROMAGERIE FRANÇAISE
DE
MEKNÈS
·MAROC·

Carmencita
DÉLICIEUX
FROMAGE
o.lait
A PÂTE GRASSE
40 POUR CENT DE MATIÈRE GRASSE
FABRIQUÉ EN ANJOU

LAITERIE DU PRE-LEUX
VILLARS LE PAUTEL
LE PRE-LEUX CAMEMBERT EXTRA DÉLICIEUX

FERMIERS NORMANDS ★ CAMEMBERT DU CALVADOS
CAMEMBERT
LE PIERROT
MARQUE DÉPOSÉE

CAMEMBERT
EXTRA
H. LERMAT DU PARC
ARGENCES.
(Calvados)

CAMEMBERT
DES AMIS
FABRIQUÉ EN NORMANDIE
PAYS DE BRAY

CAMEMBERT
EXTRA
DU
CHATEAU
DE
ROCQUES
LISIEUX
CALVADOS
M. RENDU.

CAMEMBERT FABRIQUÉ DANS L'INDRE
M. ANNÉE
NEUVY PAILLOUX.

CAMEMBERT SUPÉRIEUR
DOMAINE
DE MONTAUDIN
MESNIL-BAGLEY
CALVADOS
Ernest POTTIER Propre

CAMEMBERT
LE COW-BOY
FABRIQUÉ EN BERRY
40 pour 100 de MATIÈRE GRASSE

LE VOYAGEUR
Production Pasteurisée
FABRIQUÉ par Besnier et Cie
LAVAL (Mayenne)
50 POUR CENT
MATIÈRE GRASSE

SPOUTNIK le fromage de l'avenir
40 POUR CENT MATIÈRE GRASSE
FABRIQUÉ DANS LA MAYENNE 53 E
REPRÉSENTANT AGENT EXCLUSIF L. ANANOU

CAMEMBERT
A LA CLÉ

CHARLESTON
CAMEMBERT SUPÉRIEUR

Camembert (OBEN).
MITTE: Petit-Livarot-Etikett aus den 20er Jahren unseres Jahrhunderts.
MITTE RECHTS: Livarot.
UNTEN: Die Katze schleckt Sahne ... Witzzeichnung von Granville (1869).
VORHERGEHENDE DOPPELSEITE: Verschiedene Etikette für die berühmten Camembert-Spanschachteln. Die Hersteller ließen dabei ihrer Phantasie freien Lauf. Die poetischen oder komischen Merkmale einiger dieser Schöpfungen reizten Sammler, die schönsten Etikette werden getauscht, verkauft und ausgestellt.

■ CAMEMBERT
Käse aus pasteurisierter Kuhmilch (40 bis 45 % F. i. Tr.)
TYP: Weichkäse mit Edelschimmel
FORM: rund, 11 cm Durchmesser, 3 bis 4 cm hoch
GEWICHT: 250 g
REIFUNG: 1 Monat in trockenen Reifekellern
HANDELSFORM: in Wachspapier und Spanholzschachtel mit Etikett verpackt

LIVAROT

Livarot ist ebenso wie Pont-l'Évêque ein Nachfahre des Angelot, jedoch nicht so bekannt. Wie der Name andeutet, stammt der Käse ursprünglich aus dem Dorf Livarot und wird auch heute noch in seiner Umgebung oder in Vimoutiers hergestellt. Er wird zwar aus Vollmilch gemacht, weist jedoch keinen besonders hohen Fettgehalt (40 %) auf. Nachdem der Käse von Hand dickgelegt, geschnitten und geknetet (›malaxé‹) wurde, ist die Käsemasse noch weiß. Erst nach dem Einsalzen und der dreimonatigen Lagerung in einem feuchten Reifekeller wird er mit einer Tinktur aus *Roucou*, einer südamerikanischen Baumart, orangerot gefärbt. Was jedoch dem Käse sein charakteristisches Aussehen verleiht, sind die um den gedrungenen Laib gewickelten Riedgras-Streifen. Früher schnitt man die Segge am Seeufer, dann wurde sie jedoch mehr und mehr durch Papierschnitzel ersetzt. Wegen der fünf ›Streifen‹ hat Livarot auch den Spitznamen *Colonel*. Mittlerweile wird auch wieder echtes Riedgras verwendet.

PETIT LISIEUX und LISIEUX sind mildere Livarot-Sorten, die in einem früheren Reifestadium in den Handel kommen und jung verzehrt werden.

■ LIVAROT
Käse aus pasteurisierter Kuhmilch (40 % F. i. Tr.)

TYP: Weichkäse mit Rotschmiere
FORM: rund, 12 cm Durchmesser, 5 cm hoch
GEWICHT: 350 bis 500 g
REIFUNG: von der Molke getrennt, anschließend in einem Trockenraum getrocknet (ressuyé) und dann dem Affineur übergeben; die Reifung dauert ca. 4 bis 8 Wochen in warmen, feuchten Reifekellern, wobei die Rinde zweimal wöchentlich mit Salzlake abgewaschen wird.
Livarot wird auch in Dreivierte größe (10 cm), klein (9 cm) und in Vierteln (7 cm) hergestellt, die 15 bis 30 Tage reifen
HANDELSFORM: Holzschachtel mit Etikett

NEUFCHÂTEL

Das regenreiche, von den Kalkplateaus des Pays de Caux gesäumte Pays de Bray ist geologisch gesehen eine Kuriosität. Lange Zeit wurde der Ballungsraum Paris von hier aus mit Milchprodukten und Cidre beliefert. Als zweite AOC der Normandie trägt Neufchâtel-Käse den Namen eines größeren Marktstädtchens im Pays de Bray. Angeboten wird der Käse in vielen verschiedenen

Formen und Größen (rund, block-, brotlaib- oder herzförmig, quadratisch), doch die Käsemasse selbst ist immer die gleiche (Weichkäse mit Edelschimmel). Neufchâtel ist mit einem anderen traditionsreichen Käse der Gegend verwandt, dem GOURNAY, der ebenfalls den Namen seines Entstehungsortes trägt. Im Jahr 1050 zahlte der Gutsbesitzer seinen Zehnt an die nahegelegene Abtei Signy in Form von *frometons,* wie man Käse auch heute noch liebevoll nennt. Der Neufchâtel ist cremig und wird in verschiedenen Reifestadien gegessen. Nach dem Abseihen der Molke wird er mit einem reiferen Käse ›beimpft‹ und verknetet. Urvater des Neufchâtel war letztlich BONDON oder BONDART. Der Name stammt von den hölzernen Spunden für Cidre- oder Weinfässer, denen der Käse in der Form ähnelt. PETIT-SUISSE ist eine Unterart des Neufchâtel, der zusätzlich Rahm zugesetzt wird.

■ NEUFCHÂTEL
Kuhmilchkäse (45 % F. i. Tr.)
TYP: goldgelber Weichkäse mit rotgesprenkeltem Weißschimmel
FORM: rund, quadratisch, herz- und blockförmig
GEWICHT: 100 g (rund), 200 g (Herz), 900 g (Block)

REIFUNG: 10 Tage bis 3 Wochen
HANDELSFORM: auf Stroh (fermier) oder verpackt (Molkerei)

PONT-L'ÉVÊQUE

Das im nordöstlichen Teil des Départements Calvados gelegene Städtchen Pont-l'Évêque gab einem quadratischen, goldgelben bis bräunlichen Käse den Namen, dessen lockere Masse von einer in Salzlake gewaschenen bzw. geschmierten Rinde umgeben ist. Dank seines kräftigen, würzigen Geschmacks hat dieser Käse viele Liebhaber. Traditionell wurde er ausschließlich mit Milch aus der alten Provinz Normandie hergestellt. Heute wird er allerdings auch außerhalb der Grenzen des Ursprungsgebietes Pays d'Auge produziert, um die steigende Nachfrage decken zu können. Notgedrungen wird immer weniger Rohmilch verwendet, worunter allerdings die Qualität leidet. Das Lab wird zur warmen Milch gegeben und die Molke durch häufiges Umrühren des Bruchs herausgezogen. Nach dem Pökeln mit Salz bzw. Salzlake werden die Käse 5 bis 6 Wochen im Reifekeller gelagert. Damit sich die Rotschmiere bildet, müssen die Käse bei der Reifung in feuchten Räumen häufig mit Lake befeuchtet werden. Die Variante mit Weißschimmelbelag wird trocken eingesalzen.
Früher wurden große Pont-l'Évêque als Blöcke oder Laibe von 1 Kilo hergestellt. Heutige Ableger sind der PAVÉ D'AUGE und der PAVÉ DE MOYAUX.

■ PONT-L'ÉVÊQUE
Kuhmilchkäse (50 % F. i. Tr.)
TYP: Weichkäse mit Rotschmiere
FORM: Quadrate von 10 cm Kantenlänge, 3 cm hoch
GEWICHT: 350 g
REIFUNG: 6 Wochen bis 2 Monate in feuchten Reifekellern
HANDELSFORM: quadratische Spanholzschachtel von ca. 11 cm Kantenlänge. Auch als halber (dreieckiger) oder kleiner Pont-l'Évêque

Etikette für Pont-l'Évêque: Ware für den Export (oben) und den französischen Markt (Mitte).
GANZ LINKS: Eine der vielen Formen des Neufchâtel.
UNTEN: Pont-l'Évêque.
FOLGENDE DOPPELSEITE: Verschiedene Weichkäse mit und ohne Edelschimmel.

Idealisiertes Bild eines französischen Bauernhofes aus dem 18. Jahrhundert (OBEN) in der Art von Marie-Antoinettes *Hameau* in Versailles, von Huet. UNTEN: Dieser Farbabdruck zeigt eine Szene aus dem Pariser Alltagsleben: Milchmädchen Ende des 18. Jahrhunderts. GANZ RECHTS: Familienbild vor einem B-O-F-(Butter-Eier-Käse) Geschäft, um 1900.

Die Region Brie war äußerst günstig gelegen, um sowohl die Bevölkerung von Paris als auch das französische Herrscherhaus mit dem dort produzierten Käse zu beliefern. Sie liegt nämlich in der Mitte zwischen der Hauptstadt, die schon zu Zeiten der Gallier und Römer ein bedeutendes Handelszentrum war, und Reims, der Stadt in der Champagne, wo die ersten Könige Frankreichs gekrönt wurden. Für die Landschaft Brie wirkte sich deshalb die lange Phase, in der die politische und religiöse Macht des Staates sich auf diese beiden Städte konzentrierte, sehr günstig aus. Der Brie-Käse wurde von niemand Geringerem als Karl dem Großen zu Ruhm gebracht, der den Chroniken zufolge ein ausgesprochenes Faible für den weichen, gelben Käse gehabt haben soll. Seine fortdauernde Beliebtheit verdankt der Brie auch der beständigen Treue der Pariser, die es zu schätzen wußten, daß dieser Käse direkt vor ihren Toren hergestellt und nicht auf langen Transportwegen durchgerüttelt wurde.

Brie

Als Käse, der auf der königlichen Tafel zur Selbstverständlichkeit geworden war, fiel auch der Brie den Wirren der französischen Revolution zum Opfer. War dies vielleicht die Rache dafür, daß er dem überaus genußfreudigen Ludwig XVI. die allerletzte Gaumenfreude bereitete, bevor man ihn in einer Herberge in Varennes verhaftete? Tatsache ist, daß die kurze Zeit später von den Engländern errichtete Handelsblockade Napoleon dazu zwang, Zuckerrüben in Frankreich anbauen zu lassen, um den Verlust des von den Antillen importierten Zuckerrohrs wettzumachen. Damit mußten auch die saftig-grünen Weidegebiete der Brie trostlosen Rübenfeldern weichen, wie sie noch heute in der weiten Ebene zu finden sind. Als zweite Katastrophe wurde die Gegend im Krieg von 1870 von preußischen Truppen überrannt. Erst 50 Jahre zuvor hatte Talleyrand im Beisein von Metternich beim Wiener Kongreß dafür gesorgt, daß Brie-Käse zum »König der Käse und erstklassigen Dessert« erklärt wurde. Schließlich wurde der köstliche Käse noch von einem dritten Feind bedroht: der Eisenbahn. Der technische Fortschritt ermöglichte es auch den Käsereien in der Auvergne, Normandie oder in Savoyen, ihre Käse rasch und sicher in die Hauptstadt zu liefern, so daß sie nun allesamt auf den Speisekarten der großen Restaurants auftauchten. Brie-Käse, der bis dahin quasi als Pariser galt, wurde damit wieder in eine Nebenrolle als

eine regionale Spezialität unter vielen gedrängt.

Brie gibt es in vier Sorten, nämlich den beiden AOC-Bezeichnungen BRIE DE MELUN und BRIE DE MEAUX sowie BRIE DE COULOMMIERS und BRIE DE MONTEREAU bzw. DE NANGIS. Die beiden letzten sind kaum noch zu finden, während die beiden ersteren sich nach wie vor großer Beliebtheit erfreuen. Brie de Meaux, der immer seltener handgemacht wird, ist ein runder Käse mit einem Durchmesser von 25 bis 35 cm, er ist 3 cm hoch und wiegt 2,3 kg, zumindest ist dies für die AOC-Sorte so festgelegt. Es hat auch schon Brie-Käse von über 50 cm Durch-

messer gegeben. Für solche riesigen Laibe, die von den großen Fortschritten im landwirtschaftlichen Bereich zeugten, bedurfte es eines ungeheuren Könnens seitens der Käsemacher, die die wagenradgroßen, flachen Torten wenden mußten, ohne daß sie zerbrachen. Der Weichkäse mit Weißschimmelbelag reift schnell, enthält 45 % Fett i. Tr. und wiegt 2,5 kg. Für eine Torte sind mindestens 23 Liter Milch erforderlich. Der aus fettreduzierter Milch hergestellte Bruch wird mit *Penicillium candidum* beimpft, mit *pelles à Brie,* speziellen Schöpfkellen, von Hand in Formen geschöpft und gesalzen. Während der etwa vierwöchigen Reifezeit wird die Torte mehrmals gewendet, was ein recht heikles Unterfangen ist. Bei der Reifung entwickeln sich im flaumigen weißen Schimmelrasen vereinzelte rote Sprenkel. Der milde, nussige Teig ist geschmeidig und strohgelb. Heute stellen nur noch sehr wenige Bauernhöfe Brie de Meaux her, denn die Produktion ist überwiegend von kleineren Molkereien übernommen worden.

Brie de Melun ist mit einem Durchmesser von 24 bis 27 cm etwas kleiner als die Spezialität aus Meaux. Auch die Produktion ist wesentlich geringer (188 Tonnen im Jahr 1988, gegenüber 5650 Tonnen Brie de Meaux). Brie de Melun wird aus Rohmilch nach dem gleichen Verfahren wie Brie de Meaux hergestellt. Lediglich die Reifezeit dauert länger (2 Monate) und erfolgt in kühleren, weniger feuchten Reifekellern. Es gibt auch einen frischen, ungereiften Brie de Melun, den man als BRIE DE MELUN BLEU bezeichnet, weil die Außenseite mit Kohlepulver bestäubt wird. Der Durchmesser des Brie de Montereau beträgt niemals mehr als 20 cm; ihr charakteristisches Aroma verdankt diese kräftigste Brie-Sorte ihrer eineinhalbmonatigen Reifezeit in einem feuchten Lagerkeller. Brie de Coulommiers ähnelt stark seinem Cousin aus Meaux, weist allerdings einen Durchmesser von nur

25 cm auf, was den Transport erleichtern soll. Der Käse aus der Ortschaft Coulommiers blickt ebenfalls auf eine lange Tradition zurück. Er ist ein naher Verwandter des Camembert, doch etwas größer als dieser (13 cm, 500 g). Aus dieser Brie-Sorte haben die Molkereibetriebe mittlerweile ein beliebtes Industrieprodukt gemacht, doch findet man hier und da auch noch den guten handgemachten Coulommiers fermier mit seinem samtigen Kern und dem einzigartigen regionaltypischen Aroma. Ein weiterer regionaler Käse stammt aus der Gegend von Dreux auf halbem Weg zwischen Paris und der Normandie. Es handelt sich um DREUX À LA FEUILLE, einen Käse von 10 cm Durchmesser und 2 cm Dicke. Er wird aus Milch mit eingestelltem Fettgehalt hergestellt und gehört zur PITHIVIERS-Familie. Eineinhalb Monate Reifezeit auf Kastanienblättern verleihen dem Käse sein vielgepriesenes delikates, fruchtiges Aroma. Der Käse wird in ein oder zwei Kastanienblätter eingewickelt angeboten.

■ BRIE

Kuhmilchkäse (45 % F. i. Tr.)

TYP: Weichkäse mit Edelschimmel

FORM: rund, 35 bis 50 cm Durchmesser, 3 cm hoch (Meaux); 24 cm Durchmesser (Melun)

GEWICHT: 2 bis 2,5 kg (Meaux); 1,5 kg (Melun)

REIFUNG: 4 Wochen in kühlen Reifekellern beim Brie de Meaux; 7 Wochen beim Brie de Melun (früher 10 Wochen)

HANDELSFORM: auf Strohunterlage; wird im Einzelhandel in Tortenstücke zerteilt verkauft

Originelle Etikette für Coulommiers und Brie (OBEN). OBEN LINKS: *Dies ist ein Stück Käse,* nennt der berühmte belgische Surrealist René Magritte sein Werk. Man könnte zurückfragen: »Ist es vielleicht ein Stück Brie de Meaux?« MITTE: Coulommiers. UNTEN: Brie de Meaux.

Französische Mimolette und Boulette d'Avesnes (OBEN).
OBEN MITTE: *Das musikalische Vieh.* Eine eigentümliche Partitur, die in der Bibliothèque Municipale von Cambrai aufbewahrt wird.
RECHTS: Das Rathaus von Calais, der Hauptstadt des Départements Pas-de-Calais. Im Vordergrund Auguste Rodins beeindruckende Skulptur *Die Bürger von Calais* (1884–1895).
GANZ RECHTS: Etikett für ›delikaten Maroilles‹.

Der ›Wunderbare aus Maroilles‹, wie man den Käse im Mittelalter titulierte, hat seinen alten Namen durchaus verdient. Alles, was heutige Feinschmecker noch von der Benediktinerabtei in Maroilles kennen, die ab dem frühen 7. Jahrhundert einmal ganz Nordfrankreich beherrschte, ist der berühmte quadratische Käse mit seinem betörenden Aroma. Maroilles liegt in der weiten Ebene der Thiérache, deren Geschichte eng mit der ihrer Nachbarprovinzen Artois, Picardie und Champagne verknüpft ist, wo die Interessensbereiche der Gebiete im Osten, Süden und Norden so oft aufeinanderprallten. Im Mittelalter zahlten die Bauern ihren Zehnt an die Abtei von Maroilles in Form von Käse, wie wir aus einer Urkunde aus dem Jahr 1010 wissen. Der damals als Craquegnon bezeichnete Käse unterschied sich im Grunde nicht sehr von dem modernen Maroilles. Einige Quellen verlegen den

Ursprung des Käses auf das Jahr 960: Einer der hier ansässigen Mönche soll die Käse einfach länger reifen lassen haben, um dem Geschmack des Bischofs von Cambrai entgegenzukommen. Wie auch immer die Hintergründe seiner Entstehung gewesen sein mögen, war dieser königliche Käse (Philippe Auguste, Ludwig XI. und Franz I. hatten eine Vorliebe für ihn) trotz wiederholter Invasionen und Aufstände auf den Märkten des reichen Flandern sehr beliebt.

MAROILLES

Manche halten diesen stark riechenden Käse für einen entfernten Vorfahren von Pont-l'Évêque und Munster. In der Tat ist die Herstellung ähnlich. Früher wurde Maroilles aus der Milch einer bestimmten Kuhrasse (die es inzwischen nicht mehr gibt) hergestellt, der man die Milch flämischer Kühe beimischte. Die heutige AOC fordert keine spezielle Herkunft der Milch, sondern legt fest, wie das Produkt hergestellt und gereift wird. Die nach der Zugabe von Lab entstehende Dickete läßt man 20 Minuten lang auf *mignauts* abtropfen – das sind spezielle Tische, auf denen die Molke schneller abläuft. Die Masse wird dann in Formen *(quinons)* geschöpft, gesalzen und in Salzlake eingelegt. Die Laibe reifen dann 3 Monate lang in kühlen, feuchten Reifekellern und werden in regelmäßigen Abständen mit Salzlake abgewaschen. Die wundervolle Cremefarbe erhält Maroilles allerdings erst durch die Zugabe von Fermenten aus reiferen Käsen.

Zwar wird auch Maroilles inzwischen überwiegend industriell gefertigt, doch findet man auch noch traditionellen Maroilles fermier.

Man verzehrt ihn in drei verschiedenen Reifestadien: ungereift (›blanc‹), mittelreif (›blondins‹) und vollreif, wenn sein Teig eine goldgelbe Farbe angenommen hat.

■ MAROILLES
Kuhmilchkäse (45–50 % F. i. Tr.)
TYP: Weichkäse mit rotbrauner Käseflora
FORM: Quadrat von 13 cm Kantenlänge, 6 cm hoch
GEWICHT: Maroilles 800 g, Sorbais (3/4) 600 g, Mignon (1/2) 400 g, Quart (1/4) 200 g
REIFUNG: 3 Monate in einem kalten,

feuchten Reifekeller; wird mit Salzlake abgewaschen
Handelsform: quadratische Spanholzschachtel mit Etikett

Andere Käsesorten

Der strenge Geruch, den der Maroilles seit nunmehr fast 1000 Jahren verbreitet, ist auch für weitere Käsesorten aus den nordfranzösischen Landschaften typisch, so beispielsweise für den Puant Macéré aus Lille (›eingelegter Stinker‹), eine Art Maroilles, der zweimal gesalzen wird und länger reift. Weitere Familienmitglieder sind Baguette Laonnaise, Boulette d'Avesnes, Gris de Lille und Dauphin oder Dauphiné; letzterer stammt aus Hainaut und zeichnet sich durch einen extrem strengen Geruch und sehr würzigen Geschmack aus. Rollot ist ein traditionsreicher Rotschmierekäse aus der Picardie, den schon Ludwig XIV. besonders gerne mochte. Die birnenförmige Boulette d'Avesnes wird von Hand geformt und mit Kräutern und Gewürzen aromatisiert. Man verwendet dazu Stücke von Maroilles-Laiben, die bei der Verarbeitung zerbrechen.

Das geschichtsträchtige Herzogtum Burgund war der französischen Krone stets eng verbunden. Karl dem Kühnen, Herzog von Burgund, wäre es beinahe gelungen, sein Land in ein Königreich zu verwandeln, hätte ihn nicht Ludwig XI. besiegt und die begehrte Region dem königlichen Landbesitz einverleibt. Der Reichtum Burgunds, das als Dreh- und Angelpunkt zwischen dem nördlichen Europa und den Mittelmeerländern fungierte, entwickelte sich bereits im 12. Jahrhundert. Auf den großen Messen, die an den alten Handelswegen abgehalten wurden, tauschte man Luxusgüter aus: Stoffe und Tuche aus Brügge, Seide und Gewürze aus Venedig. Von den regiona-

len Waren nahmen einige Käse eine besondere Stellung ein. Vielleicht bedingt durch die Nähe zu Flandern, das über Handelsstraßen direkt mit dem Herzogtum verbunden war, waren burgundische Käse bald berühmt, vor allem für ihren durchdringenden Geruch, so beispielsweise Langres und Époisses, die durchaus an Maroilles und andere ›Stinker‹ aus Lille heranreichen. Zugleich entstanden in Burgund auch

Weichkäse, die denen aus der Champagne und Brie an Cremigkeit in nichts nachstehen, so etwa der Chaource.

Chaource

Dieser Käse stammt ursprünglich aus einem Dorf in der Champagne und ist fast so berühmt wie die Weine dieser Region. Chaource ist ein frischer, weißer Käse, der nach Rahm und dem Keller duftet, in dem er reifte; er erfreut sich überall großer Beliebtheit. Er wird das ganze Jahr über hergestellt, doch das zarte Frühlingsgras verleiht den Käsen, die im Mai/Juni zum Verkauf gelangen, ein besonders delikates Aroma.

■ Chaource
Kuhmilchkäse (50 % F. i. Tr.)
Typ: Weichkäse mit Edelschimmel

Form: rund, 10 bis 11 cm Durchmesser, 6 bis 7 cm hoch mit leicht erhöhtem Rand

Maroilles (ganz links).
Oben rechts: Der geschäftige Markt in Morvan zu Beginn dieses Jahrhunderts.
Mitte: Der Königspalast in Dijon, der Hauptstadt Burgunds, Stich von J. H. Mansart (spätes 17. Jahrhundert).
Unten: Chaource.

Ein Werbeplakat, das T. A. Steinlen für die Brüder Quillot entwarf (OBEN).
UNTEN: *Hochzeit Herzog Philipps des Guten von Burgund mit Isabella von Portugal im Jahr 1430.* Ausschnitt mit einer Gruppe, die bei der Hochzeitstafel steht. Französische Miniatur aus dem 17. Jahrhundert. Der Herzog von Burgund stiftete 1429 den Orden vom Goldenen Vlies (Toison d'Or).
GANZ RECHTS: Époisses.

GEWICHT: 500 g, bei einigen Sorten aus bäuerlicher Herstellung auch mehr
REIFUNG: 3 Wochen (halbreif) bis 2 Monate (vollreif) in kalten Reifekellern
HANDELSFORM: in Papier eingeschlagen (Molkerei) oder lose (fermier)

ÉPOISSES

Der Weichkäse mit Rotschmiere erfreute sich großer Beliebtheit am Hofe Ludwigs XIV., wo er sozusagen in den Adelsstand erhoben wurde. Napoleon I. lobte ihn, nachdem er ihn zur gleichen Zeit wie die Weine aus Chambertin entdeckt und in beidem die perfekte Kombination zweier regionaler Delikatessen erkannt hatte.
Während der Chaource für seine Cremigkeit berühmt ist, beeindruckt der Époisses durch seinen durchdringenden Geruch und sein strenges Aroma. Bei der traditionellen Herstellung wird der Bruch von Hand mit einer siebartigen Kelle in

die Formen geschöpft. Zur Reifung lagert man den Käse 2 Monate lang in kühlen, feuchten Kellerräumen. Die mit Marc de Bourgogne eingeriebene Spezialität lagert nur einen Monat lang.

■ ÉPOISSES
Kuhmilchkäse (50 % F. i. Tr.)
TYP: Weichkäse mit Rotschmiere
FORM: rund, 10 cm Durchmesser, 4 cm hoch
GEWICHT: 300 g
REIFUNG: 2 Monate in einem feuchten Reifekeller, wird mit schwacher Salzlösung abgewaschen und zweimal pro Woche gewendet. Époisses au Marc de Bourgogne wird nach 4 Wochen mit Tresterbrand gewaschen und dann auf Gittern gelagert
HANDELSFORM: unverpackt, in Schachteln oder in Weinblätter eingewickelt

LANGRES

Das Langres-Plateau an der Seinequelle gab diesem orangefarbenen, streng

riechenden Käse seinen Namen. Der mit Époisses verwandte Langres wird auf Bauernhöfen und in kleinen Molkereien hergestellt. Auffällig ist seine tief eingebuchtete Oberfläche.

■ LANGRES
Kuhmilchkäse (45 % F. i. Tr.)
TYP: Weichkäse mit rotbrauner Käseflora
FORM: rund, 5 cm hoch mit stark hoch-

gewölbtem Rand und eingefallener Oberfläche

GEWICHT: 300 g

REIFUNG: 2 Monate in einem feuchten Reifekeller; wird mit schwacher Salzlösung abgewaschen und zweimal wöchentlich gewendet

HANDELSFORM: unverpackt, in Spanschachteln oder in perforierte Folie eingewickelt

ANDERE KÄSESORTEN

Entlang den großen Pilgerstraßen, die häufig mit den alten Handelswegen identisch waren, gelang es mehreren Klöstern, die traditionellen Methoden der Käseherstellung zu bewahren oder neu zu beleben. In Burgund stellt die Benediktinerabtei PIERRE-QUI-VIRE einen Weichkäse mit Rotschmiere her, der sich durch ein kräftiges Aroma und einen strengen Geruch auszeichnet. Es handelt sich um kleine runde Käselaibe von 200 g vom Époisses-Typ; die dazu verwendete Rohmilch stammt von einer lokalen Kuhrasse, deren Weiden noch nicht von Pestiziden und Kunstdünger verdorben sind.

Das Kloster Cîteaux an der Côte d'Or stellt einen Schnittkäse mit gewaschener Rinde aus gepreßtem, nicht nachgewärmtem Bruch her, die Laibe wiegen etwa 1 kg. Die Rohmilch stammt ausschließlich von klostereigenen Kühen, da die Zisterzienser sich weigern, Milch anderer Herkunft zu verwenden. CITEAUX ist zwar dem Saint-Paulin verwandt, weist jedoch ein ausgesprochen ortstypisches Aroma auf, das manche wiederum an Reblochon erinnert. L'AMI DU CHAMBERTIN ist eine neuere Weichkäsekreation mit Rotschmiere aus unbehandelter Kuhmilch.

Die hoch über den Einfallstraßen der großen Invasionen gelegenen Vogesen boten schon den Kelten Schutz. Julius Caesar gliederte das Gebiet in die Provinz Untergermanien ein, und es blieb bis zum Zweiten Weltkrieg ein Zankapfel zwischen Deutschland und Frankreich. Die Tradition des Munster-Käses litt beträchtlich unter den endlosen, lähmenden Kämpfen, überlebte aber letztlich jede Krise. Er ist seit vielen hundert Jahren nach wie vor sehr beliebt.

LANGRES (OBEN LINKS). OBEN MITTE: L'Ami du Chambertin, der perfekt zum Wein gleichen Namens paßt.

MUNSTER

Dieser alte Käse entstand bereits im 7. Jahrhundert im Münstertal. Die dort ansässigen Benediktinermönche, die nach den Klosterregeln kein Fleisch essen dürfen, deckten ihren Eiweißbedarf durch Milch und Milchprodukte. Auch hier ließen sich die frommen Männer zu einem Käse inspirieren, dessen überragende Qualität nicht nur dem Namen des Klosters zu Ruhm und Ehre gereichte, sondern dem ganzen Tal. Der

OBEN: Der Kreuzgang (13.–19. Jahrhundert) des Dominikanerklosters Unterlinden in Colmar (Haut-Rhin). LINKS: Eine bezaubernd naive Darstellung des Schafmelkens. Holzschnitt eines anonymen Straßburger Künstlers aus dem Jahr 1493.

Ein Käser aus dem Elsässer Munstertal prüft den Reifezustand von Munster-Käsen (RECHTS).
MITTE: Munster.
OBEN RECHTS: Mit Kümmel gewürzter Munster.
UNTEN: Etikette für zwei weitere Käsesorten aus dieser Region: Petit Munster und Carré de l'Est.

UNTEN RECHTS: Weidelandschaft in den Vogesen. Gemälde von J.-F. Millet.
RECHTE SEITE: Pavin, Carré de l'Est und vorn Tamié.

Käse war Teil der Abgaben, mit denen die Bauern die Mönche dafür entschädigten, daß sie ihre Ländereien bewirtschafteten. Die Herstellungsverfahren wurden bald auch in der umliegenden Gegend bekannt, überschritten jedoch nie die Südgrenze zwischen dem Elsaß und der Franche-Comté.

Der durchdringend riechende Rotschmierekäse wurde aus der Milch der Vogeser Kühe hergestellt, die in den Tälern oder an den Berghängen *(chaumes)* weideten. Heute wird solche Milch leider kaum noch verwendet, nicht einmal für Munster fermier, der ohnehin nur noch sehr selten anzutreffen ist. Der größte Teil der Produktion stammt derzeit aus Fabriken, die mit pasteurisierter Milch arbeiten. Der wegen seines strengen Geruchs und würzigen Aromas berühmte Munster hat von der Industrialisierung nur insofern profitiert, als er heute in größeren Mengen angeboten werden kann.

Die Elsässer empfehlen zum Munster warme Pellkartoffeln. Recht ähnlich ist der GÉROMÉ, ein Käse aus Gérardmer in der Nähe von Munster. Er ist auch unter dem Namen MUNSTER DES VOSGES bekannt und entsteht durch ein Herstellungsverfahren, das dem des eigentlichen Munster sehr ähnlich ist. Der etwas dickere Géromé wird meist in Spanholzschachteln angeboten.

■ MUNSTER
Kuhmilchkäse (Munster fermier aus Rohmilch, industrielle Produktion aus pasteurisierter Milch) (50 % F. i. Tr.)

TYP: Weichkäse mit Rotschmiere (Industrieprodukt), Munster fermier oft mit Oberflächenbelag
FORM: rund, 13 bis 20 cm Durchmesser, 2,5 bis 5 cm hoch
REIFUNG: 2 bis 3 Monate bei Munster fermier; wird gelegentlich in Reifekellern von Kooperativen nachgereift, kürzere Reifezeit für industriell gefertigten Munster
HANDELSFORM: unverpackt, in Papier oder Spanholzschachteln mit Etikett des Herstellers

Der im Osten an die Schweiz grenzende Höhenzug des Jura liegt günstig, was Sonne und Wind angeht, und verfügt über reichlich Wasser, so daß sowohl für die Waldwirtschaft als auch für die Milchproduktion beste Voraussetzungen gegeben sind. Das Massiv, als dessen höchster Punkt sich mit 1718 Metern der Crêt de la Neige erhebt, ist die Heimat mehrerer Käsesorten, von denen zwei eine AOC erhielten: Comté und Vacherin. Weiter im Süden findet sich in den Départements Ain und Jura als weitere geschützte Ursprungsbezeichnung der Bleu de Gex. Die Franche-Comté war schon um 1000 v. Chr. von dem keltischen Stamm der Sequani bewohnt und wurde später in die römische Provinz Untergermanien eingegliedert. Als sich im 5. Jahrhundert die Burgunder hier ansiedelten, wurde die Region zu einer *Mark*, also zu einem Grenzgebiet, dessen weitere Entwicklung von der Burgunds abhing. Einige Jahrhunderte später förderte Karl der Große die Herstellung des regionalen Käses, der zum Vorfahren des heutigen Comté wurde.

Das Bild OBEN zeigt Karl V., der ein Freund des Bleu de Gex war, mit der Kette des von Philipp dem Guten gestifteten Ordens vom Goldenen Vlies. Ölbild auf Holz von van Bosley.
GANZ RECHTS: Bleu de Gex.
UNTEN: Ein Dorf im Jura.

Die Franche-Comté, auf die sowohl Burgund als auch Deutschland und Spanien Herrschaftsansprüche erhoben, wurde unter Ludwig XIV. endgültig französisch.

BLEU DE GEX

Bleu de Gex ist zusammen mit Bleu de Septmoncel, einem qualitativ sehr ähnlichen Käse, seit 1935 herkunftsgeschützt. Deshalb lautet die offizielle Bezeichnung auch ›Bleu de Gex et de Septmoncel‹. Heute ist allerdings nur noch der eigentliche Gex im Handel. Dieser Blauschimmelkäse kann sich auf eine lange, vornehme Tradition berufen, die im 13. Jahrhundert in der Abtei Saint-Claude begann; von dort aus trat der Käse seinen Siegeszug durch die Hochtäler des Jura an (wenn auch der Chronist der Abtei behauptet, man habe den Käse dort niemals selbst hergestellt). Gex ist milder als andere Blauschimmel, das Aroma ist süßlicher mit einem leicht bitteren Anflug. Im 16. Jahrhundert verbreitete sich sein Ruf überall in den Ländereien Karls V. von Habsburg, zu denen auch die Franche-Comté gehörte. Der mächtigste Monarch der damals bekannten Welt, dessen Reich (in dem ›die Sonne nie unterging‹) sich von Amerika bis Osteuropa erstreckte, war geradezu vernarrt in Bleu de Gex. Die beste Zeit für diesen Käse ist Juni bis November.

■ BLEU DE GEX ET DE SEPTMONCEL
Kuhmilchkäse (50 % F. i. Tr.)
TYP: Blauschimmel mit rötlich-gelber Rinde
FORM: rund, 30 cm Durchmesser, 9 cm hoch
GEWICHT: 6 bis 9 kg
REIFUNG: 2 Monate in einem kühlen, feuchten Reifekeller

COMTÉ

In der Franche-Comté spielten die Mönche bei der Rodung und Urbarmachung des Landes eine große Rolle, doch lange vor dem Bau der Klöster war in den Alpen bereits die Herstellung von Greyerzer (Gruyère) bekannt. Von den Abteien in der Franche-Comté wurde das Rezept übernommen und weiterentwickelt, so daß letztlich der typische Comté entstand, ein trockener Käse aus gepreßtem Teig. Die Pflanzenwelt der in dieser Gegend nicht allzu hoch gelegenen Weiden ist ganz anders als die in den karstigen Hochalpen. Als Rinderrasse wird in der Franche-Comté Montbéliard bevorzugt. Sie geben mehr und bessere Milch als die kleinwüchsigen Kühe, die man auf die Almwiesen treibt. Überdies ist ihre Milch weniger fett. Wie in den Alpen bieten Molkereigenossenschaften *(fruitières)* auch hier den Bauern Gelegenheit, gemeinsam die großen Mengen Milch zu erwirtschaften, die zur

Herstellung von Comté notwendig sind. Um einen einzigen Käse zu machen, benötigt man nämlich etwa 500 Liter Rohmilch. Die Reifung erfolgt teilweise in der Produktionsstätte und teilweise in den Reifekellern des Käufers. Wegen ihrer isolierten geographischen Lage und der großen Entfernung zum nächsten Markt haben bäuerliche Familienbetrieb in bergigen Gegenden meist sowohl Felder als auch Vieh. Früher konnten die Höfe deshalb maximal 12 bis 15 Milchkühe halten. Seit der Einführung von Melkmaschinen und Elektrozäunen konnte der Viehbestand der Höfe verdoppelt oder sogar verdreifacht werden, so daß sich die Betriebe ausschließlich auf die Milchwirtschaft konzentrieren können.

■ COMTÉ

Kuhmilchkäse (45 % F. i. Tr.)

TYP: gelblicher, trockener Teig, der nachgewärmt und gepreßt wird; einzelne kleine, feuchte ›Augen‹ (Löcher); feste, natürliche gewaschene Rinde von goldgelber bis bräunlicher Farbe

FORM: rund, 50 bis 70 cm Durchmesser, 10 bis 13 cm hoch

GEWICHT: 40 bis 45 kg

REIFUNG: 2 bis 6 Monate bei 12 °C (kühler Reifekeller)

HANDELSFORM: unverpackt, wobei der Fettgehalt direkt auf die Rinde und auf das Etikett gedruckt wird. Wird jung oder gereift (mindestens 6 Monate alt) angeboten

EMMENTAL GRAND CRU

Die größten Käselaibe der Welt werden manchmal fern von den saftig-grünen Almen hergestellt, auf denen der Schweizer Emmentaler entsteht. Der französische Emmentaler ist zwar nicht herkunftsgeschützt, unterscheidet sich jedoch von anderen Emmentaler-Käsen durch die Marke ›Emmental Est-Central Grand Cru‹, die mit roter Farbe auf die Oberseite des Laibes gestempelt wird. Dieser hochwertige Käse wird aus unbehandelter Milch von Kühen hergestellt, die ausschließlich Gras und Heu fressen.

■ EMMENTAL GRAND CRU

Kuhmilchkäse (45 % F. i. Tr.)

TYP: gepreßter, nachgewärmter Käse; die feste, mehrfach gewaschene glatte Rinde ist goldgelb bis braun

FORM: rund, 85 cm bis 1 m Durchmesser, 13 bis 25 cm hoch

GEWICHT: 60 bis 100 kg, die größten Laibe bis zu 130 kg

REIFUNG: 5 bis 6 Wochen in einem warmen Gärkeller (25 bis 27 °C), wo sich die Löcher bilden; danach 4 Wochen in einem kühlen Keller (14 bis 16 °C) und schließlich in einem kalten Keller bei 10 °C. Die Reifung dauert insgesamt 4 bis 5 Monate

Rinderherden auf der Weide, von Eugène Boudin (OBEN), 1874. Musée des Beaux-Arts, Caen.
GANZ LINKS: Comté.
MITTE: Emmental Grand Cru.
UNTEN: Das Pressen von Morbier in der Käserei von Prénoval im Jura.

MORBIER

Dieser Käse verdankt seinen Namen der Ortschaft im Jura, aus der er stammt. Besonderes Kennzeichen ist die Ascheschicht, die sich horizontal durch den Käse zieht. Nach der Überlieferung wurde Morbier zufällig erfunden, als eine Bäuerin unverarbeitete Bruchreste vor Fliegen schützen wollte, indem sie sie mit der Asche harziger Hölzer bestäubte, die als Insektizide bekannt waren. Am nächsten Morgen bestäubte

Morbier (MITTE LINKS). GANZ RECHTS: Vacherin Mont d'Or. RECHTE SEITE: Zwei alte Postkarten aus dem Doubs. Abgebildet sind die Nationale Molkereischule (OBEN) und die Herstellung von Gruyère in den Bergen.

sie den Bruch nochmals mit Asche und erfand so ein Verfahren, das sich bald herumsprach. Einer anderen Version der Geschichte zufolge ließ ein Käser einen Laib fallen und legte sofort einen zweiten Laib auf den ersten, um die verschmutzte Seite zu verbergen. Der aus Rohmilch hergestellte Morbier ist wegen seines würzigen Aromas beliebt; geschmacklich ist er zwischen Comté und Vacherin anzusiedeln. Das AOC-Gütesiegel besagt, daß der Käse ausschließlich in den Départements Doubs und Jura produziert werden darf. Inzwischen wird diese erfolgreiche Sorte zwar auch in anderen Gegenden Frankreichs hergestellt, allerdings nicht unter der geschützten Herkunftsbezeichnung, die für Qualität steht.

■ MORBIER

Kuhmilchkäse (45 % F. i. Tr.)

TYP: gepreßter Schnittkäse, nicht nachgewärmt; Merkmal ist ein waagerechter dunkler Strich quer durch den Käselaib; blaßgraue bis orangefarbene natürliche Rinde

FORM: rund, 35 bis 40 cm Durchmesser, 6 bis 8 cm hoch

GEWICHT: 3 bis 5 kg oder 5 bis 9 kg, Morbier fermier ist meist etwas kleiner als der industriell gefertigte

REIFUNG: 2 bis 3 Monate in trockenen, kühlen Reifekellern (12 bis 14 °C)

VACHERIN MONT D'OR

Im Alpenraum ist dieser Käse bereits seit zwei Jahrhunderten bekannt. Er heißt auch Mont d'Or, ›goldener Berg‹, nach dem Gipfel (1463 m), in dessen Umgebung er produziert wird. Traditionell stellt man Vacherin aus der Wintermilch der Kühe her, deren Milch im Sommer zu Comté verarbeitet wird. Die Schweizer jenseits der Grenze, die gleichfalls einen delikaten Vacherin Mont d'Or herstellen, haben die französische Herkunftsbezeichnung zwar angefochten, doch die Hersteller in der Franche-Comté geben sich alle Mühe, um Herstellungsbedingungen und -gebiet für ihr Produkt genau festzulegen. Die AOC Mont d'Or, die so heftige Kontroversen auslöste, gestattet es inzwischen, dem Namen ein ›Vacherin du Haut-Doubs‹ hinzuzufügen, was beiden Seiten entgegenkommt. In Frankreich sollte ein Käse mit AOC-Gütesiegel im Prinzip immer aus Rohmilch hergestellt werden, während man für den Schweizer Vacherin pasteurisierte Milch verwendet. 1989 war ein Teil der Schweizer Produktion mit Bakterien vom Stamm *Listeria monocytogenes* kontaminiert, so daß viele Käselaibe vorsichtshalber vernichtet wurden.

Der Mont d'Or ist etwas größer als ein Camembert und wird vom frühen Herbst bis zum Ende des Winters hergestellt, und zwar aus der Milch von Montbéliard-Rindern und rotbunten Kühen, die in über 700 Metern Höhe grasen. Der ausgehärtete Laib wird mit einem schmalen Streifen Fichtenrinde umwickelt, und nach dreiwöchiger Reifung legt man ihn in eine Schachtel aus Kiefernholz mit dickem Boden. Kenner entfernen zunächst die gerunzelte, rötlich-gelbe Rinde und essen den weichen Inhalt, der mit zunehmendem Alter immer flüssiger wird, mit dem Löffel.

■ VACHERIN MONT D'OR

handgemachter Kuhmilchkäse (45 % F. i. Tr.)

TYP: gelber Weichkäse; weiche, rosige Rinde

FORM: rund, 15 bis 30 cm Durchmesser, 4 bis 5 cm hoch

GEWICHT: 800 g bis 1,5 kg oder mehr

REIFUNG: 3 Wochen in einem kühlen Reifekeller

10385. - MAMIROLLE (Doubs).
Intérieur de l'École Nationale de Laiterie.

Sites Pittoresques de Franche-Comté
954 - Montagnes du Doubs – Intérieur d'une Fromagerie (Fabrication du gruyère)

Auf der Paßhöhe zwischen Frankreich und Italien liegt die Landschaft Savoyen. Hier fanden Vertriebene aus ganz verschiedenen Gegenden Zuflucht vor Invasionen, und in der wirtschaftlichen Blütezeit des 13. Jahrhunderts entwickelte sich die Gegend zu einem regelrechten Durchzugsgebiet. Die Klöster und Abteien, etwa Abondance, Tamié und Reposoir, nahmen sich nicht nur gastfreundlich der zahlreichen Pilger an, sondern beeinflußten auch nachhaltig die Entwicklung der Region.

Im Laufe der Jahrhunderte gelang es den Menschen, die Berghänge zu erobern und die natürlichen Ressourcen zu nutzen. Das Alpenmassiv, dessen Gipfel eine völlig andere Pflanzenwelt aufweisen als die Täler, zog schon 1000 Jahre vor unserer Zeitrechnung keltische Stämme an. Die Ceutrones, Nantuates und Allobroges begannen, die großartige Landschaft urbar zu machen, indem sie Bäume fällten und das Unterholz beseitigten. Die Zisterziensermönche, die ja viele Pilger beherbergen und verköstigen mußten, betrieben Weidewirtschaft in weit größerem Umfang. Auf die vom Buschwerk befreiten Bergwiesen wurde das kleinwüchsige Tarentaiser Rotvieh getrieben, genau die gleiche Rasse, die es auch heute noch gibt. Das saftige Gras ist mit vielen Kräutern wie Klee, Wiesenfrauenmantel, Löwenzahn und Wegerich durchsetzt. Im Frühsommer blühen Tausende von Blumen auf den Bergwiesen. Sonne, reine Luft und reichlicher Niederschlag, der oberhalb von 1500 m durchaus 2000 mm pro Jahr erreichen kann, machen die Almweiden zu einer Landschaft, die auf der ganzen Welt einzigartig ist. Bei schönem Wetter werden die Kühe zusammengetrieben und der Käse als *fruit commun,* ›gemeinsame Frucht‹, in Gemeinschaftsarbeit hergestellt. Die Erträge werden unter den Bauern aufgeteilt, je nachdem, wieviel Milch ihre Kühe erbracht haben. Der Ruhm der Käse, die unter so außergewöhnlich guten Bedingungen hergestellt werden, verbreitete sich schon zu Zeiten der römischen Eroberungszüge. Die Römer waren so begeistert von dem Käse, den die damals in Beaufort ansässigen Ceutrones produzierten, daß sie die großem Laibe bis nach Rom transportierten, zusammen mit den in den Tälern gekelterten Weinen (Apremont und Abymes), die in Amphoren verpackt und mit Harz versiegelt wurden. Die wichtigsten Käse Savoyens sind heute Beaufort und Reblochon, die beide

Ein höchst appetitliches Stilleben (OBEN RECHTS) mit Käse, Obst, Wein und Brot. Von Stosskopf, frühes 17. Jahrhundert.

OBEN: Ein Doldengewächs. Aquarell von Maubert aus dem Atlas d'Orbigny von 1869. Doldengewächse haben aromatische Pollen, die stark gezahnten Blätter enthalten ätherische Öle; sie wachsen in den Weidelandschaften gemäßigter Zonen.

RECHTS: Eine Straße im mittelalterlichen Städtchen Conflans in den Alpen.

herkunftsgeschützt sind, sowie der berühmte Tomme de Savoie und der fruchtig-nussige Gruyère.

ABONDANCE

Tomme d'Abondance wird im Chablais hergestellt, einer an die Schweiz grenzenden Landschaft in der Haute-Savoie. Der Käse hat eine lange Geschichte. Traditionell belieferten die Mönche der Abtei Abondance die Kardinäle mit Käse, wenn sie sich zur Papstwahl zurückzogen. Bei einer Konklave im 14. Jahrhundert ließ die Abtei 15 Zentner Käse nach Avignon bringen. Es heißt, die Konklaven jener Zeit hätten sich wegen der schwerwiegenden politischen und theologischen Dispute so lange hingezogen, doch könnte die üppige Versorgung der geistlichen Würdenträger mit weltlichen Genüssen ebenfalls dazu beigetragen haben. Dafür spricht, daß man schließlich die Lebensmittellieferungen an die Kardinalsversammlung immer mehr einschränkte, damit diese endlich zu einer Entscheidung kamen und der Papstthron nicht allzu lange verwaist blieb. Am achten Tag bestanden die Rationen deshalb nur noch aus Wasser und Brot! Abondance-Käse ist heute nur noch selten zu finden, wahrscheinlich wegen seiner Form: Er ist schwer und zugleich dünn, so daß er leicht bricht; vielleicht hat er deshalb an Beliebtheit verloren.

■ ABONDANCE

Kuhmilchkäse (20 bis 40 % F. i. Tr.)

TYP: gepreßter Schnittkäse

FORM: rund, 35 bis 45 cm Durchmesser, 8 cm hoch, mit leicht gewölbtem Rand

GEWICHT: 7 bis 12 kg

REIFUNG: 4 Monate in kühlen, feuchten Reifekellern; wird in schwacher Salzlake gewaschen

HANDELSFORM: unverpackt

BEAUFORT

Er wurde von einem der größten Gastronomen Frankreichs, Jean Anthelme Brillat-Savarin, im 19. Jahrhundert »König der Gruyère« genannt und zeichnet sich durch sein unvergleichlich nussiges Aroma aus. Der Name Beaufort stammt von dem kleinen Marktflekken in der Nähe von Albertville, wo der Käse zum ersten Mal gemacht wurde. Beaufort ›Haute Montagne‹ hat einen Fettanteil von 50 % und ist ein herkunftsgeschütztes Produkt aus dem Beaufortin, der Tarentaise und der Maurienne, drei Regionen, deren Weiden noch unberührt von Kunstdünger und Luftverschmutzung sind. Das hervorragende Aroma dieser Käse ist das Ergebnis einer sechsmonatigen langsamen Reifung in Kühlkellern. Am besten ist der Beaufort, der im Winter in den Handel kommt, denn er trägt den ganzen Duft der Sommermilch in sich. Aus der Molke, die bei der Herstellung von Beaufort übrigbleibt, macht man SÉRAC (von lat. *serum,* Molke). In dieser Gegend nennt man so auch die großen Eisblöcke, die sich in den Rinnen der Steilhänge bilden. Sérac ist ein magerer, kompakter Weißkäse, vergleichbar dem italienischen Ricotta. Tomme und Sérac bildeten früher die Grundnahrungsmittel der Bergbewohner, die den Beaufort nicht selbst verzehrten, sondern als einzige Möglichkeit des Geldverdienens auf dem Markt verkauften.

■ BEAUFORT

Kuhmilchkäse (45 bis 50 % F. i. Tr.)

TYP: gepreßter, nachgewärmter Hartkäse (das Nachwärmen findet nicht wie üblich bei 65 °C, sondern bei 56 °C statt) mit gewaschener natürlicher Rinde

Das Dorf Boudin im Beaufortin (MITTE). UNTEN: Erhitzen der Milch in einem Alpen-Chalet (*L'Illustration,* 1853).

Form: rund, 60 cm Durchmesser, 20 cm hoch, leicht gewölbter Rand (was ihn von anderen Gruyère-Sorten unterscheidet); der cremige Teig tritt hier und da durch Querrisse in der Rinde aus
Gewicht: 40 bis 60 kg, für jeden Käse werden ca. 500 Liter Milch benötigt (eine Tarentaise-Kuh gibt etwa 3000 Liter pro Jahr)
Reifung: 6 Monat in einem kühlen Keller für Beaufort mit dem Zusatz ›Haute Montagne‹
Handelsform: unverpackt

Reklame (um 1910) für Spezialitäten aus Savoyen (oben), u. a. für ›Fromage de St. Jean-de-Maurienne‹, auch bekannt als Persillé du Mont-Cenis.
Rechts: Beaufort.
Unten: Reblochon.

Reblochon

Dieser würzige, leicht nußartig, aber mild schmeckende Käse stammt aus der Haute-Savoie und der Gegend von Lanslebourg in der Maurienne, ist jedoch überall in Frankreich bekannt und beliebt. Man verpackt ihn in runde Schachteln, die mit einer dünnen Spanholzscheibe ausgelegt sind.

Man erzählt, daß Reblochon bereits im 15. Jahrhundert kreiert wurde, als die Bauern begannen, den Mönchen der Combe du Reposoir für ihre Fürbitten kleine Käse zu spenden, die sie *fromages de dévotion* nannten.

Die Cremigkeit und der überragende Geschmack des heutigen Reblochon rühren daher, daß für ihn ausschließlich die Milch von Abondance-Rindern verwendet wird, die auf den kräuterreichen Wiesen der Region weiden, und von einer bestimmten Melktechnik. Wenn ein Bauer nämlich sein Vieh auf eine Weide trieb, die einem Großgrundbesitzer oder einer Nachbargemeinde gehörte, zahlte er für die Nutzung mit Käse. Wieviel Käse er abliefern mußte, hing von der Menge an ermolkener Milch ab. Am Wiegetag hütete man sich natürlich, die Euter leerzumelken, sondern wartete damit bis nach der Abfahrt des Grundbesitzers. Die beim Nachmelken (*reblochi* bedeutet im savoyischen Dialekt ›zum zweiten Mal melken‹) erzielte fettere Milch wurde dann für die Herstellung von Reblochon verwendet.

Tamié ist ein halbfester Schnittkäse aus der Abtei gleichen Namens in der Nähe von Albertville. Er ähnelt stark dem Reblochon, ist jedoch etwas größer und nicht herkunftsgeschützt. Sein Aroma ist voll und kräftig.

■ Reblochon
Kuhmilchkäse (50 % F. i. Tr.)
Typ: leicht gesalzener, leicht gepreßter, nicht nachgewärmter Käse; gelbe, rosige oder orangefarbene Rotflora
Form: rund, 14 cm Durchmesser, 3 bis 3,5 cm hoch
Gewicht: 450 g (aus 5 Litern Milch)
Reifung: 3 bis 4 Wochen bei unter 16 °C, dabei wird der Laib jeden zweiten Tag gewendet
Handelsform: auf Tannenholzboden, verpackt in Papier mit aufgedrucktem Bild; ein kleiner grüner Kreis zeigt an, daß der Käse vom Bauernhof stammt

TOMME DE SAVOIE

Dieser schmackhafte Käse mit dünner, trockener Rinde und sparsamer, linsengroßer Lochung wird fast überall in der Savoie und Haute-Savoie hergestellt. Er ist vor allem ein volkstümlicher Käse, den man hier in die Abendsuppe tunkt und zum Frühstück wieder auf den Tisch stellt und den die Hirten und Landarbeiter als Vesper mitnehmen. Tomme mit 20 % Fettgehalt war dem Eigenverbrauch der Familie vorbehalten, der restliche Rahm wurde zu Butter verarbeitet. Tommes mit 40 % Fettgehalt wurden dagegen auf dem Markt verkauft.

Es gibt noch andere Sorten Tomme, von denen einige fett, andere mager sind. Winter-Tomme wird aus der Milch von Kühen gemacht, denen nur Heu als Futter zur Verfügung steht, und unterscheidet sich grundlegend vom Sommer-Tomme, bei dem man die ganze Würze saftiger Almwiesen schmeckt.

■ TOMME DE SAVOIE

Kuhmilchkäse (20 bis 40 % F. i. Tr.)

TYP: leicht gepreßt, nicht nachgewärmt, aus Rohmilch (fermier) oder pasteurisierter Milch (Molkerei)

FORM: rund, ca. 20 cm Durchmesser, 6 bis 8 cm hoch

GEWICHT: 1,2 kg

REIFUNG: 1 Monat bei mäßigen Temperaturen, dann mehrere Monate in kühlen, feuchten Reifekellern

HANDELSFORM: unverpackt

ANDERE KÄSESORTEN

GRUYÈRE DES BAUGES, auch GRAS DES BAUGES genannt, ähnelt eher dem Emmentaler als dem Beaufort und ist auch größer als letzterer. Er ist nicht herkunftsgeschützt. Die nördlich von Chambéry gelegene Landschaft Bauges ist eine arme Gegend mit kargen Böden. Die Almen lassen hier viel von der Üppigkeit vermissen, die das Beaufortin und die Tarentaise auszeichnet. Die Höhenlage, die Pflanzenwelt und das Abondance-Milchvieh gemeinsam geben jedoch diesem Käse vom Emmentaler-Typ ein Aroma und eine zarte Konsistenz, die an Beaufort erinnern.
In der Savoie und Haute-Savoie entstanden in der kleinen Bergkette von Aravis zwei weithin bekannte Ziegenkäse: CHEVROTIN DES ARAVIS, der dem Reblochon ähnelt, und PERSILLÉ DES ARAVIS. Diese Art von Ziegenkäse findet sich auch in anderen Gegenden, jedoch immer nur auf ein begrenztes Gebiet beschränkt. Der PERSILLÉ DU MONT-CENIS (Ziegen- und Kuhmilch) ist ein halbkegelförmiger Käse mit grünem Innenschimmel aus der Gegend um den Aravis-Paß, der allerdings immer seltener zu finden ist. Erwähnenswert ist auch der TOUPIN.
Die Weichkäse der Alpenregion sind VACHERIN D'ABONDANCE (in Tannenrinde eingewickelt) und VACHERIN DES BAUGES (wird mit Weißwein gewaschen und in einen Streifen Birkenrinde eingewickelt).

Etikett für einen Tomme de Savoie aus Annemasse (OBEN).
OBEN LINKS: Tamié de Savoie.
UNTEN LINKS: Tomme au Marc. Für diesen Käse läßt man angetrockneten Tomme de Savoie in Marc, also Weintresterbrand, gären.
MITTE: Tomme de Savoie.
UNTEN RECHTS: Persillé des Aravis.
FOLGENDE DOPPELSEITE: Almwirtschaft in den Bergen.

Picodons aus der Ardèche (UNTEN) werden in Eßkastanienblätter eingewickelt. GANZ UNTEN: Ein Bauernhof in der Nähe von Pont-en-Royens in der Region Isère, früher Dauphiné. OBEN RECHTS: Kleine Banon-Käse. MITTE RECHTS: Saint-Marcellins. RECHTE SEITE: Verschiedene Käse aus Südfrankreich: Tomme, kleine Ziegenkäse, Banons und Picodons.

Unter den keltischen Vocontiern und Allobrogern sowie in römischer Zeit wurde die Dauphiné mehrfach geteilt. Die dort aus Ziegen- und/oder Kuhmilch produzierten Käse sind so vielfältig wie das Land, dem natürliche Grenzen fehlen. Während Savoyen von der Schweiz und Norditalien eingerahmt wird, dehnt sich die Dauphiné zur anderen Seite über die Hänge der Alpen aus und grenzt an Avignon und die Haute-Provence.
Im 14. und 15. Jahrhundert war die Dauphiné Apanage des französischen Thronfolgers (Dauphin), so entstand ihr Name.
Im Sommer sind die Landschaften Chartreuse, Vercors, Champsaur und Queyrons voller Schafe, die aus der Provence hergetrieben werden, um sich in den Höhenlagen am zarten Gras zu laben. Die Milch dieser Tiere wird zu Käse für den lokalen Bedarf verarbeitet. Die Dauphiné produziert kleine Tommes, die jeweils nach ihrem Herkunftsort benannt sind. Darüber hinaus gibt es neuere Sorten, für die man Kuh- und Ziegenmilch mischt.

PICODON

Picodon aus der Drôme ist ein Ziegenkäse, der zusammen mit dem Picodon aus der Ardèche am anderen Rhône-Ufer und verschiedenen anderen Picodons aus den umliegenden Gemeinden (Valréas im Comtat Venaissin, Barjac im Gard) herkunftsgeschützt ist. In Dieulefit (Drôme), auf der Höhe von Montélimar, steht das Reifezentrum für den bekanntesten Picodon. Seine beste Zeit liegt zwischen Mai und Juni. Der Picodon aus der Ardèche wird einen Monat lang trocken gereift, dann mit Wein oder Branntwein gewaschen und in ein Weinblatt gewickelt.

- PICODON
  Ziegenkäse (45 % F. i. Tr.)
  TYP: Weichkäse, zarte, bläuliche natürliche Rinde, je nach Reifegrad goldgelber bis roter Teig
  FORM: rund, ca. 7 cm Durchmesser, 3 cm hoch
  GEWICHT: ca. 100 g
  REIFUNG: 1 Monat (trocken)

ANDERE KÄSESORTEN

BANON ist ein Ziegenkäse aus dem gleichnamigen Ort in der Haute-Provence. Er ist in Kastanienblätter gehüllt, die mit Baststreifen umwickelt werden. Je nach Jahreszeit findet man auch Banon aus Schafs- und Kuhmilch. Banon wird während der Reifezeit in Branntwein getränkt und in der Verpackung nachgereift, man ißt ihn aber auch frisch. Von diesem Käse gibt es ver-

schiedene Unterarten, die mit Gewürzen oder Bohnenkraut aromatisiert werden, so zum Beispiel der BANON AU POIVRE D'ANE (Eselspfeffer), nach dem provenzalischen Ausdruck für Bohnenkraut.
SAINT-MARCELLIN ähnelt zwar dem Zie-

genkäse, wird jedoch meist aus Kuhmilch hergestellt; es gibt ihn auch aus Ziegenmilch oder aus einer Mischung von Ziegen- oder Kuhmilch, sogar in Saint-Marcellin selbst. Der milde Käse wird frisch oder nur wenig gereift gegessen.
Die kleinen Laibe des TOMME DE CHAMPSAUR und des TOMME DE QUEYRAS findet man auf den lokalen Märkten und auch in den benachbarten Départements.
Das Hochtal von Queyras ist auch die Heimat eines sehr geschätzten Blauschimmelkäses.

LE CANTAL PITTORESQUE
1079. Riom-ès-Montagnes
Transport du Lait à la Fromagerie
REPUBLIQUE FRANCAISE
15c
POSTES

L'AUVERGNE
Aujourd'hui
Autrefois
327 — Fabrication du Fromage du Cantal
Librairie Baudel, St-Céré (Lot)

Laguiole-Herstellung in einem *buron* in den Bergen von Aubrac (OBEN).
UNTEN LINKS: In Regalen reifende Cantal und Salers.
UNTEN MITTE: Salers.
GANZ RECHTS: Laguiole.

Gemeinden in den angrenzenden Départements beschränkt ist (27 im Puy-de-Dôme sowie 8 in Aveyron, Corrèze und Haute-Savoie). Der dem Cheshire verwandte Cantal kann in verschiedenen Reifestadien verzehrt werden (mild, fruchtig oder pikant), Kenner bevorzugen ihn jedoch gut durchgereift und trocken. In diesem Stadium ist der schwere, zylinderförmige Käse leicht an der dicken Rinde mit Einbuchtungen und Unebenheiten zu erkennen. Bis vor wenigen Jahrzehnten kaufte manche Familie im Herbst einen Käselaib, der über den ganzen Winter reichen mußte. Cantal wurde vielfältig verwendet, beispielsweise auch gerieben, und bei jeder Mahlzeit serviert; er diente als Grundnahrungsmittel, fast wie Brot. Bis zum Frühling war die Rinde dann ziemlich dick geworden. Diese Tradition stirbt inzwischen langsam aus, denn wegen der modernen Zentralheizungen kann der Käse nicht mehr so lange im Haus gelagert werden.

SALERS HAUTE MONTAGNE ist eine Unterart des Cantal fermier und besitzt seit 1980 eine eigene AOC. Ebenso wie Beaufort Haute Montagne wird auch dieser hervorragende Käse während der Sommermonate aus der Milch von Almweiden oberhalb von 850 m gemacht, wo Enzian, Heidelbeeren und Süßholz wachsen. Wie die Käse aus dem Beaufortin wird auch Cantal in einem Holzreifen geformt, in diesem Fall allerdings aus Buche. Der als Salers bekannte Käse verdankt seinen Namen einem Dorf im Département Cantal und sollte auch ausschließlich aus der Milch von Salers-Kühen hergestellt werden. Diese Rinder sind große rote Tiere, deren

Hörner wie eine Lyra geformt sind. Eine Zeitlang waren sie vom Aussterben bedroht, weil sie sich weder für Melkmaschinen noch für künstliche Befruchtung eigneten, beides Verfahren von grundlegender Bedeutung für die moderne Landwirtschaft. Zum Glück führte die Gewährung der AOC für den Salers-Käse dazu, daß auch die dazugehörige Rinderrasse überlebte.

Der seit 1976 herkunftsgeschützte Laguiole ähnelt dem Cantal, ist jedoch milder im Geschmack. Er wird in der Nähe der gleichnamigen Ortschaft auf dem Hochplateau von Aubrac in der südlichen Auvergne hergestellt. Ebenso wie die Salers- sind auch die Aubrac-Kühe für ihre Robustheit bekannt. Laguiole wird im Sommer in *burons* hergestellt, einfachen, aber zweckmäßigen Sennhütten, in denen nur hochwertiger Käse gemacht wird.

■ CANTAL
Kuhmilchkäse (45 % F. i. Tr.)
Typ: gepreßter, nicht nachgewärmter Hartkäse
Form: rund, 40 cm Durchmesser, 35 cm hoch
Gewicht: 35 bis 45 kg
Handelsform: unverpackt

Fourme d'Ambert

Dieser Käse wird in den Départements Loire, Puy-de-Dôme und Saint-Flour hergestellt und ist durch eine AOC geschützt. Der Begriff *fourme* stammt aus dem Altfranzösischen und bedeutet ›Form‹ im Sinne einer Käsemodel. Der unter diesem Namen bekannte Käse existiert seit nunmehr 1000 Jahren. Die Höhlen, in denen er reift, sind von Natur aus mit *Penicillium glaucum* besiedelt, einem entfernten Verwandten des Pilzes *Penicillium roqueforti*. Fourme d'Ambert, auch nach einem Nachbarort Fourme de Montbrizon genannt, wird in etwa nach der gleichen Methode wie Bleu d'Auvergne gemacht. Die Reifezeit dauert zweieinhalb Monate in kalten, feuchten Kellern mit kräftiger Luftzirkulation (bei maximal 10 °C). Der Käse ist an seiner Form leicht zu erkennen: Er ist doppelt so hoch wie breit;

er wird unverpackt verkauft, so daß die trockene Rinde mit rotem und weißlichem Schimmelflaum gut zu sehen ist. Manche Feinschmecker höhlen Fourme d'Ambert aus und gießen Branntwein hinein, ähnlich wie man es beim englischen Stilton mit Portwein macht.

■ FOURME D'AMBERT
Kuhmilchkäse (45 % F. i. Tr.)
Typ: ungepreßt, blau geädert, trocken, mit dunkelgrauem Schimmel bewachsene, gelb und rot gesprenkelte Rinde
Form: rund, 13 cm Durchmesser, 20 cm hoch
Gewicht: 1,5 kg
Reifung: 3 Monate in kalten, feuchten Reifekellern
Handelsform: verpackt, jedoch mit Etikett

Roquefort

Rouergue, das alte Land der Ruteni im Südwesten Frankreichs, umfaßt das Département Aveyron und einen Teil der Lot-et-Garonne. Diesem Gebiet kommt in der Geschichte der Käserei ein besonderer Stellenwert zu. In dem von zahlreichen Höhlen durchzogenen Karstboden, wo die zirkulierende Luft für eine konstante Kühle bei einer Temperatur von 6 bis 8 °C sorgt, stand die Wiege des Roquefort-Käses. Vor langer Zeit, so die Überlieferung, machte ein junger Hirte am Eingang zu einer Höhle von Cambalou im Hochland der Causses Rast. Während seine Schafe zwischen dem Geröll nach eßbaren Zweigen und trockenem Gras suchten, begann er eben-

Cantal (oben). Mitte: Fourme d'Ambert. Unten: Stich aus Diderots *Encyclopédie* mit der Darstellung einer Käserei in der Auvergne.

Querschnitt durch das Innere eines Reifekellers in Roquefort (oben). Oben rechts: Blick von der Straße auf die Höhlen von Roquefort. Unten: Das erste Abschaben (*râclage*) der Käselaibe. Zeichnungen aus *Le Tour du Monde*, 1875. Rechte Seite: Altmodische Holzmodeln und Ablauftröge, in denen man Fourme d'Ambert herstellte.

falls, seine Mahlzeit zu verzehren, die aus dickgelegter Milch und einem Stück Schwarzbrot bestand. Plötzlich sah er seine Liebste in einiger Entfernung vorbeikommen, ließ sein Essen im Stich und lief ihr nach. Einige Tage später kam er zufällig zu der Stelle zurück und fand die Nahrungsmittel, die er im Höhleneingang zurückgelassen hatte. Er war hungrig und biß sofort in die nun hart gewordene Milch, die zu seiner großen Überraschung delikat schmeckte. Er sah genauer hin und entdeckte,daß der Käse kleine blaue Sprenkel aufwies. Damit wurde ein verliebter junger Schafhirte zum legendären Erfinder eines Käses, dessen Name später in der ganzen Welt zu einem Begriff wurde und der die Tafeln von Königen und Kaisern zierte. Das Herstellungsverfahren für den Weichkäse aus Schafsmilch ist seit 1411 geschützt; damals unterzeichnete Karl VI. einen Freibrief, der den Einwohnern von Roquefort-sur-Soulzon ein Monopol auf dieses Produkt einräumte. Das Gesetz vom 26. Juli 1926, mit dem zum ersten Mal einem Käse AOC-Status verliehen wurde, erhob die ›Höhlen von Roquefort‹ – die natürlichen Grotten von Cambalou – quasi zum Nationalheiligtum.Der größte Teil der hier verarbeiteten Milch stammt aus einem mehrere Départements umfassenden Produktionsgebiet: Aveyron (entsprechend drei Vierteln des Gebietes), Tarn, Lozère, Hérault und Gard. Bis 1985 durfte diese ›ortstypische‹ Milch noch mit bereits dickgelegter Schafsmilch ergänzt werden, die man aus Korsika und den Basses-Pyrénées importierte. Die Zutaten unterschiedlicher Herkunft wurden sehr sorgfältig ausgewählt und abgemessen, so daß sie nach der Durchmischung einen homogenen Ausgangsstoff bildeten. Seit Korsika ebenso wie die Pyrénées-Atlantiques eigene AOC-geschützte Produkte aufweist, müssen sich die Roquefort-Käsereien andere Quellen zur Ergänzung ihrer Rohstoffe suchen.

Roquefort-sur-Soulzon liegt in den Causses; der Name dieses Gebietes leitet sich vom lateinischen Wort *calx* ab, das im heutigen Französisch zu *chaux* und im Deutschen zu *Kalk* geworden ist. Der durchlässige Karstboden enthält unzählige natürliche Höhlen, die sich durch stetig fließendes Wasser gebildet haben. Durch Erosion entstanden auch zahlreiche Risse, durch die ungehindert Luft zirkulieren kann. Die *fleurines* genannten Luftströme sind sehr feucht und fördern die Vermehrung von *Penicillium roqueforti.* Dieser Schimmelpilz ist für die blaugrünen Adern verantwortlich, die den Reiz dieses cremigen, aromatisch-würzigen Käses ausmachen. Bevor es soweit ist, wir die Milch zwei Stunden lang in großen Behältern dickgelegt, dann in kleine Würfel geschnitten, was man hier *sabrer* nennt. Dieser erste Verarbeitungsschritt findet oft noch dort statt, wo die Milch produziert wird. Um das Wachstum von *Penicillium* anzuregen, wird ein großer Laib Brot in die Höhle gelegt, der aus Gersten- und Roggenmehl besteht und mit Hefe gebacken wird. Nach drei Monaten hat sich auf dem Brot ein feiner Flaum gebildet, der getrocknet und zu Pulver vermahlen wird. Dieses wird über die trommelförmigen Käsemodeln mit dem Bruch gestäubt. Später wird jeweils eine Form umgedreht auf eine andere gelegt, so daß es im Inneren zur Gärung kommt. Damit die Molke ablaufen kann, müssen die Formen mehrmals am Tag gewendet werden. Danach wird der Käse drei Monate lang in den Höhlen gelagert. Während dieser Zeit liegen die zylindrischen Käselaibe hochkant auf Eichenbohlen. Zum Abschluß werden die reifen Käse in Folie verpackt.

■ ROQUEFORT
Schafskäse (45 % F. i. Tr.)
Typ: cremig, elfenbeinfarben, durchgehend blau geädert
Form: rund, 10 bis 20 cm Durchmesser, 8,5 bis 10,5 cm hoch
Gewicht: 2,5 kg (aus 10 Litern Milch)
Reifung: 3 Monate in den feuchten Höhlen von Cambalou bei 7 °C
Handelsform: in Silberpapier mit Herstellerzeichen

Roquefort (oben).
Ganz rechts: Abreiben des Käses.
Unten: Ausschnitt aus einem Stillleben des 19. Jahrhunderts: Bleu d'Auvergne aus der Sicht eines Künstlers.
Rechte Seite: Geschnitzte hölzerne Presse und Formen.
Vorhergehende Doppelseite: Die Höhlen, in denen Roquefort reift.

Saint-Nectaire

Saint-Nectaire wird in der gleichen Region und aus der gleichen Milch hergestellt wie Cantal. Wahrscheinlich sind beide Sorten auch gleich alt, wenn dieser Käse auch erst zu Ehren kam, als der Maréchal de Saint-Nectaire Ludwig XIV. inständig bat, ihn zu probieren. Saint-Nectaire fermier, der mittlerweile nur noch die Hälfte der Produktion ausmacht, ist an dem kleinen grünen Etikett zu erkennen. Ob traditionell oder industriell hergestellt, besitzt der Käse alle Vorzüge eines AOC-Produktes. Er stammt aus den Monts Dore südlich von Clermont-Ferrand in der Auvergne. Da die Weidegebiete auf den vulkanischen Böden der Hänge in 1000 Metern Höhe liegen, weist auch der Käse die Vorzüge der typischen Pflanzenwelt dieses Gebirges mit seinen zahlreichen Thermalquellen auf. Allerdings wird man davon bei einem Saint-Nectaire aus Molkereiproduktion nicht immer etwas merken, denn er wird aus pasteurisierter Milch hergestellt, die teilweise von Weiden kommt, auf denen ein Teil der Pflanzenwelt bereits Insektiziden zum Opfer gefallen ist. Kenner prangern auch den Einsatz von Montbéliard-Rindern an, die an die vulkanischen Böden weniger gut angepaßt sind als die ortstypischen Salers- und Clermont-Ferrand-Rinder; deren Milch bleibt allerdings dem Saint-Nectaire fermier vorbehalten. Dank seines bescheidenen Formates kann Saint-Nectaire auch auf kleinen Höfen hergestellt werden. Nach jedem Melken wird gekäst, also morgens und abends. Das Lab muß hinzugefügt werden, solange die Milch noch warm ist, die Gerinnung dauert etwa eine Stunde. Die Dickete wird dann zu kleinkörnigem Bruch zerschnitten, durchgeseiht, erneut geronnen und dann in Formen gefüllt und gepreßt. Später wird der Käse aus der Form genommen, auf beiden Seiten gesalzen und erneut gepreßt, bevor man ihn zwei oder drei Tage trocknen läßt. Die anschließende Reifung sorgt für das ausgeprägte Höhlen-Aroma des Saint-Nectaire. Meist findet sie in Weinkellern statt, die in das kalte Vulkangestein (10 °C) hineingeschlagen wurden. Die Großhändler, denen die Höhlen gehören, kaufen den Bauern oder kleinen Betrieben die Käse

›weiß‹ (frisch) ab und lassen sie dann einen oder zwei Monate auf Roggenstroh reifen. Zu Beginn dieser Phase werden die Laibe häufig mit Salzlake abgewaschen. Während der Aushärtung bildet sich auf der ganzen Rinde eine Schicht weißen und grauen Schimmels. Sobald gelbliche oder rötliche ›Blüten‹ auftauchen, ist die Reifung abgeschlossen. Beim Pavin, der nach einem See in der Nähe von Saint-Nectaire benannt ist, handelt es sich um einen Käse mit

gewaschener Rinde, der Saint-Nectaire aus Molkereiproduktion in Geschmack und Struktur sehr ähnlich ist, jedoch ein kleineres Format aufweist (13 cm Durchmesser). MUROL, eine Neukreation mit dem Namen seines Ursprungsdorfes im Puy-de-Dôme, ist ein eher neutral schmeckender Abkömmling des Saint-Nectaire. Dieser Käse ist erkennbar an seiner orangeroten Farbe und an der Aussparung in der Mitte, die die Reifung beschleunigt. Dafür wird ein rundes Mittelstück mit einem Durchmesser von etwa 3 bis 4 cm entfernt; man nennt es TROU DU MUROL (Murol-Loch) – es wird mit Wachs überzogen und separat verkauft.

■ SAINT-NECTAIRE
Kuhmilchkäse (45 % F. i. Tr.)
TYP: gepreßter, nicht nachgewärmter halbfester Schnittkäse mit rosa bis roter, in Salzlake gewaschener Rinde
FORM: rund, 12 cm Durchmesser, 3,5 cm hoch
GEWICHT: 1,5 kg
REIFUNG: 2 Monate in kühlen, feuchten Reifekellern

HANDELSFORM: verpackt und mit Etikett versehen; Saint-Nectaire fermier ist mit einem grünen Kreis gekennzeichnet, Molkereikäse mit einem grünen Viereck

ANDERE KÄSESORTEN

Neben den *Grands Crus,* also den wichtigsten Sorten, die den Ruhm der Käserei im Massif Central ausmachen, gibt es einige weniger bedeutende Käse in ungewöhnlichen und interessanten Formen und Größen. GAPERON beispielsweise ist eigentlich eine Art Resteverwertung, denn dafür wurde früher Buttermilch mit Knoblauch und Pfefferkörnern aufbereitet. Dank seines Erfolges wird er inzwischen aus vollfetter oder teilentrahmter Milch (40 % Fettgehalt) hergestellt. Der halbkugelförmige Laib des Gaperon wird mit Baststreifen umwickelt, die noch an arme Bauern erinnern, die ihre Käse zum Trocknen über dem Feuer aufhängten. Man sagte früher, daß die Chancen eines jungen Mädchens auf einen Ehemann an der Zahl der Gaperons gemessen werden konnten, die im Hause ihrer Eltern trockneten.

BRIQUE DU FOREZ, der wegen seiner Form als ›Ziegelstein‹ *(brique)* bezeichnet wird, ist auch unter den Bezeichnungen CABRIOU oder CABRION bekannt. Wie der Name sagt, stammt der Käse aus der Gegend von Forez im nordöstlichen Teil des Zentralmassivs. Er wird zwar aus Ziegenmilch hergestellt, gelegentlich mischt man jedoch Kuhmilch bei. Traditionell wird Brique du Forez von den Kuhhirten in dem Gebiet gemacht, aus dem auch die berühmte Fourme d'Ambert kommt. Die Briques sind etwa 12 cm lang und 2,5 cm hoch, die Reifezeit beträgt 3 Wochen.

In der Ardèche und den Cévennen gibt es PÉLARDONS, kleine traditionell hergestellte Ziegenkäse von 6 bis 7 cm Durchmesser und einer Höhe von 2 bis 3 cm. In den 70er Jahren wurden diese ländlichen Gebiete mit jungen Leuten überschwemmt, die eine ländliche Umgebung suchten und die sich häufig mit der Herstellung von Ziegenkäse beschäftigten.

Die kleinen Pélardons, die in großer Vielfalt auf den Märkten von Anduze vor den Toren der Cévennen und des Languedoc angeboten werden, sind problemlos herzustellen. Sie können frisch oder zu jedem Zeitpunkt der zwei- bis dreiwöchigen Reifung verzehrt werden.

MUROL (GANZ LINKS).
OBEN: Saint-Nectaire.
UNTEN: Pavin.
LINKE SEITE:
Die Reifekeller von Saint-Nectaire.

Die Loire zerteilt das Käseland Frankreich in zwei Hälften. Im Norden wird überwiegend Kuhmilch verwendet, im Süden bevorzugt man die kleinen appetitlichen Ziegenkäse. Diese Teilung ist allerdings nicht verbindlich, denn in den Vogesen, in der Normandie, der Brie und der Île-de-France macht man ebenfalls *chèvre,* also Ziegenkäse, wenn auch in geringerer Vielfalt und insgesamt nicht von so guter Qualität wie die Pélardons, Picodons und Chevrotins, die aus den

Kisten mit Crottin de Chavignol (RECHTS). MITTE: Chabichou aus dem Poitou. GANZ RECHTS: Crottin de Chavignol. RECHTE SEITE: Verschiedene Ziegenkäse von der Loire.

Cévennen, der Dauphiné und der Provence kommen!
Die Loire-Schleife ist allerdings ein Ziegenkäseland par excellence, denn hier produziert man unzählige und oft hervorragende Sorten, selbst wenn sie nicht alle den Ruhm der fünf großen AOC-geschützten Marken erreichen, als da sind: Crottin de Chavignol, Selles-sur-Cher, Pouligny-Saint-Pierre, Sainte-Maure und Chabichou du Poitou. Diese für die Region so typische Spezialisierung hat sicherlich mit dem Boden zu tun, der hier nicht so fruchtbar ist wie weiter nördlich. Außerdem siedelten sich vor etwa 2000 Jahren Menschen hier an, die Kleinvieh züchteten und aus der Milch Käse herstellten, dessen Nachfahren noch heute im Sommer frisch und im Winter reif verzehrt werden.

CHABICHOU DU POITOU

Dieser Käse erhielt als letzter der Region eine AOC. Mit der offiziellen Anerkennung der besonderen Qualitäten dieses kleinen Käses aus dem Poitou sind auch die produzierten Mengen beträchtlich gestiegen. Der Name, der in der Heimat des Käses nach dem arabischen Wort *chebli* (Ziege) zu *Chabi* verkürzt wird, bedeutet nichts anderes als ›kleiner Ziegenkäse‹. Chabichou fermier schmeckt bis zum Herbst hervorragend, während die Molkereikäse vom Frühjahr bis zum Sommer ihre beste Zeit haben.

- CHABICHOU DU POITOU
  Ziegenkäse (45 % F. i. Tr.)
  TYP: Weichkäse mit natürlicher Rinde
  FORM: rund, leicht konisch zulaufend, 6 cm Durchmesser an der Basis und 5 cm an der Spitze, 6 cm hoch
  GEWICHT: 100 g
  REIFUNG: ca. 1 Monat in einem kühlen, feuchten Reifekeller
  HANDELSFORM: unverpackt, auf Stroh

CROTTIN DE CHAVIGNOL

Dieser kleine Käse aus dem Berry verdient seinen Namen (*crottin* heißt ›Pferdeapfel‹), wenn er reif und trocken ist, allerdings bevorzugen ihn Ziegenkäse-Freunde, wenn er weich ist und die dicke Rinde sich noch nicht ganz gebildet hat. Er wird auch gern heiß auf Toast oder zu Salaten gegessen.

- CROTTIN DE CHAVIGNOL
  Ziegenkäse (45 % F. i. Tr.)
  TYP: Weichkäse mit natürlicher Rinde, die mit weißen, blauen oder braunen Schimmelkolonien gesprenkelt ist
  FORM: rund, 5 cm Durchmesser, 2 cm hoch
  GEWICHT: ca. 60 g
  REIFUNG: 15 Tage, völlig durchgehärtete Käse bis 2 Monate, in trockenen, gut belüfteten Reifekellern
  HANDELSFORM: unverpackt

FROMAGE DE
N.J.F
SAINT-EMILIO
GRAND CRU CLAS

Pouligny-Saint-Pierre (OBEN LINKS).
MITTE: Sainte-Maure.
OBEN RECHTS: Selles-sur-Cher.
UNTEN RECHTS: Herstellung von Cabécous in Concores.

POULIGNY-SAINT-PIERRE

Der pyramidenförmige Käse aus dem kleinen Dorf in der Region Indre ist hoch und schlank, jedoch am oberen Ende stumpf beschnitten. Sein Spitzname ist deshalb *Tour Eiffel.*

■ POULIGNY-SAINT-PIERRE
Ziegenkäse (45 % F. i. Tr.)
TYP: Weichkäse mit bläulicher natürlicher Rinde
FORM: Pyramidenstumpf, an der Basis 8 cm, oben 2 cm Kantenlänge, 9 cm hoch
REIFUNG: 15 Tage (Mindestdauer am Ursprungsort) bis 5 Wochen in trockenen Kellerräumen
HANDELSFORM: unverpackt, mit Etikett

SAINTE-MAURE

Der stangenförmige Ziegenkäse aus der Touraine ist mit einem Strohhalm durchzogen, der ein Auseinanderbrechen verhindern soll. Solche Verstärkungen sind auch bei anderen Frischkäsen und krümeligen Ziegenkäsen dieser Region zu finden. Sainte-Maure wird gelegentlich mit Holzkohlenpulver bestäubt und kann entweder frisch oder leicht gereift gegessen werden.

■ SAINTE-MAURE
Ziegenkäse (45 % F. i. Tr.)
TYP: Weichkäse mit bläulicher natürlicher Rinde
FORM: Stangen von 15 cm Länge und 4 cm Durchmesser mit einem Strohhalm in der Mitte
GEWICHT: ca. 300 g
REIFUNG: 30 Tage in trockenen, gut belüfteten Kellern
HANDELSFORM: unverpackt, mit oder ohne Holzkohlenschicht

SELLES-SUR-CHER

Die Ziegenkäse des Poitou und Berry sind schon wegen der enormen Vielfalt ihrer oft eigenartigen Formen bemerkenswert. Selles-sur-Cher ist eine Scheibe mit abgeschrägten Kanten, eine Art Konus ohne Oberteil, wird daneben jedoch auch in Herzform angeboten. Die feine Schicht aus Holzkohlenpulver gibt der Oberfläche einen blauen

Schimmer. Der Käse ist von Mai bis Oktober besonders gut.

■ SELLES-SUR-CHER
Ziegenkäse (45 % F. i. Tr.)
TYP: Weichkäse mit natürlicher Rinde, mit Holzkohle bestäubt
FORM: rund, 9 cm Durchmesser, 2,5 cm hoch mit abgeschrägten Kanten, auch herzförmig
GEWICHT: ca. 150 g
REIFUNG: 21 Tage in trockenen Reifekellern, wobei die Molke ganz abläuft
HANDELSFORM: unverpackt mit Etikett

Valençay

Ein weiterer Ziegenkäse, dessen Qualität einen Herkunftsschutz eigentlich rechtfertigen würde, ist Valençay, der sich übrigens auch intensiv um eine AOC bemüht. Er weist eine flachere, weniger spitz als Pouligny-Saint-Pierre zulaufende Pyramidenform auf und zeichnet sich durch Zartheit und ein nussiges Aroma aus, das sich unter der feinen Schicht aus Holzkohlenpulver, die als eine Art Konservierungsmittel wirkt, recht lange hält. Der reife Käse ist jederzeit köstlich, schmeckt jedoch zwischen Mai und Oktober am besten.

■ Valençay

Ziegenkäse (45 % F. i. Tr.)

Typ: Weichkäse mit natürlicher Rinde, mit Asche bestäubt (traditionelle Herstellung); mit Oberflächenschimmel oder mit Holzkohlenpulver bestäubt (Molkerei)

Form: Pyramidenstumpf, Grundfläche 8 cm Kantenlänge, 6 bis 7 cm hoch

Gewicht: ca. 250 g

Reifung: 30 Tage in trockenen, gut belüfteten Reifekellern, kann aber auch hart verzehrt werden

Handelsform: unverpackt

In der alten Provinz Navarra, die seit Heinrich IV. von den französischen Königen stolz zu ihrem Reich gezählt wurde, stellt die Käseproduktion seit langer Zeit einen wichtigen Wirtschaftszweig dar. Der Begriff *ardi-gasna*, der *fromage du pays* (lokal hergestellten Käse) bezeichnet, umfaßt die vielen Sorten, die aus der Milch von Manech- oder Baskisch-Béarnaiser Ziegen hergestellt werden. Als Heinrich von Navarra im 17. Jahrhundert den französischen Thron bestieg, verbanden sich die beiden Länder miteinander. Navarra erschloß sich damit neue Absatzmärkte und erweiterte seine Käseproduktion. Die wichtigsten Protagonisten waren dabei in den Abteien zu finden, die im mittelalterlichen Frankreich schon die gleiche Rolle gespielt hatten. Die im 17. Jahrhundert gegründete Abtei Bellocq tat sich besonders in dem Bemühen hervor, die Herstellungsverfahren zu verbessern und zu vereinheitlichen. Noch heute wird hier Ossau-Iraty hergestellt.

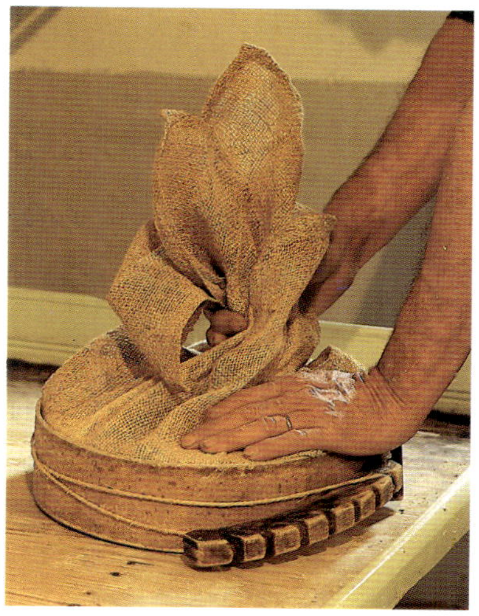

Bethmale-Käse aus der Gegend von Foix wird aus Kuh- oder Ziegenmilch gemacht und hat verschiedene Namen, je nach dem Dorf, aus dem er kommt: Ercé, Oust, Oustet, Esbareich und andere. Weitere regionale Käse sind Echourgnac, ein Kuhmilchkäse, und Cajassous (aus Ziegenmilch), beide aus dem Périgord.

Valençay (oben links).
Oben rechts: Ein Bethmale wird in die Form gepreßt; Ayet in der Nähe von Castillon-en-Couseron.
Unten: Die Schäfer benutzten Stelzen, um sich in den feuchten Marschgebieten der *Landes* fortzubewegen (1804). Musée des Arts Décoratifs, Paris.
Ganz unten: Eine Schafherde im Regionalpark von Les Landes.

Ossau-Iraty

Ardi-Gasna, der auch als Arnéguy bekannt ist, unter dem AOC-Gütesiegel jedoch die Bezeichnung Ossau-Iraty-Brebis trägt, entfaltet sein volles Aroma vor allem dann, wenn er in *cayolars*, den Sennhütten der Hochtäler, gemacht wurde. Obwohl sein Geschmack eigentlich ganz unnachahmlich ist, wird der Schafskäse in mehreren Départements Südwestfrankreichs mit Kuhmilch imitiert, zumindest seine Form.

Ossau-Iraty (rechts). Unten: Almauftrieb der Ziegen auf Korsika entlang dem Golo, dem längsten Fluß der Insel.

- **Ossau-Iraty**
  Schafskäse (50 % F. i. Tr.)
  Typ: leicht gepreßter Schnittkäse fast ohne Löcher; glatte, orangegelb bis grau gefärbte Rinde
  Form: rund, mit deutlich gewölbten Rändern, 26 cm Durchmesser, 14 cm hoch. Ardi Gasna ist breiter (35 cm Durchmesser), aber nicht so hoch (8 cm)
  Gewicht: 4 bis 7 kg
  Reifung: 3 bis 6 Monate in kühlen, feuchten Kellern
  Handelsform: unverpackt, Etikett direkt auf der Rinde

Korsika ist die Hochburg der Ziegen und der Ziegenkäse; beide blicken hier auf eine lange Tradition zurück, die wohl schon in vorgeschichtlichen Zeiten begann. Ricotta aux Galets beispielsweise, ›Kieselstein-Ricotta‹, entsteht durch ein Verfahren, das schon vor der Erfindung der Keramik eingesetzt wurde. Um die Milch gerinnen zu lassen, werden erhitzte Steine in eine mit Milch gefüllte Ziegenhaut gelegt. In autark lebenden, von der Außenwelt abgeschnittenen Bergdörfern wurden alle möglichen Käsesorten erfunden, etwa Calenzana bzw. Niolo, ein dicker, quadratischer Ziegenkäse mit abgerundeten Ecken, der bis zu 700 g wiegen kann, oder Asco, der aus einem kleinen Dorf in der Nähe der gleichnamigen Schlucht kommt, Venaco aus der Ebene von Aleria und Sarteno Fume, der möglicherweise schon in römischer Zeit gemacht wurde. Sarteno, den man auch als Sartenais bezeichnet, wird in der Gegend von Sartène aus Ziegen- oder Schafsmilch hergestellt. Es handelt sich um einen gepreßten Käse mit gewaschener Rinde von 12 bis 13 cm Durchmesser, einer Höhe von 8 bis 10 cm und einem Gewicht von 1 bis 1,5 kg. Getrocknet entwickeln alle drei Käsesorten ein überaus kräftiges Aroma. Mit ihren duftenden Büschen und ihrem Gras, das gleich nach dem Ende des Frühlings zu welken beginnt, kann die korsische Macchia keine Rinder ernähren. Um den von Erosion und Sonne völlig ausgelaugten Boden überhaupt fruchtbar zu machen, wenden die Hirten noch immer die uralte Technik der Brandrodung an. Sie brennen das trockene Kraut ab und pflügen die Asche unter. Durch dieses weitverbreitete Verfahren wird die im folgenden Frühjahr entstehende Vegetation gefördert. Die Tiere, die diese kurzlebigen guten Weide-

gründe genießen konnten, liefern eine Milch, die – zu Käse verarbeitet – ausgezeichnet nach Macchia und zartem Gras schmeckt. Bis zur Mitte der 80er Jahre lieferte Korsika in den Zeiten, in denen die lokale Produktion nicht ausreichte, entweder Milch oder frische Käse nach Roquefort. Heute bezieht man dort die zusätzlich nötigen Mengen aus den Cévennen, so daß die korsischen Hersteller seitdem gezwungen waren, sich auf ihren eigenen Blauschimmelkäse, Bleu de Corse, zu besinnen.

BROCCIO

Auf Korsika verwendet man die Milch von Schafen oder Ziegen für die Herstellung von Broccio (auch Brucciu), einem Frischkäse in der Art von Brousse und Ricotta, der für die Bewohner entlegener Bergdörfer oft genug die einzige

Eiweißquelle darstellt. Der Käse kann frisch verzehrt oder gesalzen und längere Zeit gelagert werden, entwickelt dann allerdings einen festen Teig und einen scharfen Geruch.

Eine Käseplatte mit korsischen Produkten (OBEN). Ganz oben Brin d'Amour, links Venaco, rechts frischer Broccio und unten Calva Corsa (korsischer Schafskäse).
GANZ LINKS: Broccio.
UNTEN: Frauen beim Verkauf von Broccio in Ajaccio.

■ BROCCIO
Käse aus Schafsmolke, gelegentlich auch aus Ziegenmolke (45 % F. i. Tr.)
TYP: weich (frisch) bzw. hart (reif)
FORM: Kugeln, die in kleinen Binsenmodeln (›brocciu‹) geformt werden
GEWICHT: 1 kg
HANDELSFORM: frisch (nach 48 Stunden) oder in getrocknete Asphodill-Blätter eingewickelt

NIOLO

In der Gegend von Calvi haben Ziegenhirten auf der Suche nach Futter für ihre Herden kleine Sennhütten angelegt und stellen aus der Milch der Tiere auch Niolo her. Dieser Käse wird aus der Milch gemacht, die gerade zur Verfügung steht, also aus Ziegenmilch oder einer Mischung aus Ziegen- und Schafsmilch. Der ungemein scharfe Niolo-Käse ist auch unter dem Namen CALENZANA bekannt.

■ NIOLO
Käse aus Schafs- und/oder Ziegenmilch, ausschließlich traditionelle Herstellung (45 % F. i. Tr.)
TYP: Weichkäse mit natürlicher grau-weißer Rinde
FORM: Quadrat mit abgerundeten Ecken, 13 cm Durchmesser, 6 cm hoch
GEWICHT: ca. 700 g
REIFUNG: 15 Tage Trocknungszeit, danach wird der Käse 3 bis 4 Monate lang (je nach Dicke) in Salzlake gewaschen und in feuchten Kellern gereift
HANDELSFORM: unverpackt

ANDERE KÄSESORTEN

Als Reaktion auf die Nachfrage vom Festland haben die Korsen inzwischen neue Käsesorten eingeführt, so beispielsweise BRIN D'AMOUR oder FLEUR DU MAQUIS, einen frischen Schafs- oder Ziegenkäse, der in Bohnenkraut und Rosmarin gewälzt wird. In den 80er Jahren wurde ein BLEU DE CORSE entwickelt, der mit Roquefort vergleichbar ist.

PROVIMI

MITTELEUROPA

Dieses große Gebiet kann in drei Hauptregionen unterteilt werden. Im Nordwesten, wo Deutsch die vorherrschende Sprache ist und die Milchprodukte typisch westlich sind, liegen Deutschland, Österreich und die Schweiz. Im Zentrum und im Süden befinden sich vor allem slawische Länder, aber auch Ungarn, Rumänien, Armenien, Georgien und Aserbaidschan. In diesen Ländern spielen traditionelle Schafsmilchprodukte eine große Rolle, sie haben sogar die lange Herrschaft von Sowjet-Rußland und die Kollektivierung der Landwirtschaft überdauert. Die dritte Region umfaßt das europäische Rußland, das in den 20er Jahren ein ähnliches Schicksal erlitt, und die baltischen Staaten (Estland, Lettland und Litauen), die nach 12jähriger Unabhängigkeit 1930 von der Sowjetunion okkupiert wurden. Für das Russische Reich bedeutete die Kollektivierung der Landwirtschaft gleichzeitig auch das Ende seiner Käsevielfalt, nach deren Spuren Bernard Nantet vergeblich geforscht hat. Was Lettland, Litauen und Estland betrifft, so findet sich in diesem Buch nur ein baltischer Käse, der bis heute zu haben ist: der Latviiski, ein salziger Kuhmilchkäse mit klebriger Rinde.

Ich selbst habe das sowjetische Käsegeschäft auf dem Newski Prospekt im damaligen Leningrad besucht. Außer Käse aus Tilsit, einer Stadt in Ostpreußen, die nach dem Zweiten Weltkrieg an die Sowjetunion fiel, fand ich dort keinerlei regionale Spezialitäten. Die sowjetischen Nachfolger der verlorenen russischen Käseschätze waren allesamt fade, industriell hergestellte Imitationen von holländischen und skandinavischen Käsen sowie von Provolone und Cheddar und stellten trotz der verschiedenen russischen Namen eine ziemlich unansehnliche, wenig ansprechende Sammlung dar. Man kann nur hoffen, daß nach der Abschaffung der Kollektivwirtschaft einige alte Rezepte wiederentdeckt werden und sich noch ein paar alte Käser finden, die sich an die Herstellungsmethoden dieser Spezialitäten erinnern können. Als nächstes wollen wir uns in einen Kulturkreis begeben, in dem Schafskäse eine ungeheuer wichtige Rolle spielt. Im Kaukasus haben sie eine sehr lange Tradition. Wahrscheinlich gilt dies auch für den Balkan (die Griechen exportierten in der Antike Schafskäse nach Sizilien). Weltweit werden heute mehr Schafe als Kühe gemolken, und Produkte aus Schafsmilch sind immer häufiger anzutreffen.

Arabische Traditionen der Schafsmilchverarbeitung, bei denen man Yoghurt und Käse auf Yoghurt-Basis *(labna)* herstellt, wurden aufgegriffen und gemeinsam mit bestimmten kaukasischen Traditionen von den Türken überall in Ost- und Mitteleuropa verbreitet. Ein kaukasisches Wort für Käse, *brinza*, wird in Rumänien und selbst in Ungarn benutzt. Wir glauben zwar immer, daß Caciocavallo, ein *Pasta-filata*-Käse, aus Italien stammt, doch in Wirklichkeit wurde die Herstellungsmethode von den Dakern mit römischer Unterstützung im Gebiet des heutigen Rumänien perfektioniert. Als Kaschkawal oder Kashkaval ist er dort überall bekannt. In den Bergen haben Schafsmilchprodukte – relativ harte Käse, die mit Hilfe von Salzlake und Räuchern haltbar gemacht werden – selbst die Wirren des Zweiten Weltkriegs und die trostlose Zeit der Sowjetherrschaft überdauert. Obwohl Rußland Imitationen ausländischer Käsesorten importierte, wurden hier weiterhin

Litauer Bäuerin mit einem Käser.

VORHERGEHENDE SEITEN: Kuhstall eines Gutshofs im Schweizer Kanton Waadt. Die *sonnailles* oder Kuhglocken werden den Tieren wieder um den Hals gehängt, wenn man sie zurück auf die Sommerweiden treibt.

Raclette, die berühmte Schweizer Mahlzeit mit geschmolzenem Käse und Kartoffeln.

traditionelle Käse aus Schafsmilch, manchmal allerdings auch Varianten aus Kuhmilch, hergestellt. Genau wie im Falle Rußlands kann man auch hier nur hoffen, daß sich diese Länder auf ihre alten Traditionen zurückbesinnen. Wahrscheinlich gibt es hier mehr alte Käser, die überlebt haben und noch aktiv sind.

Schließlich gelangen wir nach Nordwesten. In Deutschland und Österreich sind Sauermilch und Sauermilchkäse sehr beliebt, beispielsweise ist Quark, der ohne Zusatz von Lab hergestellt und frisch verzehrt wird, überall in verschiedenen Fettstufen erhältlich. Auch Räucherkäse ist sehr gefragt. Durch die Reformation verlor Deutschland sehr viele Klosterkäsereien, noch heute erinnern daran Namen wie Trappistenkäse und Bruder Basil. Der Hansehandel im Norden verbreitete holländische Herstellungsmethoden bis nach Ostpreußen, wo Tilsit (das heute zu Rußland gehört) seine eigene aromatisch-kräftige Spezialität entwickelte, die seither überall auf der Welt nachgeahmt wird (man denke nur an den Schweizer Royalp). Der Limburger, ein Verwandter des belgischen Herve, wurde aus den Niederlanden übernommen, um Liebhaber besonderer Würze zufriedenzustellen, ebenso wie der etwas mildere Romadur, der dem belgischen Remoudou nachempfunden ist. In den Bergregionen findet man immer noch alte einheimische Käsesorten, besonders im bayrischen Allgäu und im benachbarten Österreich. Neben der immensen Produktion von Käse des Emmentaler-Typs mit schnittfestem Teig und fester Rinde finden sich auch immer noch Berg- oder Alpkäse (dies gilt auch für das Elsaß). Außerdem werden im Allgäu hervorragende Blauschimmelkäse hergestellt. Mondseer aus dem Salzkammergut ist ein Vetter des elsässischen Munster, der auch in der Rheinpfalz und in der Schweiz nachgeahmt wird. Prälatenkäse gehört zur Familie der Trappistenkäse. Die Schweiz habe ich mir bis zum Schluß aufgespart, weil sie das Herz dieses Kapitels ist. Von der Größe her mag sie zwar ein David sein (Bevölkerungsdichte und Kulturfläche sind sehr klein), doch was die Produktion einheimischer Käsespezialitäten betrifft, ist sie ein wahrer Goliath. Die meisten Sorten sind Hartkäse, die gut ein Jahr oder länger reifen können (obwohl ein Großteil schon nach 3 Monaten Lagerung verkauft wird). Der wahrscheinlich älteste einheimische Käse und einzige Rivale des Parmesan, auch wenn er ganz anders schmeckt, ist der Sbrinz (oder Spalen), den bereits Plinius in römischer Zeit kannte. Gruyère trägt den Namen eines Grafen aus der Zeit vor 1073, seit 1602 ist dies sein offizieller Name. Möglicherweise geht er auf die *gruyers* Karls des Großen zurück, die im 9. Jahrhundert die Wälder des Reiches zu beaufsichtigen hatten. *Gruyers* in untergeordneter Stellung verkauften damals den Käsern Feuerholz. Appenzeller ist ein kleiner Vetter mit ähnlicher Textur, aber anderem Geschmack. Er ist fest, ein wenig körnig und weist eine kleine, sparsame Lochung auf.

Im ehemaligen Schweizer Bezirk Gruyère (Kanton Fribourg) schmücken die *armaillis* oder Kuhhirten ihre Kühe mit Blumen für die *désalpe*, den Abtrieb von den Bergen am Ende des Sommers.

Der geschmeidige, elastische Emmentaler-Teig ist gleichmäßig mit großen runden Löchern durchsetzt und besitzt ein charakteristisches nußartiges Aroma. Er ist sozusagen das Geschenk der Schweiz an die Welt und wird heute wie der englische Cheddar überall nachgeahmt. In der Schweiz verwendet man Greyerzer/Gruyère und Emmentaler für Fondues, hat jedoch inzwischen auch einen besonderen Käse mit hervorragender Schmelzfähigkeit entwickelt, den Raclette-Käse (von frz. *racler* = schaben).

Die Schweiz ist ein Land, das von vielen Einflüssen geprägt wurde. Deutsche, italienische und französische Elemente vermischen sich mit katholischen und protestantischen. Jeder Kanton hat seine Besonderheiten und typischen Käsespezialitäten, deren Geschichte sich bis ins Mittelalter zurückverfolgen läßt. Hartkäse erlebten einen Aufschwung, als man begann, Klöster und Abteien zu bauen. Diese Käse ließen sich hervorragend transportieren und konnten daher ins Ausland verkauft werden, wobei Italien der Hauptabnehmer war, da die Schweiz an der Hauptverkehrsstraße lag, welche die italienischen Städte mit den nordeuropäischen verband. Schweizer Bauern bezahlten mit Käse ihren Zehnt an die Grundbesitzer und die Kirche, die sie wiederum gegen andere Güter tauschten. Wie andere europäische Länder wurde auch die Schweiz zu einem Land der Käseliebhaber, als Kartoffeln aus der Neuen Welt eingeführt wurden und den Weizen ersetzten, wodurch Ackerland fortan als Weideland genutzt werden konnte. Auf diese Weise sind im Laufe der letzten 200 Jahre immer mehr Käsereien entstanden. Der Bau von Straßen und Eisenbahnstrecken hat außerdem die Täler aus ihrer Isolation befreit und ermöglicht, daß die Schweizer Spezialitäten in der ganzen Welt berühmt wurden. Doch es sind vor allem die strengen Hygiene- und Qualitätsbestimmungen, auf denen die Käsehersteller selbst bestehen, die ihren Produkten seit dem Zweiten Weltkrieg überall zu ihrem hervorragenden Ruf verholfen haben. Heute werden diese anspruchsvollen Anforderungen offiziell damit belohnt, daß der Name ›Switzerland‹ als Gütezeichen für einwandfreie Qualität auf die Rinde der *Grands Crus* aus der Schweiz gedruckt werden darf.

Käseherstellung in den Schweizer Bergen (OBEN). Stich aus dem 19. Jahrhundert. UNTEN: Ein Schweizer Schäfer trägt seine Käsepresse auf dem Rücken. Gemälde von Auguste Baud-Bouy (Ende des 19. Jahrhunderts).

APPENZELLER

Das bergige Kanton Appenzell liegt eingebettet zwischen dem Bodensee und dem Fürstentum Liechtenstein und produziert einen wunderbaren Käse, dessen genaue Herstellungsmethoden wie ein Geheimnis gehütet werden. Die kleinen braunen Kühe, die die Milch für diesen Schnittkäse liefern, der in die ganze Welt exportiert wird, werden umsorgt wie kostbare Rennpferde. Zahlreiche Gegenstände des täglichen Gebrauchs sind mit dem Bild dieser ansehnlichen Tiere mit ihren Kuhglocken verziert, selbst auf dem Boden der Melkeimer findet man sie. Früher hatte jedes Tal der Schweizer Alpen seine eigene Käsespezialität, und ursprünglich war auch der Appenzeller einer dieser traditionellen Alpkäse, ebenso bekannt unter dem Namen Zinskäse, da er als Zahlungsmittel für Steuerabgaben benutzt wurde. Verschiedene Dokumente belegen, daß der Appenzeller seit über sieben Jahrhunderten existiert. Seit 1981 ist er ein AOC-Käse, also gesetzlich geschützt. Er wird außerdem auch noch in den Schweizer Kantonen St. Gallen und Thurgau hergestellt.

Der Appenzeller verdankt sein kräftiges, typisches Aroma sowohl der Milch von den saftigen Weiden der Voralpen als auch der besonderen Zwei-Stufen-Reifung. Entweder wird er oben in den Bergen oder in den Tälern hergestellt, je nachdem, wo das Vieh weidet. Einen frischen Käse reifen zu lassen, dauert etwa 3 oder 4 Monate. Zuerst wird er

mit ›Sulz‹ gewaschen, einer Flüssigkeit aus Wein, Hefe, Salz und einer Mischung aus etwa 20 Kräutern und Gewürzen. Verständlicherweise wird das genaue Rezept streng geheimgehalten – zumindest theoretisch. Um den Reifeprozeß abzuschließen, braucht der Käse nur noch mit ebendieser Flüssigkeit bestrichen zu werden. Dieser Schnittkäse weist eine geringe, gleichmäßige, erbsengroße Lochung auf. Das besondere Zeichen für den Ursprungsschutz lautet ›Appenzeller Switzerland‹ und ist auf das Silberpapier gedruckt, in das der Käse verpackt ist. Es gibt übrigens auch eine fettreduzierte, noch würzigere Variante, den RÄSSKÄSE (›würziger Käse‹), mit einem Fettgehalt von 25 %, der jedoch außerhalb seiner Ursprungsregion nicht verkauft wird.

■ APPENZELLER
Käse aus vollfetter Kuhmilch (45 % F. i. Tr.)
TYP: Schnittkäse, goldfarben, gebürstete Rinde; geringe, gleichmäßige, erbsengroße Lochung
FORM: rund, 30 bis 33 cm Durchmesser, 7 bis 9 cm hoch
GEWICHT: 6 bis 12 kg
REIFUNG: 7 bis 10 Monate
HANDELSFORM: Silberpapier mit Markenaufdruck

EMMENTALER

Der Emmentaler gehört zu den größten und bekanntesten Käsen. Was seine Größe betrifft, so schlägt er alle Rekorde, denn er kann bis zu 130 kg wiegen und einen Durchmesser von 1 m haben. Zur Herstellung eines Käses benötigt man 1000 l Milch, die in riesigen Kupferkesseln, *Kessi* genannt, erwärmt wird. Sein Herkunftsgebiet sind die grünen Hänge des Emmentales im Vorgebirgsland von Bern. Zum ersten Mal erwähnt wurde er im Jahre 1542: als Entschädigung für die Opfer einer Brandkatastrophe! Während des vorigen Jahrhunderts begann man schließlich, ihn in größeren Mengen herzustellen. Zuerst waren seine Löcher nicht besonders gelitten. Käsehändler wußten nicht recht, was sie von den kirschgroßen Leerstellen in ihrem Käse halten sollten, doch es dauerte nicht lange, bis sie diesen Käse berühmt gemacht hatten, besonders die Kinder liebten ihn und tauften ihn ›Mäusekäse‹. Dieser Hartkäse mit einem Fettgehalt von 45 % wird im deutschsprachigen Teil der Schweiz produziert und besitzt ein köstliches, ein wenig an Haselnüsse erinnerndes Aroma. Die riesigen ›Räder‹ reifen in kühlen, luftigen Kellerräumen 8 bis 10 Monate lang heran und werden während dieser Zeit ständig gewaschen und gebürstet.

■ EMMENTALER
Käse aus vollfetter Kuhmilch (45 % F. i. Tr.)
TYP: gepreßt, nachgewärmt, Hartkäse, mit harter, wachsartiger gold- bis braunfarbener gebürsteter Rinde und Löchern in Kirsch- oder Walnußgröße
FORM: rund, 80 bis 85 cm Durchmesser, 22 cm hoch
GEWICHT: 80 bis 130 kg
REIFUNG: 6 bis 12 Monate in einem kühlen oder 2 Monate in einem warmen Reifekeller
HANDELSFORM: unverpackt

GREYERZER / GRUYÈRE

Bevor der Herkunftsschutz der einzelnen Käsesorten per Gesetz geregelt wurde, bezeichnete man mit dem Namen ›Gruyère‹ alle radförmigen Hart- oder Schnittkäse, die in den Alpen gemacht wurden. Heute tragen nur Käse diesen Namen, die aus der kleinen Stadt Gruyère im Kanton Fribourg stammen. Im Jahre 1115 erwähnte der dort ansässige Graf die Existenz eines wohlschmeckenden Käses, der aus Milch von den Almen hergestellt wurde und mit dem man den Zehnt zu entrichten pflegte, den die

Appenzeller (GANZ LINKS). OBEN: Emmentaler. UNTEN: Ein farbenfrohes Reklameschild für Appenzeller. Bemalte Holztafel.

Der Krokus ist eine Alpenblume, die auf den feuchten Wiesen blüht, wenn der Schnee schmilzt, und die man sogar noch in Höhen von bis zu 2700 Metern findet (UNTEN).

UNTEN: Greyerzer oder Gruyère.
MITTE: In einer Käserei in dem Dorf Moléson im Kanton Fribourg wird Gruyère gepreßt.
OBEN RECHTS: Schabzieger.
GEGENÜBERLIEGENDE SEITE: Eine appetitliche Zusammenstellung von Schweizer Käsespezialitäten, unter anderem Gruyère, Sbrinz, Appenzeller und Emmentaler.

Mönche des Klosters Rougemont erhoben hatten. Doch erst 1602, als eine Delegation der französischen Botschaft dort einen offiziellen Besuch abstattete, wurde er erstmals als Gruyère aufgeführt. Obwohl er kleinere Löcher hat, sowohl härter als auch fester ist und selten mehr als 35 kg wiegt, wird er oft mit dem Emmentaler verwechselt. Auch heute noch wird er nach traditionellen Methoden hergestellt. Gruyère verdankt seine Härte der Tatsache, daß der Bruch erst erhitzt wird, wenn er bereits hart ist. Als junger Käse duftet er dezent nach Alpenblumen. Später, wenn er reif ist, entwickelt er das kräftige Aroma eines Qualitätskäses.

■ GREYERZER/GRUYÈRE
Käse aus vollfetter Kuhmilch (45 % F. i. Tr.)
TYP: hart, mit kleinen, runden Löchern, gelegentlich auch mit kleinen Spalten, harte, etwas feuchte Rinde
FORM: rund, 50 cm Durchmesser
GEWICHT: 20 bis 35 kg
REIFUNG: 4 bis 10 Monate
HANDELSFORM: die Rinde trägt das sternförmige Zeichen ›Switzerland‹ und ›Gruyère‹

SCHABZIEGER

Schabzieger unterscheidet sich stark von den anderen Schweizer Käsesorten, die nicht selten mehrere Dutzend Kilo wiegen. Er hat die Form eines kleinen, konischen Zylinders, ist von grünlicher Farbe, besitzt einen eigenwilligen Kräutergeschmack und wiegt kaum mehr als 200 g. Angeblich ist er ein sehr alter Klosterkäse aus dem Kanton Glarus, dem Käser der damaligen Zeit offenbar Schabziegerklee zusetzten, eine

Pflanze, die Kreuzritter im 11. Jahrhundert aus dem Osten mitgebracht hatten. Dieser Zutat verdankt der Käse sowohl sein typisches Aroma als auch seinen internationalen Erfolg, besonders in den USA, wo man ihn unter dem Namen Sapsago kennt. Schabzieger enthält kein Fett, was seine Beliebtheit noch verstärkt. Er wird aus entrahmter Kuhmilch hergestellt, der Milchsäurebakterien zugegeben werden. Danach wird er auf knapp 100 °C erhitzt. Sobald er wieder abgekühlt ist, wird der Bruch in eine Zylinderform gepreßt und in einem Wärmeraum (20 °C) gereift und getrocknet. Schabzieger wird auch als Pulver zum Würzen verkauft.

■ SCHABZIEGER
Käse aus entrahmter Kuhmilch (Magermilch)
TYP: fest, ohne Rinde
FORM: kleiner Zylinder (auch als Pulver)
GEWICHT: 100 bis 200 g
REIFUNG: mehrere Monate

SBRINZ

Sbrinz ist wahrscheinlich der älteste Hartkäse aus den Zentralalpen. Schon zu Zeiten der Römer erfüllte er alle Anforderungen, die an einen guten Käse gestellt wurden: Er ließ sich problemlos transportieren und konnte sowohl von den Legionären bei ihren Eroberungszügen als Marschverpflegung mitgenommen als auch nach Rom transportiert werden. Im 1. Jahrhundert n. Chr. berichtete Plinius bereits von einem wunderbaren *caseus helveticus* oder Schweizer Käse, der dem Käse in seiner heutigen Form sehr ähnlich gewesen sein muß. Dank der modernen Verord-

nungen zum Herkunftsschutz hat der Sbrinz seine ehemalige Berühmtheit inzwischen wiedererlangen können. Seine lange Reifezeit macht ihn leicht verdaulich, was dazu geführt hat, daß man ihn als volkstümliches Hausmittel bei Magenverstimmung einsetzt. In Italien ist er sehr beliebt, da er die Italiener an ihren geliebten Parmesan erinnert und außerdem ein kräftiges Alpenaroma besitzt. Der Name Sbrinz ist von seiner Ursprungsregion Brienz in der Nähe von Bern abgeleitet. Heute wird er nicht nur in den benachbarten Regionen, sondern auch in den weit entfernten Kantonen St. Gallen und Aargau und sogar in Italien hergestellt. Sbrinz wird zunächst ähnlich wie Gruyère behandelt, dann allerdings mit Lake gewaschen. Er wird 4 Monate lang in einem Raum bei 18 °C gelagert, wo er einen Großteil seiner Feuchtigkeit und seines Fettgehaltes verliert. Während dieser Phase wird die Rinde regelmäßig gewaschen und gebürstet. Der Käse reift schließlich 18 Monate in einem Reifekeller. Sbrinz kann gerieben gegessen werden, wird jedoch am liebsten gehobelt als Dessertkäse auf den Tisch gebracht.

Sbrinz (UNTEN) mit einem hübschen Wappenstempel auf der harten Rinde. GANZ RECHTS: Royalp-Tilsiter.

■ SBRINZ
Kuhmilchkäse (45 % F. i. Tr.)
TYP: gepreßt, nachgewärmt, Extrahartkäse, trocken, keine Lochung, glatte, gewaschene und gebürstete dunkelgelbe bis braune Rinde
FORM: rund, 50 bis 70 cm Durchmesser, 14 cm hoch
GEWICHT: 20 bis 25 kg
REIFUNG: 18 Monate bis 4 Jahre

ROYALP / SCHWEIZER TILSITER

Ende des 19. Jahrhunderts öffneten in Ostpreußen die Hersteller des Tilsiters ihre Käsereien für Schweizer Immigranten, die alles über die Herstellungsmethoden für diesen Käse wissen wollten. Die Schweizer Käser verliebten sich in den preußischen Käse und versuchten nach ihrer Heimkehr in die Schweiz, ihn mit ihrer rahmhaltigen Alpenmilch herzustellen. Das Ergebnis übertraf alle Erwartungen. Während der Teig des Original-Tilsiters viele winzige, unregelmäßige, schlitzförmige Löcher aufweist, unterscheidet sich der Schweizer Royalp von seinem Vorbild durch seine Kompaktheit und regelmäßige runde Lochung. Der Schweizer Tilsiter, der unter dem Namen Royalp exportiert wird, ist inzwischen herkunftsgeschützt. Die Rohmilch wird in riesigen Kesseln erhitzt, die früher aus Kupfer bestanden. Die Gallerte wird in kleine Stücke geschnitten, und sobald die Molke abgelaufen ist, wird die Bruchmasse gerührt, wieder erhitzt und in Formen gepreßt. Nachdem man sie aus der Form gelöst hat, werden die kleinen Laibe mit Salz bestreut und in Lake getaucht. Schließlich reifen sie in einem kühlen, feuchten Reifekeller 2 bis 3 Monate (milde Variante) oder bis zu 7 Monate (kräftige Variante).

■ ROYALP/SCHWEIZER TILSITER
Käse aus vollfetter Kuhmilch (45 % F. i. Tr.)
TYP: Schnittkäse, elfenbeinfarben mit kleiner Lochung und bräunlich-gelber Rinde
FORM: flach und rund, 25 cm Durchmesser, 8 cm hoch
GEWICHT: 4 bis 6 kg
REIFUNG: 2 bis 7 Monate

TÊTE DE MOINE

Die Mönche des Klosters Bellelay in den Schweizer Alpen stellten diesen delikaten kleinen Käse bereits vor 800 Jahren her. Sein hervorragender Ruf verbreitete sich zunächst nur über die Grenzen seines Heimatkantons hinaus, später aber, als er als Dessertkäse berühmt wurde, auch über die Grenzen der Schweiz. Besonders gern wird er in kleinen Scheiben verzehrt, die vom Käse abgehobelt und gemeinsam mit frischem Obst gegessen werden, eine ideale Kombination, die den Geschmack des Käses erst richtig zur Geltung bringt. Zuerst schneidet man den Deckel ab, woraufhin der Tête de Moine mit ein wenig Phantasie tatsächlich wie ein *Mönchskopf* aussieht. Die Scheiben werden dann mit einem speziellen Schneidegerät, der *Girolle*, kreisförmig abgehobelt.

■ TÊTE DE MOINE

Käse aus vollfetter Kuhmilch (50 % F. i. Tr.)

TYP: Schnittkäse, elfenbeinfarben bis hellgelb, etwas feuchte Rinde

FORM: klein, dick und rund, 20 cm hoch

GEWICHT: 700 g bis 2 kg

REIFUNG: 3 bis 4 Monate

ANDERE KÄSESORTEN

Der FRIBOURG VACHERIN existierte bereits 1448 und stand damals auf der Speisekarte von Eleonore, der Tochter des Königs von Schottland und Gemahlin des Habsburger Herzogs Sigismund, als sie sich bei einem offiziellen Besuch in Fribourg aufhielt. Er ist ein geschmeidiger, kräftiger Käse, elfenbeinfarben oder

hellgelb und wird aus der Rohmilch von schwarzweißen Kühen gemacht. Die Reifezeit beträgt 3 Monate. Früher gab es auch andere Vacherin-Varianten: Eine war handgemacht und von festerer Konsistenz, eine andere, die für Fondues verwendet wurde, dagegen cremiger. Der moderne Fribourg Vacherin ist eine Kombination aus beiden. VACHERIN MONT D'OR ist ein Weichkäse aus dem Joux-Tal im Schweizer Jura. Er wird nur im Spätherbst und in den Wintermonaten hergestellt. In den letzten Monaten des Jahres hat die Milch einen sehr hohen Fettgehalt, der darauf zurückzuführen ist, daß die Kühe mit Heu gefüttert werden, daher kann man daraus keinen Käse herstellen, der so groß und hart ist wie normaler Alpenkäse. So erklärt sich auch die geringe Größe des Vacherin Mont d'Or. Üblicherweise wird er in Tannenrinde eingefaßt, damit er seine Form behält. Da die Milch nicht immer von gleicher Qualität ist, variiert auch der Käse. Heute wird er von Käsern hergestellt, die die Bruchmasse kaufen, nachdem die Molke abgetropft ist. Der Käse reift eine gute Woche, wird dann in Tannenholzformen gelegt und reift weitere 4 Monate. Während dieser Zeit bildet sich eine dicke, rötliche Rinde um den Käse, dessen Inneres so cremig bleibt, daß man ihn manchmal sogar mit dem Löffel essen kann. TOMME VAUDOISE besitzt ebenfalls eine sehr cremige Konsistenz, doch er reift nicht so lange wie andere traditionelle Tommes aus den Alpen. Seine Reifezeit beträgt höchstens 10 Tage. Er gehört zu den wenigen Schweizer Weichkäsen. Fondue und Raclette sind würzige, heiße Spezialitäten aus geschmolzenem Käse aus Fribourg und dem Waadt. Die wachsende Beliebtheit des Wintersports hat diese Käsegerichte bis weit über die schneebedeckten Hänge ihrer Heimatregionen hinaus bekannt gemacht. RACLETTE ist ein Oberbegriff, der eine Vielzahl von Käsesorten zusammenfaßt, zu denen auch der GOMSER, eine Spezialität aus dem Wallis, gehört. Zum Verzehr wird der Käselaib halbiert und die Schnittfläche geschmolzen, die geschmolzene cremige Oberfläche wird abgestrichen *(racler)* und mit heißen Kartoffeln und Cornichons gegessen. Raclette ist heute weit über sein Schweizer Heimatgebiet hinaus beliebt.

Raclette (OBEN).
GANZ LINKS: Tête de Moine.
OBEN MITTE: Fribourg Vacherin.
UNTEN: Käserei aus dem 17. Jahrhundert in Moléson, in der immer noch Gruyère hergestellt wird.

EMMENTAL
SWITZERLAND
Fromage de Suisse
HB 24
HB 13
HB 32
HB 16
HB 31

Käseherstellung in Deutschland (UNTEN). Holzschnitt von Johannes Stumpf aus dem Jahre 1550. MITTE: Das herrlich gelegene Märchenschloß Neuschwanstein vor einem eindrucksvollen Bergpanorama. OBEN RECHTS: Nymphen mit Kühen und Schafen in den Ruinen von Arkadien. Darstellung von W. E. Dietrich (Mitte 18. Jahrhundert). VORHERGEHENDE SEITEN: Reifekeller für Emmentaler. Das große Foto auf der linken Wand sorgt für einen verblüffenden Trompe-l'œil-Effekt.

Die weiten deutschen Ebenen im Norden Mitteleuropas bieten ideales Weideland. Sie entstanden zu Beginn unserer Zeitrechnung entweder aus gerodeten Wäldern oder, wie in Niedersachsen, aus Marschland, oder sie wurden dem felsigen Boden abgetrotzt, so daß diese Region zum Land der ›milchtrinkenden Völker‹ wurde, die aus dem Osten in dieses Gebiet kamen. Die Vorliebe für fermentierte Milch wurde von einer Generation an die nächste weitergegeben. Auch heute liebt man in Deutschland Milchprodukte und weiche weiße Käse wie Quark oder Sauermilchkäse. Beide werden ohne Zusatz von Lab hergestellt. Es gab sie bereits in der Zeit der Völkerwanderungen während der Eisenzeit. Sie sind die Vorfahren diverser Weichkäse, die sich durch niedrigen Fettgehalt und kurze Reifung auszeichnen. Im allgemeinen tragen sie den Namen ihrer Herkunftsregion, wie etwa der MAINZER KÄSE aus Rheinland Pfalz oder der SCHMIERKÄSE oder HARZER KÄSE aus Niedersachsen. Im Mittelalter spielte Norddeutschland eine wichtige Rolle für die Handelsbeziehungen zwischen den Mitgliedern der Hanse, zu der alle großen Handelsstädte Nordeuropas gehörten. Eine besonders wichtige Folge dieser Beziehungen war die Verbreitung der verschiedenen Techniken der Käseherstellung: Die holländischen Methoden zur Herstellung von Edamer und Gouda wurden weit über die Grenzen Hollands hinaus bis nach Ostpreußen exportiert, wo sie zur Entstehung des Tilsiters führten – ein Käse, der heute überall auf der Welt Nachahmer gefunden hat. Im 16. Jahrhundert führten Reformation und

Glaubenskämpfe dazu, daß das Eigentumsrecht der Kirche aufgehoben wurde und die Produktion von Käse in den Klöstern ein Ende fand. Die Bauern jedoch konnten weiterhin ihren Käse herstellen.

ALLGÄUER EMMENTALER

Das Allgäu im Süden Bayerns ist dank seiner hervorragenden Almen hoch oben in den Bergen eine der wichtigsten Herstellungsregionen für Käse. Der

köstliche Schweizer Emmentaler kam einst über den Bodensee und wurde sehr bald eine einheimische Spezialität. Allgäuer Emmentaler erbte die großen Löcher und die rundliche Form seines Schweizer Vorbilds. Und da sowohl Weiden als auch Kühe fast gleich sind, ist die Ähnlichkeit zwischen den beiden Emmentalern so groß, daß man sie kaum unterscheiden kann, besonders seit dem Ende des letzten Jahrhunderts, als deutsche Käser die gleichen strengen Qualitätskontrollen einführten wie ihre Schweizer Nachbarn, die bis dahin für ihre Bestimmungen so berühmt gewesen waren.

■ ALLGÄUER EMMENTALER
Kuhmilchkäse (45 bis 50 % F. i. Tr.)
TYP: gepreßt, nachgewärmt, hart, große Löcher, harte, dicke Rinde
FORM: rund, 75 cm Durchmesser, 25 cm hoch
GEWICHT: 80 bis 90 kg
REIFUNG: 3 bis 6 Monate

ALLGÄUER BERGKÄSE

Der Allgäuer Bergkäse wird nach Emmentaler-Art hergestellt, ist aber bedeutend kleiner. Er war der lokale Vorläufer des Emmentalers auf den hochgelegenen Almen des Allgäus und wird aus der Sommermilch hergestellt, die ihm seine ganz besondere Reinheit und Mildheit verleiht. Auch heute noch wird er nach traditionellen Methoden gemacht. Er hat eine kleinere, sparsamere, unregelmäßigere Lochung als der Emmentaler. Käseliebhaber genießen ihn sowohl mild als auch pikant, denn sein Aroma kann nach einjähriger Reifung sehr ausgeprägt sein.

■ ALLGÄUER BERGKÄSE

Kuhmilchkäse (50 % F. i. Tr.)

TYP: gepreßt, nachgewärmt, hart, mit Löchern, harte, dicke Rinde

FORM: rund

GEWICHT: 20 bis 30 kg

REIFUNG: 4 Monate und länger

EDELPILZKÄSE

In den Bergen hält man an den alten Methoden der Käseherstellung fest. Es

ist daher nicht verwunderlich, daß in den Bayrischen Alpen, wo bereits ein eigener Allgäuer Emmentaler hergestellt wird, auch ein qualitativ hochwertiger Blauschimmelkäse gemacht wird. EDELPILZKÄSE oder PILZKÄSE besitzt einen geschmeidigen Teig, hat eine helle, gelbliche Färbung und ist aufgrund der Zusetzung von *Penicillium candidum* grün marmoriert. Wie bei allen Blauschimmelkäsen wird sein Geschmack mit der Zeit intensiver. Auch in Österreich wird dieser Käse hergestellt, doch aus Bayern stammen noch zahlreiche andere Blauschimmelvarianten: BAYERNLAND, MONTSALVAT, BERGADER und MONTAGNOLO.

■ EDELPILZKÄSE

Käse aus vollfetter Kuhmilch (45 bis 55 % F. i. Tr.)

TYP: schnittfest, sehr blasses Gelb, ohne Rinde

FORM: klein, rund oder auch in Brotform, verschiedene Größen

GEWICHT: 2 bis 4 kg oder in 100 g Portionen

REIFUNG: durchschnittlich 2 Monate

HANDELSFORM: in Aluminiumfolie verpackt

LIMBURGER

Ursprünglich stammt dieser Käse aus der Provinz Limbourg, über deren Zugehörigkeit sich Holland und Belgien lange Zeit nicht einigen konnten, bis man schließlich entschied, sie aufzuteilen. Der Limburger ist ein enger Verwandter des belgischen Herve. Zu seiner Familie zählen weitere berühmte Namen, etwa der Munster und der Maroilles, die ebenfalls einen charakteristischen starken Geruch aufweisen. Seit der Zeit Karls des Großen zählt er zu den wichtigsten Erzeugnissen der Region. Als die Deutschen diesen herzhaften Käse übernahmen, gaben sie ihm denselben Namen wie die Belgier und Holländer. Außerdem hat er dieselbe Stangenform wie seine Verwandten. In Deutschland wird er heute in bedruckter Plastikfolie verpackt angeboten. Der Limburger ist ein Weichkäse mit Rotschmiere und wird in feuchten Kellerräumen höchstens 100 Tage gereift. Während der ersten 10 Tage wird er häufig mit Salzwasser gewaschen, später dann nur noch dreimal pro Woche. Während die feuchte Rinde einen gelbroten Farbton annimmt, ist sein Inneres, das eine geringe Lochung aufweist, hellgelb, im Kernbereich sogar noch heller, wird jedoch während der Reifung etwas dunkler. Seit mehr als einem Jahrhundert wird Limburger auch im Allgäu unter der Bezeichnung ALLGÄUER LIMBURGER hergestellt.

■ LIMBURGER

Kuhmilchkäse (20 bis 50 % F. i. Tr.)

TYP: Weichkäse, hellgelb, gewaschene

Montsalvat als Rad aus einzeln verpackten Portionsecken (OBEN) und als ganzer Laib (UNTEN LINKS). OBEN MITTE: Edelpilzkäse. UNTEN RECHTS: Ein Hausierer, der Limburger Käse verkauft. Aquatinta aus dem 18. Jahrhundert.

Rinde (Rotschmierekäse)
FORM: Stange, 15 cm x 7 cm
GEWICHT: 400 g bis 1,2 kg
REIFUNG: 1 bis über 3 Monate
HANDELSFORM: in bedruckte Kunststoff-Folie verpackt

ROMADUR

Romadur oder Romadurkäse ist eine milde Variante des Limburger. Sein Name soll angeblich mit dem belgi-

Limburger (LINKS).
OBEN MITTE: Romadur.
GANZ RECHTS: Tilsiter.

schen Remoudou in Zusammenhang stehen. Der Romadur ist kleiner als der Limburger (manchmal wiegt er nur 200 g) und reift schneller (etwa 2 bis 4 Wochen, höchstens 2 Monate).

■ ROMADUR
Kuhmilchkäse (bis zu 60 % F. i. Tr.)
TYP: Weichkäse, hellgelb, Rotschmiere
FORM: Stange; Länge ca. 8 cm, Höhe ca. 3 cm

GEWICHT: 200 bis 500 g
REIFUNG: 2 Monate, wird während des ersten Monats gewaschen
HANDELSFORM: in Kunststoff-Folie

TILSITER

Die Stadt Tilsit an der Memel wurde 1406 vom Deutschen Ritterorden in dem Teil Osteuropas gegründet, der später von der ehemaligen UdSSR annektiert wurde. Die Sowjets tauften die Stadt um und gaben ihr den Namen Sowetsk. Hier ist ein Käse zu Hause, der heute überall in Nordeuropa in zahlreichen regionalen Varianten zu finden ist. Holländische Käser entdeckten eher zufällig, wie man diesen schmackhaften Verwandten des Edamer herstellen konnte. Man vermutet, daß die Keller in Tilsit feuchter sind als die Reifekeller in Holland. Seither hat dieser gepreßte, nicht nachgewärmte Schnittkäse überall in Europa Freunde gefunden. In Rußland heißt er Sowetski, in der Schweiz wurde er zum Royalp und Schweizer Tilsiter, und in Mitteleuropa erhielt er den Namen Ragnit. In Deutschland heißt er Tilsiter. Genau wie Gouda und Emmentaler, seine nahen Verwandten aus den Niederlanden, wird auch er oft mit Kümmel versetzt angeboten. Er ist kompakt, von hellgelber Farbe und weist unregelmäßige kleine schlitzförmige und gerstenkorngroße Lochungen auf.

■ TILSITER
Käse aus vollfetter Kuhmilch (45 bis 60 % F. i. Tr.)
TYP: gepreßt, nicht nachgewärmt, Schnittkäse, gelblich mit kleiner Lochung, harte Rinde
FORM: rund, 25 cm Durchmesser oder als Block
GEWICHT: etwa 4,5 kg
REIFUNG: 5 Monate, während der ersten Monate regelmäßig gebürstet und gewaschen

ANDERE KÄSESORTEN

Das »ü« in Münster erinnert noch an die erbitterten Kämpfe, die Frankreich und Deutschland einst um die heute französischen *Départements* Elsaß und Lothringen führten. Vorbild dieses Käses

war in der Tat der französische Munster, ein Weichkäse mit gewaschener Rinde, der von den Mönchen im elsässischen Munstertal seit dem Mittelalter hergestellt wurde. Als die Region unter deutsche Herrschaft kam, wurde der ausgesprochen aromatisch-pikante Käse in Deutschland so beliebt, daß man begann, ihn selbst herzustellen. Der Name wurde leicht verändert, in Anlehnung an die westfälische Stadt Münster. In Deutschland wird außerdem ein eigener Gouda in Blockform hergestellt, ebenso ein ähnlich geformter milder Edamer. GEHEIMRATSKÄSE besitzt einen glänzend roten Wachsüberzug und ist eine kleine Variante des Edamer mit mildrahmigem Geschmack. Deutscher TRAPPISTENKÄSE ist ein halbfester Schnittkäse, der seit dem 19. Jahrhundert hergestellt wird und dem Saint-Paulin ähnelt. Selbstverständlich gibt es zahlreiche andere traditionelle Käsespezialitäten, die in der Tradition der alten regionalen Bauernkäse stehen. Der bekannteste ist der HANDKÄSE, ein handgemachter Käse auf Sauermilchbasis, der jung verzehrt wird. Sein Fettgehalt beträgt manchmal nur 10 %. Diesen Käsetyp findet man in unterschiedlichen Größen und Formen überall dort auf der Welt, wo deutsche Siedler ihn den regionalen Gegebenheiten angepaßt haben. BUTTERKÄSE, der genauso mild ist wie die Butter, nach der er benannt ist, ist ein elastischer, geschmeidiger Käse, der in verschiedenen Formen angeboten wird: in Brotform, als Rolle oder als runder Laib. Geräucherter Käse oder RÄUCHERKÄSE sind in einer breiten Palette zu haben und ebenfalls sehr beliebt: angefangen mit

SCHMELZKÄSE, der manchmal auch mit Paprika gewürzt sein kann, bis hin zu diversen Schnittkäsen, die ebenso als fettreduzierte Varianten erhältlich sind. Der Zusatz von Gewürzen, Kräutern oder anderen Geschmacksverstärkern ist in der deutschen Käseherstellung sehr beliebt.
WASSERBURGER, ein weicher, cremiger Schnittkäse in Brotform, ist auch mit Kümmel versetzt erhältlich.

WEISSLACKER, in Bayern auch als BIERKÄSE bekannt, ist ein deftiger, würfelförmiger Käse von 1,5 kg Gewicht mit einer harten Rinde und einem Fettgehalt von 40 %. Er ähnelt dem Limburger und wird in Bayern aus entrahmter Abend- und Morgenmilch hergestellt; er reift 3 Monate lang in einem feuchten Reifekeller und schließlich noch einen Monat in seiner Papierverpackung. Aus Thüringen kommt ein anderer traditioneller Käse mit Kümmel, der ALTENBURGER ZIEGENKÄSE, er wird meist aus Ziegenmilch hergestellt, gelegentlich jedoch auch aus Kuhmilch und manchmal aus einer Mischung der beiden Milchsorten. Industrielle Molkereien verwenden pasteurisierte Kuhmilch. Er ist rund, in verschiedenen Größen erhältlich und wiegt nie mehr als 1 kg. ALTENBURGER MILBENKÄSE ist eher ein hausgemachter Käse, er enthält Kümmel und benötigt nur eine kurze Reifezeit. Eine Spezialität aus Schleswig-Holstein ist der WILSTERMARSCH, ein dem Tilsiter ähnlicher Schnittkäse. Er hat Blockform und schmeckt leicht säuerlich.

Herstellung von Käse (OBEN LINKS). Deutscher Stich aus dem 19. Jahrhundert. MITTE: Bierkäse. UNTEN: Friedliche bayerische Landschaft in der Nähe von Schlauch.

Im Herzen Europas liegt Österreich als Zentrum eines kulturellen Dreiecks aus romanischen, germanischen und slawischen Einflüssen. Hier hat jede Bergregion ihrer eigenen Käsespezialitäten, die von den kulturellen Einflüssen der jeweiligen Nachbarn geprägt sind. Auf der einen Seiten ist Österreich durch Deutschland, die Schweiz und Italien mit Westeuropa verbunden, auf der anderen Seite öffnet sich durch das Donautal der Weg nach Osten. Fast 1000 Jahre lang war Wien die Hauptstadt eines der mächtigsten Länder Europas. In Wien erinnert immer noch vieles an den vergangenen Glanz, und selbst die Berge, die auf die grünen Täler hinabschauen, scheinen noch von der ruhmreichen Vergangenheit zu künden. Die Bauern, die wie seit Jahrhunderten oben in den Bergen in ihren traditionellen Häusern leben und wie eh und je ihre Felder bewirtschaften und ihre Kühe auf den Almen weiden lassen, haben sich bis heute ihre traditionelle Kunst der Käserei bewahrt.

Malerisches Tal in Tirol (UNTEN). OBEN: Blick auf den Dom und die Kirchen von Salzburg. GANZ RECHTS: Bergkäse.

BERGKÄSE

Das Edelweiß ist nicht das einzige bekannte Symbol Österreichs, auch die riesige Gebirgskette, die hoch in den Himmel ragt, ist ein Wahrzeichen dieses Landes. Im Westen wirft das Vorarlbergmassiv seine Schatten auf den Bodensee, dessen Ufer Deutschland, die Schweiz und Österreich miteinander verbindet. Die Milch mit dem charakteristischen Haselnußgeschmack, aus welcher der köstliche Bergkäse hergestellt wird, stammt von hochgelegenen Weiden, die von schädlichen Umwelteinflüssen unbelastet und mit einem dicken Grasteppich bedeckt sind. Ähnlich wie sein deutsches Gegenstück aus dem Allgäu ist auch er ein gepreßter, nachgewärmter Käse mit Löchern, die kleiner sind als die des Emmentalers. Die verbreitetste Variante ist wie ein Schweizer Käse geformt und wiegt etwa 30 kg, doch einige Käser stellen auch kleinere Blöcke her, die zwischen 1 und 6 kg wiegen. Östlich vom Vorarlberg liegt Tirol mit seinem beeindruckenden Gebirgsmassiv, das alle Voraussetzungen hat, um qualitativ hochwertigen Emmentaler hervorzubringen. In Tirol wird dieser Käse seit Ende des letzten Jahrhunderts hergestellt. Auch hier hat er die klassische Wagenradform und kann 80 kg wiegen, wird jedoch auch in Blockform angeboten. In bestimmten Käsereien stellt man auch einen Emmentaler aus Rohmilch her. Ein weiteres regionales Produkt ist der TIROLER ALPKÄSE, ein großer, runder Bergkäse mit glatter Rinde, der in kühlen Kellern im Inneren der Berge reift. Er besitzt einen ausgesprochen kräftigen Geschmack.

■ BERGKÄSE
Kuhmilchkäse (50 % F. i. Tr.)
TYP: gepreßt, nachgewärmt, hart, mit kirschgroßer Lochung und dicker, harter Rinde

FORM: rund oder als Block
GEWICHT: 1 bis 6 kg (Block) oder 6 bis 30 kg (Laib)
REIFUNG: 4 Monate und länger

HAUERKÄSE

Hauerkäse ist eine typisch österreichische Spezialität und wird häufig als

Dessertkäse gegessen. Er ist klein, besitzt eine fast schwarze Rinde und reift in Weinkellern, wo er mit Rotwein gewaschen wird. Er wird in Leibnitz hergestellt.

■ HAUERKÄSE
Käse aus vollfetter Kuhmilch (48 % F. i. Tr.)
TYP: Weich- und Schnittkäse, dunkle Rinde
FORM: runde Laibchen
GEWICHT: 125 g
REIFUNG: 7 bis 8 Wochen

MONDSEER

Der Mondseer Schachtelkäse, ein gepreßter Schnittkäse, stammt aus dem Salzkammergut. Obwohl er recht hart ist, ist er mit dem Münster und Limburger verwandt. Früher pflegte man ihn in Holzschachteln zu verkaufen, doch heute muß er sich mit einem Etikett begnügen. Er ist auch in einer Variante aus teilentrahmter Milch erhältlich.

■ MONDSEER SCHACHTELKÄSE
Kuhmilchkäse (45 % F. i. Tr.)
TYP: gepreßt, Schnittkäse, gewaschene Rinde
FORM: klein und rund, 15 cm Durchmesser, auch rechteckig erhältlich
GEWICHT: 500 g bis 1 kg
REIFUNG: 3 bis 6 Monate

TRAPPISTENKÄSE

Unter Trappistenkäse, auch unter dem Namen PRÄLATENKÄSE bekannt, versteht man Käsesorten des Port-Salut-Typs, die inzwischen immer beliebter werden, nicht zuletzt deshalb, weil sie so bekömmlich sind. Der Trappistenkäse kommt ursprünglich aus Bosnien, wo er in einem Kloster hergestellt wurde. Er schmeckt ein wenig scharf und ist in unterschiedlichen Größen und Formen erhältlich, wiegt aber niemals mehr als 2 kg. Seit vielen Jahren stellt man in der Region Salzburg einen Käse her, der hervorragend zu Bier schmeckt, den PINZGAUER BIERKÄSE. Und im Vorarlberggebiet gibt es einen aus Quark hergestellten Käse mit dem Namen QUARGEL oder SAUERMILCHKÄSE. KUGELKÄSE ist ein höchst merkwürdiger kleiner Käse aus dem Donaugebiet, der aus Frischkäse gemacht wird, der mit Kümmel und anderen Gewürzen (Paprika oder Pfeffer) verfeinert ist.

■ TRAPPISTENKÄSE
Käse aus vollfetter Kuhmilch (50 % F. i. Tr.)
TYP: Schnittkäse, mild, gewachste Rinde
FORM: Block, aber auch als kleiner Laib
GEWICHT: 1,5 kg (rund), 2 kg (Block)
REIFUNG: 1 Monat bei 10 bis 12 °C in einem feuchten Reifekeller

TIROLER GRAUKÄSE

Der Tiroler Graukäse, eine einheimische Spezialität, wird aus Magerquark hergestellt. Gelegentlich wird auch *Penicillium roqueforti* zugefügt, damit er einen schärferen Geschmack bekommt.

■ TIROLER GRAUKÄSE
Käse aus Magermilch (2 % F. i. Tr.)
TYP: fester Sauermilchkäse mit Schimmelspuren, Naturrinde
FORM: Block
GEWICHT: 2 kg
REIFUNG: etwa 3 Wochen

Ein Wiener Käsehändler (OBEN). Stich aus dem 18. Jahrhundert. Musée des Arts Décoratifs, Paris.
UNTEN LINKS: Mondseer.
MITTE: Trappistenkäse.
UNTEN RECHTS: Tiroler Graukäse.

Ungarn ist berühmt für seinen roten Pfeffer oder Paprika (UNTEN) und besonders für das daraus gewonnene gleichnamige Gewürz, das

auch für die Zubereitung von Liptauer und Gulasch unerläßlich ist. OBEN RECHTS: Liptauer. UNTEN: Ein wunderschönes Museumsdorf in Szombathely, der Hauptstadt der Vas-Region.

Ungarn, die einstige römische Provinz Pannonia, wurde nacheinander von Norden her von den Hunnen, den Ostgoten, den Awaren und den Vandalen und von Süden her von den Maguyaren, einem Volk aus dem Ural, besetzt. Erst unter den letzteren wurde das Land schließlich geeint. Später fielen die Mongolen in das Land ein, und bis ins 17. Jahrhundert stand Ungarn unter türkischer Herrschaft. Während dieser langen Zeit der Unterdrückung gelang es nur einem einzigen Käse, dem Brynza, einem Lake-Käse aus Schafsmilch, sich wirklich zu behaupten. Wie in Österreich war auch in Ungarn der Bereich der Käseherstellung nicht besonders groß: Das Vieh diente in der Hauptsache als Fleischlieferant für die Tafeln des Habsburgerreiches. Erst zwischen den beiden Weltkriegen begann man in Ungarn Käse nach deutschen oder schweizerischen Vorbildern zu machen.
Nach dem Zweiten Weltkrieg geriet Ungarn unter russischen Einfluß, schaffte es jedoch, sich ein gewisses Maß an Freiheit zu bewahren, und die Landwirtschaft und vor allem die Viehzucht konnte weiterhin gefördert werden.
So entstand schließlich die moderne ungarische Milchindustrie. ›Funktionelle‹ Käsesorten wurden nach dem Vorbild von Gouda, Emmentaler und Camembert hergestellt.
Dazu kam die Modernisierung der Produktionsmethoden für traditionelle, ehemals von Hand hergestellte Käsesorten wie KASCHKAWAL, den runden PANNONIA und OVARI, hinter dem sich nichts anderes als Tilsiter verbirgt.

LIPTAUER

Wie ihre östlichen Nachbarn, die ebenso unter dem Einfluß der Türken standen, stellen auch die Ungarn einen weichen Schafskäse her, der dem Brynza ähnelt. Liptauer, auch als LIPTOI bekannt, ist eine Spezialität aus der Lipto-Region in den Tatra-Bergen. Obwohl er ein Schafskäse ist, kann er bis zu 10 % aus Kuhmilch bestehen.
Liptauer wird in zwei getrennten Verfahrensschritten hergestellt. Die Schafhirten, die weit entfernt von den Käsereien leben, bereiten jeden Tag ihren Bruch zu. Sie erhitzen die Milch auf 29 °C und fügen dann tierisches Lab hinzu. Nach der Koagulation, die ziemlich schnell einsetzt, wir die Gallerte mehr oder weniger gebrochen und gepreßt und kann dann in Stoffsäcken abtropfen. Einmal pro Woche bringen die Schäfer ihre Bruchklumpen *(gamolya)* zur Käserei,

wo man sie etwa 2 Wochen lang weiterverarbeitet. Dann werden sie zerdrückt und mit Paprika gewürzt. Der Käse wird schließlich in unterschiedlich großen Behältern oder sogar Fässern verkauft, in denen man ihn auch lagert.
Die Ungarn verwenden Liptauer in zahlreichen Rezepten, in heißen Speisen, Salaten und Pasteten. Oft werden Zwiebeln, Kapern, Schnittlauch, aber auch Gewürze und Kräuter hinzugefügt, um den Geschmack zu verstärken. Es gibt außerdem zahlreiche andere Varianten des Liptauer Brynza, von denen eine in einem Leintuch an der Sonne getrocknet wird.

■ LIPTAUER
Käse aus vollfetter Schafsmilch manchmal mit bis zu 10% Kuhmilch vermischt (45 % F. i. Tr.)
TYP: Weichkäse
FORM: variiert je nach Behälter
GEWICHT: 2 bis 50 kg, je nach Behälter (kleinere Kanister oder Fässer)
REIFUNG: in 2 Stadien: 1 Woche beim Schäfer, 15 Tage in der Käserei

Kroatien verdankt sowohl den Römern als auch seiner Nähe zu den Alpen verschiedene Schnitt- und Hartkäse. Doch es waren die Serben, die von den Türken – einst ein Nomadenstamm in den Steppen und Erben der arabischen Welt – die Herstellung von Weichkäsen erlernten, die ihre slawischen Vorfahren entweder in Fässern mit Salzlake oder durch Salzen und Räuchern haltbar machten. Heute werden diese Käsesorten in allen Teilen des ehemaligen Jugoslawien (Bosnien, Bosnien-Herzegowina, Kroatien, Montenegro und Slowenien) und Makedonien hergestellt.

KAJMAK

Dieses Überbleibsel aus der Zeit der türkischen Herrschaft ist im Grunde gar kein Käse, das türkische Wort *kajmak* bedeutet nähmlich Rahm. Kajmak ist

ein beliebtes Nahrungsmittel, das in Slowenien, Kroatien und vor allem in Serbien hergestellt wird. Um diese ›serbische Butter‹ zu machen, wird die Milch zuerst gekocht, dann in Holzbehälter gegossen und etwa 12 Stunden stehengelassen. Danach wird der Rahm oben abgeschöpft und gesalzen und benötigt dann einige Stunden, um sich zu setzen. Während dieses Prozesses wird der Rahm bitter und kann je nach persönlichem Geschmack in den unterschiedlichen Stadien seines ungewöhnlichen Reifeprozesse verzehrt werden.

■ KAJMAK

Käse aus vollfetter Schafsmilch (50 % F. i. Tr. und mehr)

TYP: Frischkäse

FORM: streichfähig

REIFUNG: wird gesalzen

MANUR

Das typische Merkmal dieses serbischen Käses ist, daß er zum Trocknen einfach nach draußen gehängt wird. Die Kuh- oder Schafsmilch wird hierzu kurz gekocht und dann gekühlt, danach werden Buttermilch, Molke und natürliches Lab zugegeben. Die Bruchmasse wird in einem Tuch abgetropft, gesalzen, geformt und dann im Schatten, oft auf dem Balkon des Hauses, getrocknet.

■ MANUR

Käse aus Kuh- oder Schafsmilch, manchmal auch aus einer Mischung der beiden Milcharten (weniger als 45 % F. i. Tr.)

TYP: gepreßt, hart, mit dünner Rinde

FORM: Kugel

GEWICHT: 2,5 kg

REIFUNG: an der Luft getrocknet

SIRAZ

Der serbische Siraz ist ebenfalls ein Kuhmilchkäse, der im Freien an der Sonne getrocknet wird. Wenn er geformt ist, ähnelt er einem großen Kieselstein und reift, nachdem er gesalzen und getrocknet wurde, schließlich in einem Holzbehälter.

■ SIRAZ

Kuhmilchkäse (45 % F. i. Tr.)

TYP: gepreßt, Schnittkäse, mit dünner Rinde

FORM: wie ein Kieselstein

GEWICHT: 200 bis 400 g

REIFUNG: an der Sonne getrocknet, dann in Lake eingelegt

ANDERE KÄSESORTEN

SIRIZ MJESINE, ein Schafskäse aus Bosnien, Dalmatien oder Montenegro, wird aus gekochter und entrahmter Milch hergestellt, der man natürliches Lab zugibt. Der Bruch wird gesalzen,

An der Mauer dieses traditionellen Bauernhofes hängt eine Schnur mit Paprikaschoten zum Trocknen in der Sonne (UNTEN LINKS).
OBEN: Kajmak.
NACHFOLGENDE SEITEN: Eine Schafherde im Schnee in der Nähe von Kalocsa in Südungarn, eine für ihre Landwirtschaft berühmte Region.

danach für den längeren Reifeprozeß, der bis zu 12 Monate dauern kann, in eine Ziegenhaut gegossen. Posni Sir, ein anderer Schafskäse aus Montenegro, hat je nach Ursprungsort verschiedene Namen (Tord, Mrsav usw.) Der Presukaca entspricht dem Kaschkawal, einem *Pasta-filata*-Käse, den man überall in Osteuropa findet. Dieser geschmeidige Käse aus Bosnien-Herzegowina wird hergestellt, indem man den abgetropften Bruch wie bei der Mozzarella-Herstellung in heißes Wasser taucht.

Auf dem Markt in Montenegro wird Käse zum Verkauf angeboten (links). Unten: Bulgarische Landschaft mit Schafen. Oben rechts: Blaukäse reift in einem Höhlenkeller in der Nähe des Dorfes Mikra in Bulgarien.

Licki ist ein traditioneller Räucherkäse, der früher von Schäfern gemacht wurde.

Paski ist ein Kuhmilchkäse, der von der Konsistenz und vom Typ her dem Parmesan ähnelt.

Travnik, ein Käse aus vollfetter Schafsmilch, stammt wahrscheinlich ursprünglich aus Armenien, ist jedoch bis weit über die Grenzen Bosniens, der Region, in der er heute produziert wird, hinaus bekannt. Seine Beliebtheit verdankt er seinem milden, aber sehr aromatischen Geschmack, für den die zugegebene Ziegenmilch sorgt.

Katschkawalj, eine der berühmtesten Käsesorten Bulgariens, wurde möglicherweise von römischen Soldaten eingeführt. Wie dem auch sei, es waren die Slawen und die nomadischen Bulgaren, die Ahnen der heutigen Bevölkerung, die im 6. Jahrhundert hier eintrafen und ihren Yoghurt und einen anderen berühmten Käse, Sirene, mitbrachten. Vom 14. bis zum 19. Jahrhundert stand Bulgarien unter osmanischer Herrschaft, was sich auch auf die Eßgewohnheiten der Bevölkerung auswirkte. Überall wurde Schafskäse gegessen, auch wenn man in den Bergregionen dem geliebten Hartkäse die Treue hielt. 1878 wurde Bulgarien unabhängig, geriet allerdings 1947 unter sowjetischen Einfluß. Die Kollektivierung und die Mechanisierung der Landwirtschaft förderten zwar die Entwicklung einer industriellen Käseherstellung, eine allgemeine Landflucht ließ sich jedoch nicht vermeiden.

Der berühmte bulgarische Yoghurt ist genaugenommen kein Käse, da er unter Einwirkung von Milchsäurebakterien und nicht durch Zusatz von Lab hergestellt wird. Angeblich verdanken die

Bulgaren und andere Völker, die am Schwarzen Meer und im Kaukasus leben, ihre hohe Lebenserwartung der Tatsache, daß sie soviel Yoghurt essen. Traditioneller Yoghurt wird hergestellt, indem man die Milch so lange erhitzt, bis sie sich um ⅓ reduziert hat. Nach dem Abkühlen werden die Milchfermente *Thermobacterium bulgaricum* und *Streptococcus thermophilus,* die sich in Pflanzen entwickeln, zugesetzt. Bulgarische Bauern und Hirten verwendeten allerdings auch eine andere Methode: Sie gossen die leicht abgekühlte Milch in einen Behälter, in dem sich vorher Yoghurt befunden hatte, und die Fermentierung begann wieder von neuem, oder sie vermischten frisch hergestellten Yoghurt mit gekochter Milch.

Katschkawalj

Dieser Schafskäse ist seinem rumänischen Pendant sehr ähnlich und daher auch entfernt mit dem italienischen Caciocavallo aus Kuhmilch verwandt. Früher wußte jeder bulgarische Bauer, wie man ihn herstellt, doch heute wird er meist in industriellen Molkereibetrieben produziert. Nach dem Dicklegen wird die Masse gebrochen und gerührt, damit die Molke schneller abläuft. Dann wird die Bruchmasse in einen Behälter gepreßt, zu einer großen Kugel geknetet und großzügig mit Kochsalz bestreut. Während der zweimonatigen Reifezeit wird der Käse durch Beträufeln mit Salzwasser feucht gehalten. Während der Reifung senkt sich der Käse und nimmt eine diskusartige Form an, wobei die Mitte ein wenig gewölbt ist. Zunächst ist der Käse strohgelb, mit der Zeit nimmt er jedoch eine intensivere Färbung an. Ein ganz ähnlicher Käse, der BALCAN oder BALCANSKI KATSCHKAWALJ, der etwa 10 kg wiegt, wird in den Balkanbergen hergestellt. Der DEMI-BALCAN ist, wie alle Käse, die im Tiefland hergestellt werden, weicher und etwas kleiner.

■ KATSCHKAWALJ
Käse aus vollfetter Schafsmilch
(50 % F. i. Tr.)
TYP: gepreßt, hart, trockene Rinde
FORM: rund
GEWICHT: 7 bis 9 kg
REIFUNG: 2 Monate, wird während des Reifens immer bitterer

SIRENE

Der Sirene ist das bulgarische Gegenstück zum rumänischen Brinza und dem griechischen Feta. Der Sirene ist sowohl in Bulgarien als auch in anderen Ländern ein echter ›Feld-, Wald- und Wiesenkäse‹. Sein Name bedeutet ganz einfach Käse. Der Sirene macht beinahe drei Viertel der gesamten nationalen Käseproduktion aus. Traditioneller Sirene wird aus vollfetter Schafsmilch hergestellt, und der halbfeste, leicht bröckelige Käse wird in Büchsen oder Fäßchen in Lake aufbewahrt. Sirene aus Kuhmilch, den man auf dem Land sehr viel häufiger findet, ist weicher als andere Varianten.

■ SIRENE
Käse aus vollfetter Kuh- oder Schafsmilch
(45 % F. i. Tr.)
TYP: halbfest, ohne Rinde
GEWICHT: 7 bis 9 kg
REIFUNG: in Salzlake konserviert

Die Römer führten wie in allen anderen Ländern, die sie eroberten, auch in Rumänien ihre Methoden der Käseherstellung ein. Höchstwahrscheinlich hatte der Kontakt zu der indoeuropäischen Volksgruppe der Daker, die große Milchtrinker waren, dazu geführt, daß die Römer auch die Kunst der Herstellung von *Pasta-filata*-Käsen erlernten. Während der langen Kriege im Mittelalter suchten viele Menschen in den Karpaten Zuflucht, wo Käse noch nach althergebrachten Methoden gemacht wurde. Nachdem Rumänien die reiche Provinz Moldau, auch Moldawien genannt, Ende des Zweiten Weltkriegs verlor und das gesamte Ackerland kollektiviert wurde, waren die Milchprodukte, die man jetzt noch herstellte, vor allem für den Export bestimmt. Man zog es vor, Varianten ausländischer Käsesorten zu produzieren, sehr zum Nachteil der traditionellen Spezialitäten. Obwohl es vielleicht nur wenige einheimische

Rumänische Käseformen aus Holz, Anfang 20. Jahrhundert (OBEN).
OBEN MITTE: Sirene.
UNTEN LINKS: Katschkawalj.
UNTEN RECHTS: Rumänische Käser auf einer Wiese vor ihrer Holzhütte. Die Bruchmasse wird in Tücher gegeben, so daß die Molke abfließen kann.

Sorten gab, hatten sie doch bisher ein wichtiges Nahrungsmittel für die Bevölkerung dargestellt.

BRINZA

Brinza, in der Karpatenregion das Wort für Käse, war in Mitteleuropa und im Nahen Osten der traditionelle Käse der Schafzüchter. Dieser milde, weiche Käse wird auch heute noch gern gegessen. Die Gallerte wird gebrochen, gepreßt und in Stücke geschnitten. Den Käse verzehrt man frisch, er kann aber auch während des Winters in gesalzener Milch konserviert werden. BURDUF BRINZA oder ›Käse im Beutel‹ wird in Beuteln aus Schafs- oder Ziegenhaut mit gesalzener Molke gereift. Je nach Größe des Beutels kann der Käse zwischen 15 und 50 kg wiegen. COCHULETZ BRINZA ist zunächst ein gesalzener und gekneteter Brinza, der dann in Tannenrinde reift, was ihm einen intensiveren Geschmack verleiht. Ein Weichkäse mit geringem Fettgehalt und Kräuterzusatz ist URDA, den man aus der Molke von Brinza herstellt.

■ BRINZA
Käse aus vollfetter Schafsmilch (45 % F. i. Tr.)
TYP: Weichkäse, ohne Rinde
GEWICHT: 3 bis 60 kg
REIFUNG: in gesalzener Milch in Metallbehältern konserviert

HALLOUMI

Halloumi ist ein traditioneller Käse, den man ähnlich wie die *Pasta-filata*-Käse

Brinza (OBEN). UNTEN: Halloumi in Zopfform.

herstellt und der im Ausland oft nachgeahmt und in den unterschiedlichsten Formen verkauft wird. Der rumänische Halloumi wird zu Zöpfen von etwa 20 cm Läge verarbeitet und in Fäßchen mit leicht gesalzener Lake verkauft, in denen er reift.

■ HALLOUMI
Käse aus Kuhmilch (45 % F. i. Tr.)
TYP: gepreßt, fest, manchmal mit Löchern, leicht elastisch, weiß bis hellgelb, ohne Rinde
FORM: 20 cm lange Zöpfe
REIFUNG: in Metallfäßchen konserviert

Tschechen und Slowaken haben trotz ihrer gemeinsamen Sprache und Herkunft eine ganz unterschiedliche Geschichte. Die Tschechen waren eng mit Deutschland und Österreich verbunden, die Slowaken dagegen mit Ungarn. Böhmen und Mähren paßten sich an die westliche Industriegesellschaft an, während die Slowakei – eine hauptsächlich durch Landwirtschaft geprägte Region – sich lange am Osten orientierte. Die Käsesorten der verschiedenen Regionen zeugen von dieser Spaltung. In den tschechischen Gebieten findet man kräftige, harte Ziegenkäse (ebenso wie in bestimmten Grenzregionen zwischen Deutschland und Österreich), und in der Slowakei Schafskäse des Brinza-Typs. In diesen gebirgigen Regionen bietet es sich an, im kleineren Rahmen Landwirtschaft zu betreiben und Käse herzustellen, wobei diese Käse alles andere als blasse Imitationen der Originalsorten sind, ihr Geschmack läßt vielmehr die zerklüfteten Landschaften des alten Mitteleuropa wiedererstehen. Heute wird statt Ziegen- und Schafsmilch manchmal auch Kuhmilch oder eine Mischung aus verschiedenen Milcharten verwendet. Es wird auch industriell Käse hergestellt, der an Gouda oder Emmentaler erinnert.

ABERTAM

Der gebirgige Nordwesten Böhmens ist eine Region, die stark von Deutschland beeinflußt wurde, was sich auch bei den einheimischen Käsen zeigt. Abertam ist ein harter Schafskäse mit recht intensivem Geschmack. Er wird in

Karlovy-Vary hergestellt, einem Kurort, der früher Karlsbad hieß. Gekrönte Häupter und berühmte Künstler des 19. Jahrhunderts – Johannes Brahms, Frédéric Chopin und Alexander Puschkin pflegten nach Karlsbad zu kommen, um sich hier zu erholen. Wer weiß, vielleicht stand dereinst in den großen Hotels der Stadt auch schon Abertam auf der Speisekarte ...

■ ABERTAM

Käse aus vollfetter Schafsmilch (45 % F. i. Tr.)

Typ: gepreßt, hart, dünne Rinde

Form: Kugel

Gewicht: 500 g

Reifung: 2 Monate

Oschtjepka

Der Oschtjepka ist ein sehr alter Schafskäse, den Hirten in den Bergen der Karpaten herstellten. Sein homogener, fester Teig erinnert an den Kaschkawal. Er wird aus Sauermilch hergestellt und wie eine große Orange geformt, dann einige Tage in Lake gereift. Danach räuchert man ihn auf traditionelle Weise über einem Holzfeuer.

Parenica ist ein slowakischer Käse, der dem Oschtjepka in Form und Konsistenz ähnelt. Er wird nach wie vor auf traditionelle Weise von Schafhirten hergestellt.

■ OSCHTJEPKA

Käse aus Kuh- oder Schafsmilch, manchmal auch aus einer Mischung der beiden Milcharten (weniger als 45 % F. i. Tr.)

Typ: gepreßt, Schnittkäse, dünne, dunkel gefärbte Rinde

Form: rund

Gewicht: 500 g

Reifung: 1 Woche, danach über Holzfeuer geräuchert

Andere Käsesorten

Bryndza ähnelt stark dem ungarischen Liptauer und ist ein Käse, der auf der slowakischen Seite der Karpaten gemacht wird. Auch er wird in zwei Schritten hergestellt. Die Hirten bereiten aus der Bruchmasse von Schafsmilch, die sie in einem Tuch, das an Balken aufgehängt wird, abtropfen lassen, Bruchklumpen, die mehrere Kilo wiegen. Der Käse wird gesalzen, etwa eine Woche lang gereift und dann an eine Käserei verkauft, wo er zerschnitten und zu Bryndza verarbeitet wird.

Die überaus fruchtbaren Niederungen in Mähren sind ideal für die Viehzucht. Hier ist der Olmützer Quargel beheimatet, der aus saurer Kuh- oder Schafsmilch hergestellt wird und Ähnlichkeit mit dem österreichischen Quark hat. Der gesalzene Quark wird mit einem alten Weichkäse verknetet und dann in einem Faß oder Metallbehälter 2 Monate lang gereift.

Aus dem Norden Böhmens stammt der Riesengebirge, ein Frischkäse, der den Namen seiner Ursprungsregion trägt. Er wird aus Ziegenmilch gemacht und dann einige Tage in einem feuchten Keller gereift.

Aus derselben Region stammt der Koppen, ein großer, aromatischer Ziegenkäse mit eigenwilligem Aroma und ausgeprägtem Geruch, der etwa 1 Kilo wiegt.

Abertam (oben links). Mitte: Oschtjepka. Unten: Ein hübsches blaues Haus im Goldenen Gäßchen in Prag.

Während die Bulgaren ihre sehr hohe Lebenserwartung auf ihren Yoghurtkonsum zurückführen, glauben die Kaukasier, daß sie ihre Langlebigkeit dem Genuß des berühmten Kefir verdanken. Dieses jahrhundertealte Nahrungsmittel wurde von Volksstämmen indoeuropäischer Abstammung kreiert, von denen große Gruppen im Kaukasusgebiet lebten. Kefir ist ein Getränk, das all denen empfohlen wird, die unter Verdauungsstörungen leiden. In Osteuropa findet man Kefir in fast jedem Land, und auch in Deutschland ist es bekannt. Kefir ist allerdings kein Käse, sondern lediglich fermentierte Milch. Sie kann von Kühen, Schafen oder sogar Kamelen stammen, sie wird immer durch Zusatz von Hefe, den sogenannten Kefirkulturen, zur Gärung gebracht. Eine der bekanntesten Spezialitäten aus dem käseproduzierenden Armenien ist der aus Kuh- oder Schafsmilch hergestellte Tschanach.
Er wird in Lake gelegt und in Bottichen gelagert. Erewan aus Schafs- oder Kuhmilch oder Erewanski ist ein halbfester Käse, der in mit Lake gefüllten Behältern oder Fässern aufbewahrt wird.

Ein heidnischer Tempel in Armenien aus dem 1. Jahrhundert n. Chr. (unten). Oben: Ein Ziegenhirte mit seiner Herde. Gemälde von Piros Manishivilli Niko (frühes 20. Jahrhundert). Georgisches Staatsmuseum, Tbilissi (Tiflis).

Im Gegensatz zu anderen armenischen Käsen ist Soulougouni auch über die Grenzen seiner Ursprungsregion hinaus bekannt. Auch dieser Käse wird in Lake konserviert.
Telpanir wird aus entrahmter saurer Kuh- oder Schafsmilch hergestellt und reift etwa 1 Woche lang in Holzbehältern. Sein Name ist türkischen Ursprungs (*peynir* ist das türkische Wort für Käse), er ist aber auch unter den Namen Leaf, Zwirn oder Tschil bekannt.
Im Kaukasus und in Georgien ist es alte Tradition, Käse in Lake zu legen. Dies gilt auch für Motal und Kobiiski, die beide entweder aus Kuh- oder Schafsmilch hergestellt werden. Brynza, der seinem rumänischen Pendant sehr ähnlich ist, wird in diesen Regionen ebenfalls aus Kuh- oder Schafsmilch hergestellt. Obwohl Ossetisch als Sprache kaum noch gesprochen wird – außer von einigen sehr alten Leuten, deren Erzählungen von Linguisten auf Band aufgenommen werden, damit diese allerletzten Zeugnisse einer vergangenen Zeit für die Nachwelt bewahrt bleiben –, ist Ossetin, der Käse dieser Region, nach wie vor ein beliebtes Nahrungsmittel. Nachdem die Schafs- oder Kuhmilch gelabt worden ist, bringt man die Bruchmasse zum Kochen. Wenn sie schön kompakt ist, wird sie mit Molke verknetet und zu runden Laiben geformt. Zum Schluß wird der Käse gesalzen und mehrere Monate lang in Lake gereift. Im Osten des Kaukasus jenseits des Kaspischen Meeres bis zu den Rändern des Altai-Gebirges und bis hinauf zu den Grenzen von Turkestan und China findet man halbfeste, gepreßte Käse aus Kuhmilch, etwa den 20 kg schweren Altaiski, der wie ein Mühlstein geformt ist. Man kann allerdings davon ausgehen, daß es sich bei diesen Sorten um importierte Käsespezialitäten handelt. Der Gornyaltaiski allerdings ist möglicherweise ein echter Altai-Käse.
Er wird aus vollfetter Schafsmilch hergestellt. Der orangefarbene Schimmel, der

sich auf seiner Rinde bildet, wird durch regelmäßiges Bürsten daran gehindert, sich zu stark auszubreiten. Es gibt außerdem eine andere, geräucherte Variante, die sehr lange haltbar ist und genau wie Parmesan erst verzehrt wird, wenn sie extrem hart ist. *Gorny*, was soviel wie ›Berg‹ bedeutet, ist der Oberbegriff für Käsesorten aus den Gebirgsregionen im Süden der ehemaligen Sowjetunion. DARALAGJAZSKY, der von Genossenschaften hergestellt wird, ist ebenfalls recht verbreitet. Man kann zu seiner Herstellung entweder Kuh- oder Schafsmilch oder auch eine Mischung der beiden Milcharten verwenden, und nachdem der Bruch gesalzen ist, werden Knoblauch und Thymian zur

Aromatisierung zugegeben. Gereift wird er in einer Schafshaut.

■ DARALAGJAZSKY
Kuh- oder Schafsmilchkäse
(mindestens 25 % F. i. Tr.)
TYP: weich, weiß, manchmal mit Kräutern gewürzt
FORM: je nach Behälter
GEWICHT: 10 bis 15 kg
REIFUNG: in Schafshaut oder einer Flasche

VOLJSKI ist ein Produkt aus der Wolgaregion. Er ist ein Kuhmilchkäse von elastischer Konsistenz, besitzt eine dünne Rinde und wird in Blöcken von 2 bis 3 kg verkauft. PICHANTNIJ ist eine aromatischere, würzigere Variante. WOLOGODSKI stammt aus derselben Region und ist ein runder, geräucherter Käse mit einem Gewicht von 2 kg. DESSERTNIJ BELIJ ist ein industriell hergestellter Weichkäse aus Kuhmilch, der eine Woche reift. Eine andere DESSERTNIJ-Variante wird während ihrer zehntägigen Reifezeit mit *Penicillium candidum* bestäubt und entwickelt daher eine Schimmelflora.
ZAKUSSOTSCHNY ist ein Weichkäse aus Kuhmilch, der einen Monat reift und merkwürdigerweise auch als Camembert bezeichnet wird, obwohl er mit diesem nicht die geringste Ähnlichkeit hat. LIOUBITELSKI, der ›Käse der Liebenden‹, ist eine jüngere Kreation und so gut wie überall zu finden. Er wird industriell hergestellt und ähnelt angeblich ebenfalls dem Camembert, was allerdings nur

jemand behaupten kann, der noch nie einen echten Camembert gesehen hat. KARPATSKI, der ursprünglich aus den Karpaten stammt, genau wie KUBANSKI (aus dem Kubangebiet), gehört zu den festen oder harten Bergkäsen mit oder ohne Lochung, die in der Ukraine hergestellt werden.

Ziegen vor dem malerischen Fenster eines Bauernhofes in Sibirien (OBEN RECHTS).
GANZ LINKS: Daralagjazsky.
UNTEN: Eine Rinderherde durchquert einen Fluß im Wolgadelta.

Mittelmeerländer und Asien

Der Prophet Mohammed war bekanntlich der Milch nicht zugetan. Für ihn symbolisierte sie das Nomadentum der Araber, die er im neuen islamischen Glauben zu einem Volk vereinigen wollte. Einem berühmten Mekkapilger zufolge soll der Prophet gesagt haben: »Was ich für mein Volk fürchte, ist Milch, denn der Teufel verbirgt sich darin zwischen Schaum und Rahm. Die Moslems, die davon trinken, werden in die Wüste zurückgehen und die Zentren verlassen, wo die Menschen zusammen beten.«

Immerhin wird Käse seit etwa 3000 Jahren rund um das Mittelmeer hergestellt. Das friedliche Leben der flötespielenden Hirten war Vorbild für pastorale Dichtungen wie die *Idyllen* Theokrits. Er erzählt beispielsweise vom hinterhältigen Zyklopen Polyphem, der auch in der Odyssee eine Rolle spielt, und seiner Liebe zur Nymphe Galatea. Die jedoch war für den schönen Hirten Akis entbrannt; aus Eifersucht zerquetschte ihn Polyphem unter einem Felsen. Die sogenannten bukolischen Bräuche müssen oft *cum grano salis* verstanden werden. Vergil erwähnt in den *Bucolica* die Tradition des Säuerns und Dicklegens von Milch, die noch immer die Grundlage für viele Gerichte der Mittelmeerküche bildet, lediglich am Rande. Die Musen waren Töchter Mnemosynes, der Erinnerung, und die Schäfer suchten sich gewiß ihre Zerstreuungen. Das Hirtenidyll, das so eng mit der Geschichte der Käsemacherei verknüpft ist, blieb in der klassischen Redewendung »et in arcadia ego!«, auf die sich unter anderem Poussin in seinen Bildern beruft, sehr lebendig. Bezeichnenderweise wurden alle frühen Käsesorten aus Schafs- oder Ziegenmilch hergestellt. Ich persönlich bemühe mich immer, den Moment des provenzalischen Sommers nicht zu versäumen, wenn – wie der Dichter Pierre-Emmanuel sagt – »die Götter die blauen, durchsichtigen Hügel besuchen«. Wenn man Bienen solche Kräfte zuschreibt, mit denen sie in der Antike in Verbindung gebracht wurden, könnte man auch über den Käse aus diesen sonnenverwöhnten Ländern sagen, diese geselligen Tiere lebten in ihm fort und hätten ihn quasi ›bestäubt‹. Das Dicklegen von Milch, das uns heute altmodisch erscheint und doch ein landläufiger, ›umweltfreundlicher‹ Verarbeitungsschritt ist, erinnert mich an meine Kindheit in der Ardèche. Die Traditionen sind in der Region Larzac ebenso lebendig geblieben wie im Binnenland von Korsika, in Süditalien, Griechenland und weit entfernt an den heute türkischen Küsten des alten Byzanz und im fernen Hochland Anatoliens. Sie gehören zu Lebensgewohnheiten und -einstellungen, die sich grundlegend von unserem Alltag mit all seiner Hetze und seinen wirtschaftlichen Zwängen unterscheiden. Den Dichtern ist dies stets bewußt gewesen, wenn sie die Verderbtheit der Städte anprangerten. Mein ganz persönliches Stück Südfrankreich ist ein Land der frühsommerlichen Blüte: das Voralpengebiet mit dem Comtat Venaissain und Gionos geliebten Hügeln, die gerade erst unter den blühenden Kastanienbäumen zu neuem Leben erwachen, die im fernen Dunst liegenden Hänge des Aigoual-Massivs und der Causses. In dieser Gegend, in Roquefort-sur-Soulzon, wird der berühmte blaugeäderte Schafskäse gemacht. Die karstigen Höhlen des Cambalou-Massivs enthalten zahlreiche natürliche Felsgänge, die von den Käsemachern als Reife-›keller‹ benutzt

Lebney, ein Käse, den man in fast allen Ländern des Nahen Ostens findet, wird oft in mit Kräutern aromatisiertem Olivenöl eingelegt. VORHERGEHENDE DOPPELSEITE: Ziegen auf einem zypriotischen Bauernhof.

Ein kretischer Käsehändler mit seinen Waren.

werden. In den Höhlen wird der Käse von feuchter, milder Luft umweht, die mit den fruchtbaren Pilzsporen beladen ist. Allerdings wäre dieser geheimnisvolle Vorgang wertlos ohne den besonderen Charakter der Schafsmilch aus den Causses, der man früher Milch aus Korsika und den Pyrenäen zusetzte. Allein diese Milch bildet den einzigartigen Teig, der für die Reifung in natürlichen Höhlen wie geschaffen ist. Auf der anderen Seite der Pyrenäen findet sich das gleiche Verfahren, dessen Geheimnisse die Hirten über steile Bergpfade zu den alten kastilischen Kulturen brachten: Góngora, Lope de Vega und Cervantes sind nur drei der vielen spanischen Dichter, die dem bukolischen Leben huldigten. Der große Pilgerweg des Käses verläuft vom weit entfernten Kleinasien über Griechenland, Kampanien und Narbonne, immer dem Verlauf der Sonne über das Mittelmeer nach. So hat am Ende schließlich auch der Weg, den Helios' Wagen zurücklegt, etwas mit Käse zu tun.

Was wir in diesen sonnendurchfluteten Ländern suchen ist eine Archäologie der kulinarischen Bräuche im Spiegel der Mythen: Sie sind seit Ewigkeiten unverändert, seit der Zeit von Odysseus und seinem treuen Diener Eumaios, seit seinen Abenteuern in der Höhle Calypsos und seiner Heimkehr nach Ithaka. Eigentlich hat sich nichts geändert, seit Theokrit seine Hirten in Hexametern sprechen ließ. Auf Korsika sagt man, die Insel sei von einer Schäferin entdeckt worden. Die ›Insel der Schönheit‹ ernährt sich noch heute von Milch. Broccio (auch Brucciu) ist zweifellos eine Erfindung der Götter. Unter dem rußgeschwärzten Sims einer qualmenden Feuerstelle bereitete die mythische Hirtin in ihrem Kupferkessel den Bruch. Sie verwendete dazu die ausgeflockte Molke vom Vortag und schüttete frische Milch dazu, während sie das Ganze erwärmte. Die ›Schneeblüte‹, die sich auf der Flüssigkeit bildete, schöpfte sie mit einer Kelle ab und füllte sie in Binsenkörbchen, die dem Broccio seine typische Form gaben.

Gorgonzola und Parmesan kommen aus den Alpengebieten der Lombardei und der Emilia Romagna. Sie werden aus Kuhmilch gemacht. An der Küste des byzantinischen Ravenna gibt es vielerlei goldglänzende Bilder, die den guten Hirten inmitten seiner Schäfchen zeigen. Don Quichotte lebte bei den Hirten im ausgedörrten Kastilien, weil er das ›goldene Zeitalter‹ wiederbeleben wollte. Und weil alles Licht von Osten kommt, sollten wir auch die Eiche nicht vergessen, unter der Abraham drei geheimnisvollen Reisenden Kuchen anbot, die aus Mehl, Fleisch und Quark zubereitet waren. Auch diese Szene ist auf Mosaiken in Ravenna abgebildet, ebenso auf den goldglänzenden Ikonen von Byzanz. So wurde ein alltäglicher, über Jahrtausende hinweg immer aufs neue wiederholter und den Bauern ganz gewöhnlich erscheinender Brauch der materiellen Kultur zum Gegenstand einer der höchsten Kunstformen. Ein kleiner Schafs- oder Ziegenkäse erinnert uns an diese alte Tradition; er verträgt sich bestens mit einigen Flaschen guten Rotweins, vom Côte de Nuits bis zum Côte Rôtie. Das lichtdurchflutete prachtvolle Rosettenfenster der Kathedrale von Chartres verhält sich zu einer einfachen Heckenrose wie der ›Wunderbare‹ aus Roquefort zu Abrahams Quark: vom Hochplateau der Causses aus stimmt auch er in den ›Sonnengesang‹ des heiligen Franziskus ein.

Gorgonzola, der große italienische Blauschimmelkäse, ist hier in perfektem Reifestadium abgebildet.

Mehrere beliebte italienische Käsesorten waren bereits in der Antike bekannt, denn schon die Römer wußten Milchprodukte zu schätzen. Als konzentrierte Energiequelle gehörte Käse selbstverständlich zur Verpflegung der Legionäre, die unter dem Befehl der Cäsaren ins Feld zogen. Diese Käse mußten hart genug sein, um die langen Reisen auf schlechten Straßen, die häufigen Temperaturschwankungen und die Schlachten schadlos zu überstehen. Deshalb spielten die Vorfahren von Parmesan und allen übrigen *Grana*-Käsen beim Aufbau und der Erhaltung des römischen Reiches eine nicht zu unterschätzende Rolle. In Pompeji wurden mehrere kleinere Gebäude ausgegraben, die zur Herstellung und Lagerung von Käse dienten. Der Stellenwert, den Käse in der römischen Kultur einnahm, wird außerdem durch zahlreich schriftliche Äußerungen in lateinischer Sprache belegt. Die reichhaltigsten und detailliertesten Quellen sind wohl die Werke von Marcus Apicius (25 v. Chr.), der ein berühmtes Rezeptbuch schrieb, und Columella (1. Jahrhundert n. Chr.), der uns eine Abhandlung über die Landwirtschaft hinterließ.

Heutzutage wird praktisch überall in Italien Käse hergestellt. Hartkäse aus Schafsmilch, die sehr lange haltbar sind und in einer trockenen Umgebung reifen, sind das wichtigste Agrarprodukt Siziliens, Mittel- und Süditaliens wie auch der meisten anderen heißen Mittelmeerländer.

Im Norden des Landes wurde die Käseherstellung durch die Entwicklung der Ballungszentren und der großen Absatzmärkte begünstigt. Die Lombardei verfügt über eine Meeresküste, die Voraussetzung für den internationalen Handel ist, und den Südhang der Alpen mit seinen fruchtbaren Almen. Viele Käsesorten aus dieser Gegend stammen deshalb von Alphöfen oder aus den tiefer gelegenen Heimatgegenden der Tiere, wo ihre Milch in den Wintermonaten, wenn die Tiere in ihren heimatlichen Ställen stehen, zu anderen Käsesorten verarbeitet wird (Gorgonzola, Taleggio etc.). Die fruchtbare Emilia-Romagna brachte den auf der ganzen Welt berühmten Parmesan (Parmigiano Reggiano) hervor, der zwar aus Kuhmilch hergestellt wird, jedoch die Härte bestimmter Schafskäse erreicht und meist als Reibkäse, vor allem für Nudelgerichte verwendet wird.

Italienische Käse haben sich in demselben Tempo über die ganze Welt verbreitet wie die Italiener selbst, denn ihre Nudelgerichte und ihre Pizza werden selbstverständlich überall mit Parmesan, Provolone und Mozzarella zubereitet. Die Vielfalt und die Qualität der italienischen Käse haben dafür gesorgt, daß sie aus der modernen Küche nicht mehr wegzudenken sind.

ASIAGO

Dieser Käse aus pasteurisierter Kuhmilch stammt aus dem Veneto und wurde in seinem Ursprungsort Asiago (in der Provinz Vicenza) noch aus Schafsmilch gemacht.

Es entstanden mehrere Spielarten. ASIAGO PRESSATO ist ein vollfetter, gepreßter, nicht nachgewärmter Hart- bzw. Schnittkäse aus Vollmilch und enthält 45 % Fett i. Tr. Die Rinde ist dünn und elastisch. Die Lochung ist bei diesem Käse etwas größer als beim Asiago aus entrahmter Milch. Asiago Pressato kann nach einmonatiger Reifezeit verzehrt werden. Er wird in runden Laiben von 30 bis 40 cm Durchmesser und 11 bis 15 cm Höhe angeboten, deren Gewicht zwischen 11 und 15 kg liegen kann. ASIAGO D'ALLEVO wird entweder aus der Milch von zwei Melkungen (von denen eine entrahmt ist) oder aus einer einzigen Melkung (teilweise entrahmt) hergestellt. Er wird trocken gesalzen oder in ein Salzbad gelegt. Nach mehr als einjähriger Reifezeit wird er als Reibkäse verwendet.

■ ASIAGO
Kuhmilchkäse (34 % F. i. Tr.)
TYP: gepreßter, nicht nachgewärmter Hart- bzw. Schnittkäse (alter Asiago ist körnig), glatte Rinde
FORM: rund mit geraden Seiten
GEWICHT: 8 bis 12 kg
REIFUNG: 1,2 oder 6 Monate für Tafelkäse, 1 Jahr für Reibkäse

Ein Milchmädchen in ligurischer Tracht, 1820 (OBEN).
UNTEN: Venedig im 15. Jahrhundert; Gemälde von Gentile Bellini. Galleria dell'Accademia, Venezia.
LINKE SEITE: Ein Parmesan wird durch die Straßen von Siena getragen.

CACIOCAVALLO

Caciocavallo ist der älteste noch vorhandene Käse vom *Pasta-Filata*-Typ (auch Knet- oder Brühkäse genannt). Seine Ursprünge liegen in grauer Vorzeit. Bereits im 1. Jahrhundert wurde er in der berühmten Abhandlung des Römers Columella als Nahrungsmittel erwähnt, er scheint jedoch noch weit älter zu sein. Der Überlieferung nach ist der Name ›Pferdekäse‹ darauf zurückzuführen, daß Reiter ihn in Leder- oder Leinenbeuteln, die mit einer Schnur zusammengebunden wurden, an ihre Sättel hängten. Er erinnert an die Käse aus dem Kaukasus und Zentralasien, die in Schafsfellen oder Ziegenhäuten reiften. Ursprünglich wurde er vielleicht sogar aus Stutenmilch gemacht. Wer weiß, ob die Vorfahren des Caciocavallo, den wir heute kennen, nicht schon Attilas Hunnen und den Nomaden der Völkerwanderung als Nahrung dienten? Die leicht elastische Konsistenz dieses Brühkäses wird durch ein Verfahren erzielt, das der Herstellung des berühmten Mozzarella ähnelt. Der Bruch wird in Molke auf 45 °C erhitzt, dann in dünne Streifen geschnitten und mit heißem Wasser und Molke überbrüht. Dann wird die Masse von Hand geknetet und wieder mit heißem Wasser übergossen. Nach dem Formen wird die Masse in kaltem Wasser abgekühlt – dies ist der einzige Schritt, der von der Mozzarella-Herstellung abweicht. Der Käse wird meist wie ein Kürbis oder eine Birne geformt und das verdickte Ende mit einer Hanfschnur umwickelt, damit die Laibe hängend reifen können. Dies dauert 3 Monate in trockener Umgebung, dabei muß der Käse regelmäßig gereinigt und eingeölt werden. Die Reifung wird gelegentlich weitere 3 Monate fortgesetzt. Caciocavallo besitzt ein AOC-Gütesiegel.

Der Geschmack des kurz gereiften Käses ist mild und delikat, kann jedoch recht streng werden, wenn man ihn länger lagert; man verwendet ihn dann meist als Reibkäse.

Dieser typisch südeuropäische Käse hat eine weitläufige Verwandtschaft aufzuweisen. Zahlreiche *Pasta-filata*-Käse werden unter der Bezeichnung CACIOTTA in der Toskana, in Umbrien und den Gegenden von Urbino und Rom hergestellt. Auch der zentraleuropäische Kaschkawal gehört zur Großfamilie, ganz zu schweigen vom Provolone, der ein direkter Abkömmling des Caciocavallo ist und heute industriell überall in Italien hergestellt wird.

Hirten und Schafe auf einem Fresko von Benozzo Gozzoli. Palazzo Medici-Riccardi, Florenz (OBEN).
OBEN RECHTS: Caciocavallo.
RECHTS: Der Viehmarkt in Rom (anonym).

■ CACIOCAVALLO
Kuhmilchkäse (44 % F. i. Tr.)
TYP: gepreßter Brühkäse, oft geräuchert, dünne, glatte, goldgelbe bis hellbraune geölte Rinde
FORM: Birnenform mit kleiner Verdickung am oberen Ende
GEWICHT: 3 bis 4 kg
REIFUNG: 3 bis 6 Monate hängend in trockenen Räumen

CRESCENZA

Dieser vollfette Frischkäse aus der Lombardei ist ein *stracchino,* so genannt nach dem italienischen Wort *stracco* für weich, schlaff. Obwohl selbst kein Schimmelkäse, ist der Crescenza eng mit dem Gorgonzola verwandt; da er jedoch nicht aus derselben Gegend stammt, darf er auch nicht den berühmten Namen tragen. Crescenza ist zudem frischer und lockerer in der Konsistenz als Gorgonzola. Da er sehr schnell reift, kann er die kühlen Keller schon nach einer Woche verlassen.

■ CRESCENZA

Kuhmilchkäse (48% F.i.Tr.)

TYP: Frischkäse, weiß bis blaßgelb, ohne Rinde

FORM: Block von 18 x 4 cm

REIFUNG: 8 bis 10 Tage

HANDELSFORM: in Pergamentpapier, das mit Silberpapier beschichtet und mit dem Markennamen bedruckt wird

FIORE SARDO

Die ›sardische Blume‹ ist auch als PECORINO SARDO – sardischer Schafs-

käse – bekannt. Wie alle Schafskäse schmeckt er sowohl frisch als auch gereift, deshalb aßen die Hirten den Käse meist jung, bewahrten aber auch etwas davon auf, das sie später gereift auf dem Markt verkauften. Im 16. Jahrhundert waren sardische Käse im Mittelmeergebiet weiter verbreitet als jede andere Sorte. Fiore Sardo ist eine Variante des Pecorino.

■ FIORE SARDO

Schafskäse (mindestens 40 % F. i. Tr.)

TYP: weicher Tafelkäse oder sehr reif und hart; je nach Alter weiß bis strohgelb; harte, haselnußbraune Rinde

FORM: zusammengedrückter Zylinder

GEWICHT: 1 bis 4 kg

REIFUNG: bis zu 6 Monate

FONTINA

Dieser Käse wird meist für Fondue verwendet, ist jedoch auch ›nur so‹ ein Leckerbissen, vor allem der Sommer-Fontina aus der Milch von Kühen auf den Alpenwiesen oberhalb von 2000 m, wo das saftige Gras mit vielen aromatischen Alpenkräutern durchsetzt ist. Fontina ist eine Spezialität aus dem Aostatal zu Füßen des Montblanc. FONTAL ist eine Imitation des Fontina und nur von zweitklassiger Qualität. Das Herkunftsgebiet ist nicht genau definiert und umfaßt französische wie italienische Landesteile. Meist wird er für Raclette und bestimmte andere Gerichte verwendet. Ein Fontal-Laib hat einen Durchmesser von 40 bis 45 cm, ist 8 bis 10 cm hoch und 10 bis 16 kg schwer.

■ FONTINA

Kuhmilchkäse (45 % F. i. Tr.)

TYP: gepreßt, nachgewärmt, mit wenigen, kleinen Löchern; gebürstete, manchmal geölte hellbraune Rinde

Crescenza (GANZ LINKS).
MITTE: Schafemelken in Italien.
OBEN RECHTS: Fiore Sardo.

zumindest an der in den Provinzen Latium und Kampanien hergestellten Sorte – ist, daß er aus Büffelmilch gemacht wird. Büffel wurden in Italien seit dem 16. Jahrhundert als Lasttiere in den feuchten Flußniederungen eingesetzt, die heute überwiegend zum Reisanbau genutzt werden. In anderen Gegenden Italiens wird Mozzarella allerdings aus Kuhmilch hergestellt. Die *fiore di latte* (Rahm, wörtlich ›Milchblüte‹) genannten Laibe sind im Norden kleinformatiger (200 g) als im Süden (300 g).

Die Herstellungsmethode für Mozzarella ist praktisch die gleiche wie für alle übrigen *Filata*-Käse. Die erhitzte Molke wird zunächst gelabt und dann zum Bruch gegeben. Man läßt die Mischung ruhen und seiht dann die Molke ab. Der Bruch wird nun ein weiteres Mal in heiße Molke getaucht und 30 Minuten bei 45 °C darin belassen. Die nun allmählich elastisch werdende Masse wird in Streifen geschnitten und wiederum in heißes Wasser und Molke getaucht. Der Käser kann schließlich den geschmeidigen Teig kneten und ziehen. Nach diesem Verfahren des Zerschneidens *(mozzare)* und Ziehens *(filare)* hat bereits im 15. Jahrhundert der Käse den Namen Mozzarella und der Käsetyp den Namen *Pasta filata* (gezogener Teig) erhalten.

Schließlich wird die Masse zu großen runden Klumpen geformt, die man ein letztes Mal mit heißer Molke überbrüht. Damit erhält der Teig noch ein Quentchen mehr Elastizität, so daß man ihm alle möglichen Formen geben kann: Zöpfe, Würste, Früchte, Tiere und sogar Männchen.

MOZZARELLA DI BUFALA ist ein AOC-Käse. MOZZARELLA DI BUFALA AFFUMICATA wird über Weizenstroh, Blättern und Holz geräuchert.

■ MOZZARELLA

Brühkäse aus Büffelmilch (50 % F. i. Tr.) oder Kuhmilch (45 % F. i. Tr.)

TYP: Filata-Käse, gebrüht, elastisch; weiß, ohne Rinde

FORM: Kugeln, Brotlaibe oder Phantasieformen

GEWICHT: 100 g bis 1 kg

REIFUNG: wird in Salzlake oder Molke aufbewahrt

PARMESAN

PARMIGIANO REGGIANO ist wohl überall auf der Welt ein Begriff und wird von den Italienern selbst als König der Käse bezeichnet. Heutzutage kann es sich kein anständiges Spaghetti-Gericht mehr leisten, ohne geriebenen Parmesan bei Tisch zu erscheinen.

Die Ursprünge dieses Käses sind ungewiß und Gegenstand heftiger Kontroversen. Am lautesten beansprucht die Toskana für sich, den Käse im 11. Jahrhundert erfunden zu haben, ebenso nachdrücklich tut dies allerdings die Gegend um Parma, wo er im 13. Jahrhundert entstanden sein soll. Außer Zweifel steht lediglich, daß der echte Parmesan aus der Gegend um Parma, Bologna und Mantua seit 1954 ein AOC-Gütesiegel trägt. Parmesan ist ein fettarmer, gepreßter, nachgewärmter und langsam gereifter Hartkäse. Die Kühe, deren Milch man dafür verwendet, fressen vor allem Luzerne und anderes saftiges Grünfutter. Der Fettgehalt des Käses wird durch die Mischung von entrahmter Abendmilch und unbehandelter Morgenmilch auf 32 % eingestellt. Für 1 kg Parmesan benötigt man 16 Liter Milch. Die Reifung dauert bis zum Spätsommer des auf die Herstellung folgen-

MOZZARELLA (MITTE).
OBEN RECHTS: Parmesan-Formen.
UNTEN RECHTS: ›Parmigiano Reggiano‹. Werbepostkarte (1839).
RECHTE SEITE: Ein appetitliches Arrangement italienischer Käsesorten, u. a. Mozzarella di Bufala, Mozzarella Affumicata, Parmesan, Pecorino Romano, Gorgonzola, Ricotta, Caciocavallo und die wie Schweinchen geformten Scamorze, ebenfalls vom Filata-Typ.

Prodotto

Qualitätskontrollen in den Parmesan-Reifekellern von Parma (OBEN).
UNTEN: Parmesan.
GANZ RECHTS: Pecorino Romano.

den Jahres. Sehr alter Parmesan kann bis zu 10 Jahre gereift sein und wird dabei immer trockener. Der Teig weist eine strohgelbe Farbe und feinkörnige Struktur auf und schmeckt ausgesprochen delikat. Die natürliche Rinde ist goldbraun und rundherum mit eingestanzten Herkunftszeichen versehen.

■ PARMESAN
Kuhmilchkäse (32 % F. i. Tr.)
TYP: gepreßter, körniger Hartkäse mit vielen winzigen Löchern und strahlenförmig verlaufenden Risse; gebürstete und geölte goldbraune Rinde

FORM: zylindrisch, 35 bis 45 cm Durchmesser, 18 bis 24 cm hoch
GEWICHT: ca. 24 bis 35 kg
REIFUNG: natürliche Reifung bis zum Spätsommer des auf die Herstellung folgenden Jahres, für die trockenste Variante mindestens 3 Jahre (manche bis zu 10 Jahre)

PECORINO ROMANO

Romulus und Remus selbst wurden zwar mit Wolfsmilch ernährt, doch ihre Zeitgenossen schätzten bereits seit langem die Milch ihrer Ziegen und Schafe. Pecorino Romano ist ein Schafskäse aus Latium, der Landschaft um Rom. *Pecora* ist das italienische Wort für Milchschaf, deshalb werden die italienischen Schafskäse allgemein als *pecorino* bezeichnet, vor allem die nachgewärmten Hartkäse. Pecorino Romano wird von November bis Juni hergestellt. Schafsmilch mit natürlichem Fettgehalt wird erwärmt und mit Hilfe von Lämmerlab dickgelegt. Der fertige Käse muß mindestens einen Monat trocknen und weitere 8 Monate lang in trockener Umgebung reifen, die Rinde wird dabei mit Öl abgerieben. Früher fügte man am Ende der Reifephase Gelberde oder Talg hinzu. Pecorino Romano kann gerieben oder als Tafelkäse gegessen werden.
PECORINO SICILIANO ist ein nachgewärmter Hartkäse aus Schafsmilch, von ihm gibt es eine Variante, der Pfefferkörner zugesetzt werden. Er reift 4 Monate lang und wiegt ca. 12 kg.

■ PECORINO ROMANO
Schafskäse (36 % F. i. Tr.)
TYP: gepreßter, nachgewärmter oder nicht nachgewärmter Hartkäse mit körnigem, strohgelbem Teig; glatte Rinde, die mit Talg oder Olivenöl eingefettet wird
FORM: zylindrisch, 20 bis 25 cm Durchmesser, 14 bis 22 cm hoch
GEWICHT: 8 bis 22 kg
REIFUNG: 1 Monat (Trockenzeit), danach 8 Monate

PROVOLONE

Er ist der berühmteste Abkömmling des Caciocavallo und wird nach einem ähn-

lichen Verfahren aus vollfetter Kuhmilch hergestellt. Die mildere Variante wird mit Kälberlab gemacht, die pikantere mit dem vom Zicklein. In Norditalien, wo die saftigen Bergweiden stets ein reichliches Milchangebot sichern, wird Provolone häufig in größeren Formaten hergestellt als im übrigen Italien.
Er kann wie eine Birne, ein Kegel oder eine dicke Wurst geformt sein.
Die größten Exemplare können mehrere Dutzend Kilo wiegen.

Von den *Filata*-Käsen sollte an dieser Stelle auch der Incanestrato erwähnt werden. Es handelt sich dabei um einen sizilianischen Brühkäse aus Schafs- oder Kuhmilch, der gelegentlich mit Pfeffer gewürzt wird. Provatura und Provole werden aus Büffelmilch gemacht, beide sollten frisch verzehrt werden.
Ein weiterer Brühkäse aus Kuhmilch wird in der Gegend von Ragusa auf Sizilien hergestellt und heißt dementsprechend Ragusano. Er wird in Quadern von 6 bis 12 kg angeboten. Wie die anderen Brühkäse hängt man auch Ragusano-Laibe paarweise zum Reifen auf. Nach über sechsmonatiger Reifung wird er als Reibkäse verwendet.

- Provolone
  Kuhmilchkäse (44 % F. i. Tr.)
  Typ: gepreßter Brühkäse, sehr dichte Textur; glatte, dünne goldgelbe bis bräunliche Rinde
  Form: handgeformt zu Kegeln ohne Spitze, Birnen etc.
  Gewicht: 1 bis 6 kg
  Reifung: 2 bis 3 Monate

Ricotta

In Italien gibt es eine Vielzahl von Frischkäsen, unter anderem Ricotta, Fiore Sardo und Caprino, der – wie der Name bereits andeutet – aus Ziegenmilch hergestellt wird. Ricotta war schon in der klassischen Antike bekannt und wird vielleicht schon seit der Zeit gemacht, als die ersten Schafe und Ziegen im westlichen Mittelmeerraum gezüchtet wurden. Ricotta ist eigentlich eher Quark als ein Käse im klassischen Sinne, hat sich jedoch als solcher einen Namen gemacht. Die Masse ist der Quark aus Kuh- oder Schafsmolke, die nochmals aufgekocht wird (*ricotta* bedeutet nochmals gekocht); deshalb gedieh dieser Käse immer im Schatten der ›großen‹ Käsesorten. Im Aostatal und im Piemont macht man Ricotta aus der Molke, die bei der Herstellung von Fontina, Fontal und Provolone übrigbleibt. Auch das Gegenstück – Sérac – das jenseits der Alpen in Savoyen produziert wird, fällt als Nebenprodukt bei der Beaufort-Herstellung an.
Der beliebteste Ricotta in Mittel- und Süditalien, Ricotta Romana, wird aus Schafsmilch gemacht. Im Friaul und im Nordosten Italiens wird Ricotta geräuchert; diese Methode der Haltbarmachung findet sich auch in den Bergregionen Zentraleuropas. Die Rezepte für den mit Kräutern und Gewürzen aromatisierten apulischen Ricotta und für den mit pflanzlichem Lab (Feigensaft) dickgelegten kalabrischen Ricotta sind ebenso alt wie die menschliche Zivilisation in diesen Regionen.
Ricotta ist die wichtigste Zutat für die traditionelle *torta di ricotta* (einen Käsekuchen aus Ricotta, Orangen- und Zitronenschale sowie Pinienkernen), wird aber auch zu Nudeln, Salaten und Fleischgerichten gegessen, sogar überbacken. Wie pikant das Aroma ist, hängt davon ab, ob der Quark aus Kuh- oder Schafsmilch oder einem Gemisch von beiden hergestellt ist und ob er geräuchert oder gesalzen wurde. Die gesalzene Variante ist auch etwas trockener als die anderen Sorten. Man läßt die Masse in einer Form oder einem Korb ablaufen, wobei sich die typische Form des Laibes bildet.
Ricotta ist ein körniger, geschmeidiger, säuerlich-milder Weißkäse mit einem Fettgehalt von ca. 30 % und einem Eiweißgehalt von 18 %. Inzwischen wird aufgrund seiner großen Beliebtheit allerdings auch oft vollfette Milch zugesetzt, wodurch der Fettgehalt dann etwas höher liegt.
Wie alle frischen Lebensmittel sollte auch Ricotta rasch verzehrt werden. Die gesalzene Variante ist bis zu 2 Monate haltbar.

Schäferpaar aus den Abruzzen (oben rechts). Stich aus dem 19. Jahrhundert. Bibliothèque des Arts Décoratifs, Paris.
Unten links: Provolone.
Unten rechts: Ricotta-Verkäufer in ligurischer Tracht (1820).

CABRALES

Cabrales ist ein rustikaler Blauschimmelkäse aus dem nordspanischen Asturien. Das Geheimnis seines Aromas liegt in der kühlen, feuchten Luft, die durch die Dachböden strömt, wo man ihn zum Reifen aufhängt. Auch heute noch gibt es einige Dörfer an den felsigen Hängen der Picos de Europa über dem Golf von Biscaya, wo diese Sorte hergestellt wird. Ihr Aroma ist ebenso rauh und schlicht wie das Leben dieser einfachen Bauern. Sie halten Rinder, Schafe und Ziegen im Tal Concejo de Cabrales, wo das Vieh die Sommermonate über auf den sonnigen Bergweiden grast. Das AOC-Gütesiegel gilt für etwa 150 kleine bäuerliche Betriebe, die an dem Blauschimmelkäse mit seinem starken, erdigen Geschmack allerdings nicht viel verdienen. Paradoxerweise ist die Besonderheit dieser AOC, daß Milch unterschiedlicher Herkunft verwendet wird, was der Qualität jedoch keineswegs abträglich ist. Je nach Jahreszeit kann der Käse aus Kuh-, Ziegen- oder Schafsmilch oder einem Gemisch hergestellt werden. Das bedeutet, daß der Käse einmal mild, einmal streng und einmal würzig sein kann. Der beste Cabrales wird im Frühling aus Milch von den Bergweiden gemacht.

Die Milch der Morgenmelkung wird mit der vom Vorabend gemischt und, falls nötig, auf 30 °C erwärmt, ansonsten bei Zimmertemperatur verarbeitet. Die mehrere Stunden dauernde Gerinnung wird mit Kälber- oder Lämmerlab gestartet, teilweise (und inzwischen immer häufiger) wird auch mikrobielles Lab zugesetzt. Man läßt den Bruch eine Weile ruhen, füllt ihn dann in Formen *(arnios)* und läßt 24 Stunden lang die Molke ablaufen. Die Laibe werden dann jeden Tag abwechselnd von beiden Seiten trocken gesalzen, wobei man den Teig jedesmal in eine frische Form umfüllt. Die Laibe reifen dann 3 Wochen lang an einem kühlen, luftigen Ort, dabei werden sie regelmäßig gewendet. Die wichtigste Reifungsphase erfolgt in feuchten Berghöhlen oder auf Dachböden, wo die Käse bei einer Temperatur von 4 bis 12 °C drei Monate lang auf natürlichem Wege mit *Penicillium glaucum* in Berührung kommen und allmählich Innenschimmel entwickeln. Cabrales wurde früher in Platanenblätter gewickelt, die die ›ausgeschwitzte‹ Feuchtigkeit aufnahmen. Da der Käse inzwischen die Weihen der AOC erfahren hat und auf weit von seinem Herkunftsort entfernte Märkte gelangt, wickelt man ihn in Silberpapier mit aufgedrucktem Markennamen.

Getreidespeicher in Villanueva in der Nähe von Oiredo, Asturien (UNTEN). GANZ RECHTS: Cabrales.

■ CABRALES

Käse aus Schafs-, Ziegen- oder Kuhmilch oder einem Gemisch verschiedener Sorten (45 % F. i. Tr.)

TYP: cremiger weißer Schnittkäse mit blaugrüner Äderung; dünne, brüchige gräuliche Rinde mit rosigen Flecken
FORM: Zylinder, 7 bis 15 cm hoch
GEWICHT: 2 bis 6 kg
REIFUNG: 3 bis 6 Monate in Platanenblätter eingeschlagen in kühlen, luftigen Räumen bei 4 bis 12°
HANDELSFORM: in Silberpapier verpackt

CANTABRIA

Dieser AOC-Käse wird im Gebiet der autonomen Gemeinde Cantábrico (sie umfaßt die Urdón- und Cervera-Täler) in der Provinz Santander hergestellt. In dieser von den rauhen Winden des Golfs von Biscaya durchwehten Region weiden friesische Milchkühe, aus deren vollfetter, pasteurisierter Milch ein Käse gemacht wird, der nur wenige Tage reift.

■ CANTABRIA

Käse aus der Milch friesischer Milchkühe (mind. 45 % F. i. Tr.)

TYP: Schnittkäse, elfenbeinfarben; weiche gelbe Rinde
FORM: rechteckiger Block oder Zylinder
GEWICHT: 1 bis 2 kg
REIFUNG: 7 Tage

IDIAZABAL

Dieser baskische AOC-Käse wird in den Provinzen Alava, Guipuzcoa und Vizcaya hergestellt. Man verwendet dazu die Sommermilch von Lacha- und Carranzana-Milchschafen, die in den Bergen weiden. Die unpasteurisierte Milch wird

mit natürlichem Lab dickgelegt und zu kleinkörnigem Bruch zerschnitten. Die Masse füllt man in zylindrische Formen und preßt sie. Die Laibe werden mit grobem Salz eingerieben oder 2 Tage lang in ein Salzbad gelegt. Die Reifung umfaßt meist 2 Monate in einem kühlen, feuchten Reifekeller, sie kann aber auch länger dauern. Die Laibe werden regelmäßig gewendet und gebürstet. Idiazabal wurde auf kleinen Höfen

gemacht und traditionell in den Kamin gehängt, so daß er den Duft des Holzrauchs annahm. Dieser Brauch existiert noch immer. Etwa zehn Tage vor dem Verkauf werden die Käse über einem Feuer aus Buchen- und Weißdornholz geräuchert. Sie gewinnen dadurch einen prägnanten Duft und Geschmack, die Rinde wird dabei dunkelbraun und etwas härter. Man ißt ihn ›pur‹ zu einfachen Mahlzeiten, er kann jedoch auch als Reibkäse verwendet werden.
URBIA, ENTZIA, GORBEA und ORDUÑA sind enge Verwandte des Idiazabal und genießen ebenfalls gesetzlichen Schutz für festgelegte Herkunftsgebiete.

■ IDIAZABAL
Käse aus der Milch von Lacha- und Carranzana-Milchschafen (mind. 45 % F. i. Tr.)
TYP: fester elfenbeinfarbener Hartkäse mit harter, hellgelber (ungeräuchert) oder brauner (geräuchert) Rinde
FORM: Zylinder
GEWICHT: 1 bis 2 kg
REIFUNG: mindestens 2 Monate

LIEBANA PICÓN

Liebana wird auf der Ostseite de Picos de Europa hergestellt, wo das milde Mikroklima sogar den Anbau von Wein und Oliven gestattet. Von diesem Käse gibt es verschiedene Unterarten, die aus Kuh-, Schafs- oder Ziegenmilch oder einem Gemisch gemacht werden. Liebana Picón selbst wird aus diesen drei Milchsorten hergestellt, die man entweder einzeln oder gemischt verwendet. Der Bruch wird in Würfel von 1 bis 2 cm Kantenlänge zerteilt. Die Reifezeit beträgt 2 Monate; der Käse sieht dem Cabrales sehr ähnlich: er weist den gleichen blaugrünen Innenschimmel auf, seine weiche, graue Rinde ist fettig, und auch er wird in Platanenblätter gewickelt.
GERÄUCHERTEN LIEBANA macht man aus vollfetter Kuhmilch. Der Bruch wird in winzige Stückchen zerschnitten. Der Käse reift zwei Monate lang und wird dann über Wacholderfeuer geräuchert. Durch dieses Verfahren wird der Geschmack des Käses kräftiger und

Cantabria (GANZ LINKS).
OBEN: Idiazabal.
UNTEN: Eine riesige Schafherde in der Nähe von Sépulveda bei Segovia.

würziger, und auch seine Haltbarkeit läßt sich auf diese Weise verlängern. Die runden Laibe haben einen Durchmesser von 10 bis 20 cm, eine Höhe von 2 bis 10 cm und ein Gewicht von 500 g bis 2 kg.

QUESUCOS ist ein weiterer Liebana-Käse. Man ißt ihn frisch oder kurz gereift. Der frische Käse wird aus pasteurisierter Kuh-, Schafs- oder Ziegenmilch gemacht, die reife Version besteht aus Rohmilch und muß zwei Monate lang reifen. Die Laibe sind klein und rund und wiegen zwischen 100 und 500 g.

- LIEBANA PICÓN
  Käse aus vollfetter Schafs-, Ziegen- oder Kuhmilch, einzeln oder gemischt (45 % F. i. Tr.)
  TYP: weiß mit blaugrüner Äderung; weiche, graue Rinde
  FORM: Zylinder von 30 cm Durchmesser, 7 bis 15 cm hoch
  GEWICHT: 1 bis 5 kg
  REIFUNG: mindestens 2 Monate; geräucherter Liebana wird abschließend über Wacholderfeuer geräuchert
  HANDELSFORM: in Platanenblätter eingewickelt

Luftbild eines Bauernhofs auf Menorca (OBEN).
UNTEN: Liebana Picón.

MAHÓN

Dieser Käse kommt von den Balearen, die schon den Phöniziern und Griechen als Handelsbasis dienten. Sie brachten Schafe mit auf die Inselgruppe. Käse war deshalb schon in der Antike hier bekannt.

Chronisten der Renaissance erwähnen den Handel mit Schafskäsen und weisen darauf hin, daß sie hochrangigen Gästen zum Geschenk gemacht wurden. Mahón stammt ursprünglich von Menorca und ist nach der Hauptstadt der Insel benannt.

Noch Ende des letzten Jahrhunderts spielte Mahón eine wichtige Rolle in der Tauschwirtschaft zwischen Kaufleuten und Bauern, die für die Waren mit frischen Käsen bezahlten. Die ›Einsammler‹ ließen diese Käse dann reifen und exportierten sie. Im Jahr 1930 gründete man auf Menorca ein Unternehmen mit dem Ziel, nur noch der besten Anteil der Produktion zu sammeln, und so wurde die Qualität von Mahón allmählich einheitlich hoch, was durch detaillierte Hygienevorschriften unterstützt wurde.

Erst seit die Engländer im 18. Jahrhundert gutes und robustes Milchvieh auf die Insel brachten, wird Mahón aus Kuhmilch gemacht. Heute besteht der Käse praktisch ausschließlich aus pasteurisierter oder roher Kuhmilch, der Anteil an Schafsmilch darf 5 % nicht übersteigen.

Nach der Melkung wird die Milch mit tierischem Lab bei 30 bis 37 °C dickgelegt. Nach 30 bis 40 Minuten wird die Gallerte in kleine Stücke zerschnitten und der Bruch in ein festes Tuch aus Leinen oder Baumwolle gefüllt, das zugleich als Form dient und dem Laib seine Gestalt gibt.

Dieses Tuch nennt man *fogasser* und verwendet es auch, um den Käse zu pressen: Die vier Enden des Tuchs werden über den Käse geschlagen und zusammengeheftet. Die Masse wird gepreßt, zunächst von Hand, dann mit einer Hebelpresse, und zwar 10 bis 14 Stunden lang. Das Muster, das das Tuch auf dem Käse hinterläßt, nennt man *mamella.* Während der Reifung, die zwischen 2 Monaten und einem Jahr dauert, werden die Laibe regelmäßig gewaschen. Nach dem ersten Monat der Reifezeit wird Mahón gelegentlich mit Butter oder kaltgepreßtem, mit Paprika gewürztem Olivenöl eingerieben, damit die Rinde geschmeidig bleibt und nicht porös wird.

Mahón hat eine weiche Struktur und schmeckt kräftig.

■ MAHÓN

Kuhmilchkäse, enthält gelegentlich maximal 5 % Schafsmilch (mind. 45 % F. i. Tr.)

TYP: elfenbeinfarbener Hartkäse mir ungleichmäßiger Lochung; feste, bräunlich-gelbe Rinde

FORM: Viereck mit abgerundeten Kanten, 8 bis 9 cm hoch

GEWICHT: 1 bis 4 kg

REIFUNG: 2 Monate (jung), 5 Monate (mittelalt), 10 Monate (reif)

MANCHEGO

»An einem Ort der Mancha, an dessen Namen ich mich nicht erinnern will, lebte vor nicht langer Zeit ein Junker...« So beginnt Miguel de Cervantes 1605 sein Epos von Don Quichotte. Während wir den ›Ritter von der traurigen Gestalt‹ auf seinen Irrfahrten begleiten, erfahren wir von Cervantes Einzelheiten über das Leben der Bauern in jener Zeit. Ganz nebenbei erwähnt er die großen Ziegen- und Schafherden, aus deren Milch man einen Käse herstellte, der »härter war, als wäre er aus Sand und Kalk gemacht«. Er meinte damit Manchego, die außerhalb Spaniens bekannteste Sorte. Er stammt von der weiten Ebene, die sich über die Provinzen Ciudad Real, Albacete, Cuenca und Toledo erstreckt und auf der die zähen Manchega-Schafe weiden.

Der AOC-Käse wird nur in dieser Region hergestellt und auch gereift. Man verwendet pasteurisierte oder unpasteurisierte Schafsmilch und natürliches Lab. Die Gerinnung bei einer Temperatur von 28 bis 32 °C dauert weniger als eine Stunde. Die Gallerte wird in Stücke vom Format einer großen Erbse zerteilt und auf 40 °C nachgewärmt. Man füllt den Bruch in zylindrische Formen, die in die Oberfläche des Käses Blumenmotive oder Flecht- und Zopfmuster wie von den alten Strohmodeln prägen. Der Laib wird schließlich aus der Form genommen und entweder von Hand trocken gesalzen oder in ein Salzbad gelegt.

MANCHEGO CURADO wird mindestens zwei Monate lang gereift, was in dieser AOC festgeschrieben ist. MANCHEGO VIEJO reift 9 bis 12 Monate in feuchten Reifekellern, dabei wird die Rinde gewaschen. ›Manchego con aceite‹ wird in Olivenöl eingelegt, das für eine sehr dunkle Färbung der Rinde sorgt. Manchego ist der bekannteste einer Reihe ähnlicher Schafskäse, die frisch oder reif gegessen werden. Bei allen sind traditionelle Motive in die Rinde eingeprägt. Zu dieser Gruppe gehören ZAMORANO (aus Zamora, einer Stadt nordöstlich von Madrid), CADIZ, ARACEÑA (aus der andalusischen Provinz Huelva), CALAHORA (aus der Gegend von Granada) und CASTELLEÑO (aus der Provinz León).

MANCHEGO (OBEN).
OBEN LINKS: Mahón.
UNTEN: Hof des Santa-Cruz-Palastes in Toledo.
MITTE RECHTS: Mit Olivenöl getränkter Manchego.

■ MANCHEGO

Käse aus der Milch von Manchega-Schafen (57 % F. i. Tr.)

TYP: je nach Reifestadium elfenbeinfarbener bis gelber Hartkäse; harte, hellgelbe bis graugrüne oder schwarze Rinde mit eingeprägtem Flecht- und Blumenmuster

FORM: rund, 25 cm Durchmesser, 10 cm hoch
GEWICHT: 2 bis 3,5 kg
REIFUNG: je nach Typ bis zu 1 Jahr

Etikett für ›Flor de Esgueva‹-Käse (OBEN), der in Penafiel (in der Provinz Valladolid) aus Schafsmilch hergestellt wird.
MITTE: Roncal.
UNTEN: Ein Bauernhof in Urdax. Er ist typisch für die Gegend um Pamplona.

RONCAL

Roncal wird ausschließlich aus der Milch von Lacha- und Rasa-Milchschafen gemacht. Das Herstellungsgebiet umfaßt lediglich die sieben Täler, die die große Region Ronca in der Provinz Navarra bilden.

Die zwischen Dezember und Juli produzierte Milch wird mit vollem Fettgehalt verwendet. Die Gerinnung mit Hilfe natürlichen Labs dauert 1 Stunde bei 32 bis 37 °C. Die Gallerte wird in reiskorngroße Stücke zerteilt, gerührt und geschlagen, um die Molke rascher austreten zu lassen. Sobald der Bruch in Formen gefüllt und gepreßt ist, wird der Käse entweder trocken gesalzen oder in ein Salzbad gelegt.

Roncal AOC wird mindestens 4 Monate lang in kühlen Reifekellern gelagert und während dieser Zeit häufig gewendet und gewaschen, damit sich kein Schimmel bildet.

■ RONCAL
Käse aus vollfetter Milch von Rasa- und Lacha-Milchschafen (unter 50 % F. i. Tr.)
TYP: gelbweißer Hartkäse mit kleinen, unregelmäßigen Löchern; strohgelbe oder braune dicke, harte Rinde mit eingeprägten traditionellen Motiven
FORM: rund, 8 bis 12 cm hoch
GEWICHT: 2 bis 3 kg
REIFUNG: mindestens 4 Monate

ANDERE KÄSESORTEN

MALLORQUIN ist ein Schnittkäse aus Kuh- oder Schafsmilch mit roter Rinde; er stammt von Mallorca.

Auf Gran Canaria wird ein relativ weicher runder Käse aus Kuh- oder Schafsmilch gemacht, der eine rötliche Rinde hat und den Namen FLOR DE GUIA trägt. Von Teneriffa kommt ein runder Schnittkäse aus Kuh-, Schafs- oder Ziegenmilch namens TENERIFE. CONEJERO, ein Käse mit gewaschener Rinde von Lanzarote, und MAJORERO von Fuerteventura sind Ziegenkäse.

Viele Schafskäse, die heute auf dem spanischen Festland hergestellt werden, sind durchaus erwähnenswert, so beispielsweise die erstaunliche Vielfalt andalusischer Spezialitäten, obwohl diese Region bislang keine einzige AOC aufzuweisen hat. ALHAMA ebenso wie CALAHORA, ein nur kurz gereifter Käse, der zu einem dicken runden Laib geformt wird und das Siegel Salomos als Relief in seiner Rinde trägt, sind zwei solche Käse aus Granada.

Einige seltsam geformte Weichkäse werden in Alicante hergestellt, unter anderem SERVILLETA, der ebenso wie Mahón während eines Teils der Reifungszeit in dem Tuch belassen wird, so daß es dekorative Abdrücke auf dem Käselaib hinterläßt. Ebenso NUCIA, der die Form eines abgeschnittenen Kegels und ein eingeprägtes Rautenmuster aufweist.

In der weiter nördlich gelegenen Provinz León gibt es einen Käse namens ARMADA, dessen mit Noppen geschmückter zylindrischer Laib entfernt an eine Rüstung erinnert und dessen Name insofern zu Recht an das Zeitalter der *Conquistadores* erinnert.

In Asturien, Galizien und der Estremadura werden ebenfalls hervorragende Schafskäse produziert, die jedoch außerhalb ihres Herkunftsgebiets nicht sehr verbreitet sind. Das liegt daran, daß viele Käse nur auf einzelnen Höfen gemacht werden, was die Herstellungskapazität zwangsläufig begrenzt und einer weiteren Verbreitung Schranken setzt. Die Qualität dieser Käse ist jedoch in jedem Fall ausgezeichnet.

Bereits im 15. Jahrhundert hatte sich Portugal als eine der stärksten Seemächte durchgesetzt, doch während die großen Städte an der Küste von der Kolonisierung profitierten und durch den Handel mit Gold, Gewürzen und Zucker reich wurden, blieb das Landesinnere isoliert und auf die seit langem bewährte Autarkie angewiesen. Bis zu einem gewissen Grad waren diese Regionen in der Lage, ihre Tradition vor allen äußeren Einflüssen zu bewahren. Auch ihre Käsesorten, die aus Schafs- oder Ziegenmilch bestehen, sind die alten geblieben. Ein Grund dafür ist die Verwendung von pflanzlichem Lab, das hier weit häufiger als Kälberlab eingesetzt wird. Die meisten Sorten werden noch immer in bäuerlichen Betrieben und kleinen Genossenschaften hergestellt.
Die Produzenten der Region Serra da Estrela haben sich zusammengeschlossen, um die Qualität und Eigenständigkeit ihres QUEIJO DA SERRA sicherzustellen. Sie sind jedoch die einzige Organisation dieser Art, und es besteht durchaus die Gefahr, daß die lokalen Bauernkäse von der Bildfläche verschwinden, weil der Verkauf der Milch an Großmolkereien den Bauern mehr Profit verspricht und ihnen die mühsame Handarbeit erspart. Die Molkereien stellen dann Nachahmungen von Edamer, Emmentaler und Camembert her...

AZEITÃO

Dieser kleine, runde Schafskäse mit festem, hellem Teig erinnert an unreifen Serra. Er wird in der Gegend von Setúbal, südlich von Lissabon gemacht. Die Ebene ist glühendheiß, so daß diese Sorte weitaus kürzer reift als die meisten anderen portugiesischen Käse.

■ AZEITÃO
Schafskäse (45 bis 55 % F. i. Tr.)
TYP: fester, weißer bis gelblicher Schnittkäse
FORM: klein, rund, 7,5 bis 9 cm Durchmesser, 3,5 bis 4,5 cm hoch
GEWICHT: ca. 250 g
REIFUNG: 20 Tage

CASTELO BRANCO

Dieser Schafs- oder Ziegenkäse ist nach seiner Heimat im Süden der Serra da Estrela benannt. Er ähnelt dem Queijo da Serra. Castelo Branco aus Schafsmilch reift 40 Tage lang. Läßt man ihn länger reifen, wird er härter. Castelo Branco aus Ziegenmilch ist ein Frischkäse und wird im Spätherbst gemacht. Verkaufen kann man ihn schon nach zehntägiger Reifung. Bei längerer Reifung entwickelt er einen pikanten Geschmack. Gelegentlich wird er auch nach einem anderen Verfahren hergestellt, bei dem ein sehr streng riechender, cremiger, rindenloser Käse entsteht. Dieser reift zunächst 8 Tage lang, wird dann mit Asche bestäubt und drei Monate lang regelmäßig gebürstet, damit die Rinde keinen Schimmel ansetzt.

■ CASTELO BRANCO
Schafs- oder Ziegenkäse (45 bis 50 % F. i. Tr.)
TYP: weißer bis strohgelber Frisch- oder Weichkäse mit fester, strohgelber Rinde
FORM: klein, rund, 14 bis 15 cm Durchmesser, 5 bis 6 cm hoch
GEWICHT: 1,15 kg (Schafskäse) bis 1,5 kg (Ziegenkäse)
REIFUNG: 40 Tage oder länger (Schafskäse), 10 Tage oder länger (Ziegenkäse), 3 ½ Monate (strenger Ziegenkäse)

Bildnis eines Portugiesen mit seinen Grundnahrungsmitteln: Brot, Wein und Käse (LINKS). Anonymes Gemälde. Musée du Louvre, Paris.
MITTE: Azeitão.

Ilha do Pico

Portugal machte sich als erstes Land des europäischen Kontinents an die Eroberung des atlantischen Ozeans und ergriff von Madeira und den Azoren Besitz. Der gesamt Kuhmilchkäse Portugals kommt von diesen Inseln. Während Madeira eher Mittelmeerklima aufweist, ist das kühl-feuchte Klima der Azoren ideal für die Rinderzucht. Die Weiden sind klein und von niedrigen Mauern eingefaßt.

Ilha São Jorge wird auf der kleinen Insel São Jorge gemacht und ist ein entfernter Verwandter des englischen Cheddar; vermutlich verirrte sich dessen Rezeptur irgendwann im letzten Jahrhundert durch Seeleute auf die Insel. Auch auf den anderen Inseln wird dieser Käse hergestellt, wenn auch in geringerem Umfang. Er wird nach Lissabon und Nordamerika exportiert. Ilha São Jorge ist ein körniger Hartkäse aus unpasteurisierter Kuhmilch mit einem Fettgehalt von 45 bis 50 %. Sie wird zu großen runden Laiben von 5 bis 10 kg Gewicht, 30 bis 35 cm Durchmesser und 10 bis 20 cm Höhe verarbeitet, die einen durchdringenden Geruch und Geschmack aufweisen.

Ilha do Pico ist dagegen nicht so sehr vom Cheddar beeinflußt, sondern typisch portugiesisch. Der Käse stammt von der Insel São Pico, auf der sich der höchste Berg der Azoren erhebt, der Monte Pico (2351 m). Dieser geschmeidige Weichkäse wird aus unpasteurisierter Kuhmilch gemacht, der man gelegentlich auch Ziegenmilch beimischt, und ist dem Serra nachempfunden. Seine Rinde ist glatt und gelblichbraun, Name und Herkunftsort werden direkt in die Rinde geprägt.

Ziegen in den Bergen der Serra da Estrela (unten).
Oben: Ilha do Pico.

■ Ilha do Pico
Käse aus unpasteurisierter Kuhmilch (45 bis 55 % F. i. Tr.)
Typ: hart und körnig, blaßgelb; harte, glatte, strohgelbe Rinde
Form: klein, rund, 9 cm Durchmesser, 3 cm hoch
Gewicht: ca. 500 g
Handelsform: unverpackt

Serra

Bergkäse, auf portugiesisch ›queijos da serra‹, sind die traditionellen Schafskäse dieses Landes, die seit Urzeiten von den Hirten und Kleinbauern in den Bergregionen hergestellt werden. Die Serra da Estrela im Zentrum Portugals steigt bis auf fast 2000 m über dem Meeresspiegel an, und von hier kommt ein Käse gleichen Namens, der durch eine AOC geschützt ist. Mehrere Bezirke in den Regionen Guarda und Coimbra und viele angrenzende Gegenden stellen ähnliche Sorten her. Die Schafsmilch von der Serra da Estrela wird mit *Cynara cardunculus*-Blüten oder -blättern dickgelegt. Diese Distelart wächst in den kargen Berggebieten und wird auf dem Markt angeboten. Sie ersetzt hier, wo es keine Rinder gibt, das tierische Lab. Der Käse wird vollständig von Hand gemacht, und zwar im wörtlichen Sinne: Die Gallerte wird nicht wie sonst üblich mit einem mechanischen Gerät zerschnitten, sondern mit den Händen zerkleinert. Die Reifung dauert 30 bis 40 Tage und erfolgt in zwei Phasen: zunächst in feuchten Räumen und anschließend in sehr trockenen, kalten Kellern oder Höhlen. Die Reifezeit kann auf einige Monate ausgedehnt werden, dabei wird der Teig härter, die Rinde glatt und der Käse kräftiger im Geschmack. Mehrere andere Bergkäse gehören ebenfalls in diese Gruppe: Serpa, auch Alentejo, stammt aus der Gegend um Beja, einer bergigen Region östlich den Alentejo-Gebiets, und ähnelt dem Serra, auch was Größe und Konsistenz angeht. Er ist lediglich etwas fetter, strenger im Geruch und pikanter.

ALCOBAÇA ist ein Bergkäse aus Schafsmilch, der auch etwas Kuhmilch beigemischt sein kann. NIZA kommt ebenfalls aus den Bergen und wird aus Schafs- oder Ziegenmilch gemacht.

- SERRA

  Schafskäse (45 % F. i. Tr.)

  TYP: geschmeidig, gelegentlich mit Lochung; harte, manchmal gerissene hellgelbe Rinde

  FORM: klein, rund, 16 bis 18 cm Durchmesser, 6 bis 7,5 cm hoch

  GEWICHT: 1,5 bis 2 kg

  REIFUNG: mindestens 30 Tage

ANDERE KÄSESORTEN

In Portugal wird eine Vielzahl kleiner, scheibenförmiger, sehr harter gesalzener Ziegenkäse hergestellt, beispielsweise ÉVORA, der aus dem Alentejo-Gebiet kommt. Diese Käse wiegen meist etwa 100 g und brauchen ein Jahr, um zu reifen. Einige winzige Schafskäse von 40 g oder weniger und einem Fettgehalt von 50 bis 55 % werden nur in ihren Herkunftsgebieten angeboten.

Ein Beispiel dafür ist SALOIO, ein kleiner runder Laib von 6 cm Durchmesser und nur 2 cm Höhe, der in der Nähe von Lissabon hergestellt und frisch verkauft wird.

Ein weiterer Vertreter dieser Gruppe ist TOMAR, ein Schnittkäse von 5 cm Durchmesser und 2 cm Höhe aus dem oberen Tejo-Gebiet. Bis zur Normierung der Käseproduktion wurde dieselbe Spezialität oft aus unterschiedlichen Milchsorten hergestellt, die man je nach Angebot pur oder gemischt verarbeitete. So kann ALVERCA, ein Weich- oder Schnittkäse aus dem Ribatejo, aus Schafs- oder aus Ziegenmilch bestehen. Er enthält 40 bis 50 % Fett und wiegt 100 g oder mehr.

RABACAL ist ein Frischkäse aus Schafs- und Ziegenmilch mit hohem Fettgehalt (50 bis 60 %). Er wird in mehreren Größen angeboten, wiegt jedoch nie mehr als 1 kg. Er kommt schon wenige Tage nach der Herstellung auf den Markt. Der Verbraucher entscheidet dann selbst, ob er ihn noch weiter reifen läßt und ob er ihm als Frisch- oder Schnittkäse besser schmeckt. Wie in Spanien wird auch in Portugal auf einer Vielzahl kleiner Höfe lokaler Käse hergestellt, der meist nur in der nächsten Umgebung bekannt ist und dort auch vermarktet wird.

Viehherden auf einem Bauernhof in der südlich des Tejo gelegenen Region Alentejo (OBEN). UNTEN LINKS: Serra. RECHTS: Blick auf Lissabon.

KEFALOTIRI

Diesen im Vergleich zum Feta relativ jungen Käse kennt man erst seit ein paar Jahrhunderten. Sein Name geht auf das griechische Wort *kefalo* zurück, jenen griechischen Hut, an den seine Form erinnert. Kefalotiri, der in der griechischen Küche häufig Verwendung findet, wird überall in Griechenland hergestellt und trägt den Namen seiner jeweiligen Herkunftsregion.
Er wird aus unpasteurisierter Ziegen- oder Schafsmilch, deren Fettgehalt variiert, gemacht, in Formen gepreßt, gesalzen und dann wieder gepreßt. Schließlich reift er 2 bis 3 Monate in einem kühlen, feuchten Kellerraum. Reifere Käse werden härter, entwickeln einen intensiveren Geschmack und finden als Reibkäse Verwendung.
KASSERI ist ein junger Kefalotiri, dessen Konsistenz man durch Eintauchen in heißes Wasser elastischer macht. Er wird in kleinen Scheiben oder Blöcken verkauft.

Ein griechischer Bauer trocknet seinen Käse an der Wand seines Hofes (UNTEN). OBEN MITTE: Kefalotiri. GANZ RECHTS: Manouri. GEGENÜBERLIEGENDE SEITE: Ein kretischer Schäfer melkt auf dem Lassithi-Plateau eine Ziege.

■ KEFALOTIRI
Käse aus Schafs- oder Ziegenmilch (bis 45 % F. i. Tr.)
TYP: gepreßt, Schnittkäse, trockene Rinde
FORM: gewölbt (wie ein Kefalo-Hut), 25 cm hoch
GEWICHT: 10 kg
REIFUNG: 2 bis 3 Monate in einem kühlen Keller

ANDERE KÄSESORTEN

Aus der Molke von Feta oder Kefalotiri stellt man einen köstlichen ›Armeleute-Käse‹ her, der im Gegensatz zu anderen Käsen dieses Typs, man denke etwa an den norwegischen Gjetost, frisch gegessen wird.
GALOTIRI gehört wie Feta zu den ältesten griechischen Käsesorten, ist jedoch ein regionales Produkt geblieben, da eine industrielle Herstellung schwierig wäre. Die Milch wird zunächst etwa eine Stunde stehengelassen, danach gekocht, gesalzen und vergoren. Anschließend wird sie viele Male geschlagen und gesiebt, bevor sie schließlich mit dem Bruch ihrer Vorgängerin in einer Ziegenhaut vermischt wird, dem traditionellen Behälter der nomadischen Schafhirten.

Die Reifung dauert 2 bis 3 Monate.
Viele Käsesorten tragen den Namen der Region oder Insel, von der sie stammen. SKYROS, ein Schnittkäse, der dem Kefalotiri ähnelt, stammt von der Insel Skyros, während SALAMANA, ein weicher Schafskäse, der in Ziegenhaut reift, in der Region um Salamis hergestellt wird. MANOURI, ein weicher Ziegen- oder Schafskäse, hat die Form eines stumpfen Kegels. KOPANISTI, ein Blauschimmelkäse von den Kykladen, wird aus unpasteu-

risierter Ziegen- oder Schafsmilch hergestellt, manchmal auch aus einer Mischung der beiden Milcharten. Früher ließ man die Milch für diesen Käse immer ohne Zugabe von Lab auf natürliche Weise gerinnen. Die Bruchmasse wird zu Kugeln geknetet, die man auf ein Gestell legt, wo sie rasch Schimmel entwickeln. Sie werden erneut geknetet und dann gesalzen. Die Kugeln bewahrt man schließlich an einem kühlen Ort in einem mit einem Tuch bedeckten Topf auf und läßt sie dann mehrere Monate reifen.

Kreta, die große, bergige Insel mit ihrem mediterranen Klima, das im Norden feuchter ist als im Süden, ist seit dem 7. Jahrtausend v. Chr. bewohnt. Zwischen 3000 und 1000 v. Chr. entstand hier die berühmte minoische Kultur, deren legendären Richter und Herrscher, König Minos von Knossos, die griechische Mythologie unsterblich gemacht hat. Das Land der Olivenbäume, Weinreben, Getreidefelder und Schafzucht bringt eine Vielzahl von Produkten hervor, die an die Reichtümer seines großen Nachbarn erinnern. Fast alle Käsesorten Griechenlands und der Kykladen sind hier zu finden: Mitzithra, ein weicher Ziegen- oder Schafskäse, wird in Musselin gewickelt im Freien getrocknet. Graviera, das Gegenstück des Gruyère, wird als Dessertkäse gereicht, aber auch für verschiedene Gerichte verwendet. In mehreren Regionen werden Varianten dieses Käses hergestellt. Kritiko (›kretisch‹) ist ein harter, von Hirten hergestellter Schafskäse, der überall in Griechenland erhältlich ist. Darüber hinaus ist hier selbstverständlich auch der Feta sehr beliebt.

Die Bevölkerung der Insel Zypern im östlichen Mittelmeer besteht aus Griechen (ca. 75 %) und Türken. Die Insel wurde im 7. Jahrtausend v. Chr. erstmals besiedelt und war während des gesamten Altertums wichtiges Handelszentrum für die Ägäis, Syrien und Ägypten. Die Insel schaut auf eine bewegte Vergangenheit zurück. Sie war unter anderem im Besitz der Ptolemäer und Römer, unterstand der gemeinsamen Herrschaft der Byzantiner und Araber, Richard Löwenherz und seinen Kreuzrittern, den Genuesern, Venezianern und Türken und wurde schließlich britische Kronkolonie. Natürlich kennt man hier auch einige traditionelle Käsesorten, etwa Feta und Kaskavali, ein naher Verwandter des bulgarischen Katschkawalj. Auch Halloumi, ein Ziegen- oder Schafskäse, und Anari, ein weicher Ziegen- oder Schafskäse, der in hübschen geflochtenen Formen reift, werden hier hergestellt.

Mitzithra wird in Musselinsäcken zum Abtropfen aufgehängt, eine etwas archaische, aber sehr wirkungsvolle Methode (links).
Oben Mitte: Kaschkawal aus Ziegenmilch auf dem Markt von Limassol auf Zypern.
Ganz rechts: Anari, ein Käse aus Zypern, reift in einer Strohverpackung.
Unten: Ziegen in den Hügeln von Nikosia auf Zypern.

Jahrhundertelang regierten die Osmanen über die Levante und Nordafrika. In dieser glorreichen Ära entstand eine reiche Zivilisation, deren berühmte Eßkultur auch heute noch Osten und Westen miteinander verbindet. In der Zentral- und Osttürkei begünstigt das kontinentale Klima – im Sommer ist es sehr heiß, im Winter bitterkalt – die Zucht von Angoraschafen und anatolischen Langhaarziegen, die nicht nur Wolle, sondern auch hochwertige Milch liefern. Vergorene Milch, ein Grundnahrungsmittel der Nomaden, wird frisch gegessen, eine Käseherstellung im eigentlichen Sinn gibt es nicht. An der Ägäis- und Schwarzmeerküste, wo das Klima milder ist, werden Hartkäse hergestellt, die mehrere Monate reifen, aber auch Beyaz, ein weicher, weißer Lake-Käse, der zur Grundnahrung der Bauern gehört.

Beyaz Peynir

Peynir ist das türkische Wort für Käse, doch meist versteht man darunter den überall verbreiteten Käse Beyaz Peynir, den ›Käse des Bei‹ (›Bei‹ ist ein hoher türkischer Beamter). Wie der griechische Feta ist Beyaz ein Schafskäse, der überall in der europäischen Türkei zu finden ist. Sorgfältig gefilterte Milch wird in kleinen Bauernkäsereien durch Zugabe von pflanzlichem Lab und in Großmolkereien durch chemische Zusätze dickgelegt. Der Bruch wird einige Stunden gepreßt und dann in Stücke geschnitten und wieder gepreßt. Früher ließ man den Käse in Schafs- oder

Ziegenhäuten reifen, heute benutzt man dazu Blechbehälter. Der Käse wird schichtweise gesalzen und mit Lake bedeckt. Beyaz kann auf diese Weise mindestens 6 Monate konserviert werden. Vor dem Verzehr muß der Käse entsalzt werden.

- BEYAZ PEYNIR
  Schafskäse (45 % F. i. Tr.)
  TYP: weich, ohne Rinde
  FORM: dicke Scheiben
  GEWICHT: etwa 500 g
  REIFUNG: in Lake eingelegt

Mihalic

Dieser harte Schafskäse stammt aus der Bursa-Region an den Dardanellen. Die Milch wird zunächst in einem Faß dickgelegt, dann in kleine Stücke geschnitten, die mit heißem Wasser besprengt und wieder verrührt werden. Nachdem die Bruchmasse einige Zeit gestanden hat, wird die Molke durch starkes Pressen des Bruchs in einem zusammengeknoteten Tuch abgelassen. Der übriggebliebene Käse wird in große Scheiben geschnitten, dann 1 oder 2 Wochen gesalzen und getrocknet, in Behälter gelegt und bis zu 3 Monate gereift.

- MIHALIC
  Schafskäse (45 % F. i. Tr.)
  TYP: fest, feuchte Rinde
  FORM: dicke Scheiben
  GEWICHT: 500 g bis 1 kg
  REIFUNG: 2 bis 3 Monate in schwacher Salzlake

Ein türkischer Schafhirte mit Kapuzenmantel an der Straße von Bergama nach Bursa in der Türkei (OBEN).
GANZ OBEN: Beyaz Peynir.
UNTEN: Die alte Stadt Bursa schmiegt sich an die Ausläufer des Olympus.

ANDERE KÄSESORTEN

Man hat vermutet, daß KASAR vor langer Zeit von den Kosaken eingeführt wurde. Kasar Peynir ist ein harter oder halbfester Käse, der aus Schafsmilch, manchmal auch aus Kuh- oder Ziegenmilch hergestellt wird. Er kann frisch verzehrt werden und wiegt etwa 2 kg.
TULUM gehört zu den türkischen Käsen, die in Tüchern oder Beuteln aus Tierhaut reifen. Dieser gepreßte Käse besitzt einen scharfen Geschmack und wird in großen Tüchern aufgehängt, so daß die Molke abfließen kann, und dann geschlagen. Die Gallerte wird zerkleinert, gesalzen und in Ziegenhaut gepreßt, worin der Käse einige Monate reift.

Ein Schäfer wandert mit seiner Herde durch türkische Ruinen (UNTEN).
LINKS: Kasar.
GANZ OBEN RECHTS: Ziegen am See von Tiberias (See von Galiläa).
GANZ RECHTS: Akawi, ein weicher, weißer Käse in Lake, der auch entsalzt für süße Pasteten verwendet wird.

Auch in Israel wird viel Käse verzehrt. Wie in allen östlichen Mittelmeerländern waren auch hier in der Vergangenheit aufgrund der klimatischen Gegebenheiten und der nomadischen Wurzeln der Bevölkerung vor allem Frischkäse und saure oder vergorene Milch vorherrschend. Nach dem Krieg führte die Ankunft der zahlreichen Juden aus Europa und den arabischen Ländern zu einer Modernisierung der Landwirtschaft und damit auch zum Aufbau einer Käseindustrie. Molkereien produzieren heute Nachahmungen von europäischen Käsesorten, unter anderem CAMEMBERT, BRIE, EMMENTALER, GOUDA und PROVOLONE. Die jüdischen Speisevorschriften verbieten es, Fleisch und Milchprodukte zusammen zu verzehren. Außerdem müssen bei der Herstellung von Käse ganz bestimmte Regeln befolgt werden, die genau vorschreiben, wie tierisches Lab eingesetzt wird und wie Gegenstände und Gerätschaften, die mit Fleisch in Berührung gekommen sind, zu behandeln sind. Koscherer Käse wird daher sowohl zum Eigenbedarf als auch für jüdische Gemeinden in der Diaspora hergestellt. Bei der arabischen Bevölkerung sind vor allem traditionelle Käsesorten beliebt, etwa GWINA ZFATIT, ein Schafskäse, den man in Töpfen verkauft.

LEBBENE

Sowohl die nomadischen Araber als auch die seßhaften Juden haben schon immer gern Lebbene gegessen, entweder ganz frisch, getrocknet oder in Olivenöl eingelegt, genau wie im Libanon und in Syrien, wo man ihn unter dem Namen Duberki kennt. Die israelischen Siedler, die nach dem Krieg kamen, fanden Gefallen an ihm, und er wird heute oft zum Frühstück verzehrt.

■ LEBBENE
Schafs- oder Ziegenkäse
(mind. 45 % F. i. Tr.)
TYP: weich und fest
FORM: kleine Kugeln
GEWICHT: 100 g
REIFUNG: wird frisch, fast noch flüssig verzehrt, als Kugel (Duberki) getrocknet oder in gewürztem Olivenöl eingelegt

In fast allen Ländern des Mittleren Ostens stellt man einen kugelförmigen kleinen Käse her, der meist unter dem Namen LEBENEN bekannt ist, in Syrien heißt er allerdings LEBNEY, in Jordanien LABANEH und auf der arabischen Halbinsel GIBNE. Man läßt die Ziegen- oder Schafsmilch, gelegentlich auch Kuhmilch, einen Tag in Ziegenhaut sauer werden. Danach wird sie in eine Art Butterfaß gegeben und geschüttelt, so daß sich die Butter von den Restbestandteilen trennt, die daraufhin in ein Baumwolltuch gegeben werden, damit

die Molke austreten kann. Die Masse wird gesalzen und in Kugeln gerollt. Diese legt man in Krüge mit Olivenöl,

das mit aromatischen Kräutern gewürzt ist, und läßt sie darin reifen. Jordanischer Labaneh wird aus vergorener Kuhmilch hergestellt, der etwas Milchpulver zugefügt wird. Die Beduinen an der jordanisch-syrischen Grenze stellen Lebney her, indem sie Sauermilch mit Getreide aufkochen und die Mischung 20 bis 36 Stunden stehenlassen. Nachdem sie die Molke abgelassen haben, kneten sie den Käse zu kleinen Kugeln und würzen ihn mit aromatischen Kräutern. Diese kleinen Käse werden in Töpfen mit Olivenöl aufbewahrt. Der LIBANESISCHE HALLOUMI ist ein weicher Schafskäse.

Lebney wird in Krügen mit Öl und aromatischen Kräutern aufbewahrt (GANZ LINKS). OBEN MITTE: Chuncliche, ein äußerst würziger Käse, der in Thymian und Sesamkörnern gewälzt wird. Er wird meist im Salat gegessen, mit Tomaten kombiniert und mit Olivenöl übergossen. OBEN GANZ RECHTS: Majdouhi, ein frischer *Pasta-filata*-Käse. MITTE RECHTS: Halloumi. GANZ UNTEN LINKS: Ziegen an der Oase von Palmyra zwischen Damaskus und dem Euphrat in Syrien. FOLGENDE SEITEN: Quashgai-Frauen im Iran versorgen ihre Ziegen.

Die Neue Welt

Die Länder der sogenannten Neuen Welt, die in diesem Kapitel vorgestellt werden, waren nur für die europäischen ›Entdecker‹ neu. Die Ureinwohner dieser Gebiete, die später die Namen Amerika, Australien und Neuseeland erhielten, mußten hilflos mitansehen, wie ihre Welt von Eindringlingen umbenannt und völlig verändert wurde. Die Fremden, deren erste Abgesandte oft gastfreundlich aufgenommen wurden, wurden schon bald immer zahlreicher und übertrafen sich gegenseitig an Gier und Brutalität. Sie nahmen der eingeborenen Bevölkerung das Land weg und rotteten in Nordamerika und Australien die Urbevölkerung so gut wie vollständig aus. Die Eindringlinge brachten Schießpulver und Krankheiten mit, sie plünderten, mordeten und brachen unzählige Verträge, doch die positiven Errungenschaften der Alten Welt, die sie in den eroberten Gebieten einführten, ließen sich an den Fingern einer Hand abzählen. Der Preis, den die einheimische Bevölkerung für diese Neuerungen bezahlen mußte, war unendlich hoch. Die Eroberer brachten das Rad, Pferde, Schafe, Ziegen und Kühe ins Land, und mit den milchspendenden Tieren kamen die Käser. Das südamerikanische Lama hatte zwar bisher als Fleisch- und Milchlieferant sowie als Lasttier gedient, doch Käse war in Südamerika und den übrigen Teilen der Neuen Welt eine revolutionäre Neuerung.

Mit Hilfe der Missionare verbreiteten die Spanier und Portugiesen ihre Methoden der Käseherstellung über ganz Süd- und Mittelamerika bis nach Kalifornien. Die verbreitetsten Käsesorten sind Queso Blanco (Queso Fresco in Peru) entlang der Anden, Oaxaca *(Pasta filata)* und Anejo (ein in Tücher gewickelter Käse aus entrahmter Ziegenmilch). Seit den 50er Jahren des 19. Jahrhunderts kann auch Argentinien eigene Käsespezialitäten beisteuern. Von den 1,8 Millionen Immigranten in der nächsten Jahrhunderthälfte waren fast 75 % Italiener. Die Käser entwickelten Spezialitäten mit regionalem Charakter und Namen in Anlehnung an die Lieblingssorten ihrer Heimat, der Trebolgiano beispielsweise ist dem Parmesan nachempfunden.

In Nordamerika und Neuseeland dominierte verständlicherweise der englische Einfluß. In Manhattan stellten die Holländer bereits Anfang des 17. Jahrhunderts Weichkäse her, doch dann expandierte die Herstellung von Cheddar so stark, daß man bereits 1790 Käse nach England exportieren konnte. Um 1900 importierte Großbritannien 128 000 Tonnen Käse. Davon stammten 66 % aus Kanada, 25 % aus den USA, 3 % aus Neuseeland und ein sehr kleiner Prozentsatz aus Australien. Black Diamond und der kanadische Belleville-Brockville-Cheddar, datiert und perfekt gereift, waren von hervorragender Qualität. Neuseeländischer Cheddar war zwar kein derartiger Gaumenschmaus, stellte jedoch mit seiner Konsistenz und seinem einfachen Geschmack den Normalverbraucher durchaus zufrieden. Leider drosselte die EG in den 70er Jahren den britischen Import aus Kanada und Neuseeland und zerstörte damit nachhaltig alte Handelstraditionen. In den USA wurde der angelsächsische Einfluß mit der Zeit immer geringer. Ein kalifornischer Schotte, David Jacks, entwickelte im Jahre 1882 aus dem Queso Blanco den ersten echten Qualitätskäse der Vereinigten Staaten, den Monterey Jack (wo das ›s‹ aus seinem Nachnamen geblieben ist, weiß man nicht), als die industrielle

Verschiedene Varianten des amerikanischen Cheddar (unten).
Vorhergehende Seiten: Ein Blick auf die unendliche Weite Australiens. Auf den unberührten Ebenen in der Nähe des Hanging Rock grasen riesige Schafherden.

Präkolumbianische Tonfigur aus Oaxaca, Mexiko.

Cheddar-Herstellung in Neuengland und Wisconsin noch in voller Blüte stand, doch aufgrund des Einwanderungsstromes aus Europa, der in den 70er Jahren des 19. Jahrhunderts einsetzte, war 1890 jeder dritte US-Bürger im Ausland geboren. Es gab 8 Millionen Deutsche, und allein in Minnesota lebten 373 000 Skandinavier. Mit den holländischen und Schweizer Siedlern widmeten sie sich ebenfalls intensiv der Käseherstellung. Der Schweizer Emil Frey entwickelte schließlich im Jahre 1891 den zweiten großen amerikanischen Käse, den Liederkranz. Ende des 19. und Anfang des 20. Jahrhunderts wuchsen auch die italienischen Gemeinden immer schneller, und die Einwanderer brachten aus ihrer Heimat natürlich auch ihre Käsesorten mit. In den 30er Jahren gab es diverse Kuhmilchkäse, die sich an den bekannten europäischen Vorbildern orientierten und in den Nordstaaten industriell hergestellt wurden.

In den Jahren nach dem Zweiten Weltkrieg kam eine Flut spanischsprachiger Einwanderer, und die Nachfrage nach Queso Blanco nahm stetig zu. In dieser Zeit entstanden auch immer mehr Supermärkte, und viele kleine Käsereien mußten schließen, von ehemals 50 Limburger-Herstellern ist beispielsweise heute nur noch ein einziger übriggeblieben. Die moderne Gesetzgebung verbietet die Herstellung von Rohmilchkäse und beschränkt damit die Herstellung auf Weichkäse und Käse des Parmesan-Typs. Diese Faktoren und die industrielle Massenproduktion führten dazu, daß Amerikaner, die nicht viel in der Welt herumgekommen sind, keine Möglichkeit haben, einen wirklich hochwertigen Käse kennenzulernen.

In den 80er Jahren kehrten amerikanische Käseliebhaber, die wußten, was ihnen entging, zurück aufs Land oder erweckten alte Familienbetriebe wieder zum Leben, um Käse nach amerikanischen, englischen, französischen, holländischen und italienischen Rezepten herzustellen, und entwickelten dabei Käsesorten ganz eigener Art. Obwohl es in den USA nur wenige Milchschafe gibt, da der Import dieser Tiere untersagt ist, haben auch Schaffarmen inzwischen begonnen, ihre Käse zu verkaufen. In Putney entwickelte man den Mountain Shepherd, einen halbfesten Käse mit Naturrinde, der nach 6 Monaten seine optimale Reife erreicht. Okanogan, ein in Kastanienblätter gewickelter, handgemachter und im Staate Washington gereifter Käse, wird von der weitgereisten Besitzerin von Zingerman's in Ann Arbor, Michigan, beschrieben als »einer der besten Käse überhaupt, den ich seit vielen Jahren gegessen habe«.

Während der letzten 20 Jahre haben Australien und Neuseeland einen ähnlichen Aufschwung neuer Käsesorten erlebt, was vor allem auf neue, nicht-britische Einwanderergruppen zurückzuführen ist. Früher hatten Geschäfte und Restaurants außer einfachstem Cheddar so gut wie nichts an heimischen Käseprodukten anzubieten. Inzwischen können sie jedoch auf eine bunte Palette von einheimischen (handwerklich hergestellten) Versionen von französischen, italienischen, griechischen und holländischen Käsesorten zurückgreifen, darunter gut gereifte Cheddar-Arten, und immer mehr eigene, regionale Spezialitäten. Dazu gehören unter anderem der vom Gorgonzola inspirierte australische Gippsland und der neuseeländische Soft Blue Kahurangi sowie der festere Buttery Blue Kahurangi.

Frühling in Südaustralien.

Ein Plakat, das die Qualität amerikanischer Milchprodukte anpreist (unten).
Ganz unten: Studenten an der Wisconsin School for Agriculture der Universität von Wisconsin in den 20er Jahren.
Oben rechts: Eine Reklametafel wirbt für Käse aus dem berühmten ›Dairy State‹ Wisconsin.

Wie man heute weiß, war Christoph Columbus keineswegs der erste Europäer, der amerikanischen Boden betrat. Die Wikinger waren lange vor 1492 dort gewesen, hatten die Insel Neufundland entdeckt und dort mehrere Winter verbracht. Es ist nicht bekannt, ob es Rinder, Schafe oder Ziegen waren, die als Nutztiere über das Meer mitgenommen wurden, um den ersten Hof zu bevölkern, der aus trockenen, mit Erde bedeckten Steinen im Stil der Gebäude im mittelalterlichen Island bestand. Jedenfalls blieb es bei diesem kurzen Versuch der Kolonialisierung, und erst Anfang des 17. Jahrhunderts ließen sich schließlich die ersten europäischen Siedler an der Ostküste der heutigen Vereinigten Staaten nieder. Sie brachten alles mit, was für das Überleben ihrer kleinen Kolonie wichtig war, vor allem Hühner, Schweine und Kühe, aus deren Milch man auch Käse herstellte, und einen Bullen für die Zucht. Englische Siedler führten 1607 in Jamestown, einer Siedlung am Ufer des Flusses James in Virginia, ebenfalls Nutztiere ein. Die grünen Täler, die diesen Fluß umgaben, wurden als Vorboten für die Reichtümer des Orients betrachtet, die man höchstens einen ›Zehntagemarsch‹ weiter vermutete. Landkarten aus dieser Zeit bestätigen, daß man damals fest von der Wahrheit dieser kühnen Theorie überzeugt war. Die englischen Siedler in Neuengland, die daran gewöhnt waren, ein unabhängiges Leben als Selbstversorger zu führen, stellten schon recht bald ihren eigenen Käse her, einen gekochten Käse der Cheddar-Art, der mehrere Monate haltbar war und, wenn man ihn verkaufte, sogar ein wenig Geld einbrachte. Ihre Rinder waren Guernsey-Kühe oder friesische Milchkühe aus Nordeuropa, die für ihre Robustheit bekannt waren, später wurden jedoch auch Milchkühe aus der Schweiz importiert. Mit der großen Einwanderungswelle Mitte des 19. Jahrhunderts wandelte sich die Käseherstellung vom Familien- und Handwerksbetrieb zu einer blühenden Industrie.

Diese Entwicklung war vor allem auf die steigende Nachfrage in den rasch wachsenden Städten zurückzuführen. Im Land der unbegrenzten Möglichkeiten wurde der Fortschritt nicht durch das Festhalten an alten Traditionen behindert, und unternehmungsfreudige Farmer betrieben Käsereien und versorgten sich täglich mit der Milch von nahegelegenen Höfen. Die Ergebnisse dieser gemeinschaftlichen Unternehmungen waren so erfolgreich, daß Ende des Jahrhunderts an der Ostküste bereits 1000 Käsehersteller tätig waren.

Im Mittleren Westen führte der Sieg der Nordstaaten über die Südstaaten, der 1865 den Amerikanischen Bürgerkrieg beendete, schließlich zu einer rapiden Entwicklung der Landwirtschaft und dem Aufschwung der Stadt Chicago, einem Zentrum der Getreideproduktion. Klima und Weideland des Nachbarstaates von Wisconsin eigneten sich hervorragend für Viehzucht und Käseproduktion. Im Laufe eines Jahrhunderts wurde Wisconsin den Amerikanern als ›cheese country‹ ein Begriff und produzierte fast 40 % der gesamten Käsemenge der USA. In der Hauptsache wurde allerdings Cheddar hergestellt, ein Hartkäse, den man vor allem in der Küche verwendete.

Die Bedürfnisse einer Bevölkerung, die zu einem großen Prozentsatz aus europäischen Einwanderern bestand, führten jedoch dazu, daß man sich auch die Käsespezialitäten der Alten Welt etwas genauer anschaute. Wisconsin produziert heute industriell 200 Käsesorten, die unter anderem als Camembert, Gouda, Limburger, Port-Salut, Mozzarella, Provolone, Parmesan, Schabzieger oder Gjetost verkauft werden. Inzwi-

schen hat der ›Milchstaat‹ Wisconsin jedoch von einem anderen Staat Konkurrenz bekommen, nämlich von Kalifornien, dessen ökonomische Entwicklung in den 70er Jahren einen dramatischen Aufschwung erlebte. Im sonnigen Kalifornien konnten sich die Träume der Hippies und die Sehnsucht nach einer Rückkehr zum einfachen Leben, wie es die ersten Siedler führten, durch die Fortschritte der modernen Fernmeldetechnik erfüllen, die es möglich machte, zu Hause zu arbeiten. Die handwerkliche Produktion von Käse ist weit verbreitet, auch wenn man dazu oft industriell verarbeitete Milch benutzt. Ziegenkäse, der erst gegen Ende der 70er Jahre auftauchte, ist inzwischen so gefragt, daß man nach ihm »hier genauso verrückt ist wie in Holland nach Tulpen«, wie die amerikanische Presse kürzlich verlauten ließ. Die Amerikaner entwickeln sich immer mehr zu großen Käseliebhabern, 1991 war der jährliche Pro-Kopf-Verbrauch (12 kg) genau doppelt so hoch wie im Vorjahr. Zudem werden die Käsefans immer anspruchsvoller, und die American Cheese Society tut alles, um Farmer und Käser zusammenzuführen, und sorgt mit Hilfe von über 1000 Einzelhandelsgeschäften dafür, daß die Öffentlichkeit auf die hervorragenden einheimischen Käsesorten aufmerksam wird. Amerikanische und europäische Experten werden zu den jährlich stattfindenden Kongressen eingeladen, um dort an Vorträgen und Diskussionen über den neuesten Stand der Käseherstellung teilzunehmen.

Amerikanischer Cheddar

Den Löwenanteil der amerikanischen Käseproduktion machen die verschiedenen Cheddar-Varianten aus, die hauptsächlich in der Küche Verwendung finden. Die berühmtesten amerikanischen Cheddar-Arten stammen aus den Staaten New York und Vermont, dazu gehört auch der Grafton Village, der aus unpasteurisierter Milch von Jersey-Kühen hergestellt wird. Erwähnenswert sind auch der Cabot und Shelburon aus Wisconsin.

- Amerikanischer Cheddar
  Kuhmilchkäse (50 % F. i. Tr.)
  Typ: Schnittkäse, strohfarben, trocken, feste Rinde
  Form: unterschiedlich
  Gewicht: bis zu 50 kg
  Reifung: 4 Wochen oder bedeutend länger, je nach gewünschter Konsistenz und Geschmack

Amerikanischer Provolone aus Wisconsin (oben).
Oben links: Bouvier in North Dakota, USA.
Unten links: Ein Molkereibetrieb in Südwest-Wisconsin.
Unten rechts: Cheddar aus Vermont.

ANDERE KÄSESORTEN

Der beste amerikanische Käse, der MONTEREY JACK, wird in Kalifornien produziert. Wie bei allen berühmten Käsesorten soll das Geheimnis seines Erfolgs in einem uralten Geheimrezept liegen, das sein erster Hersteller, David Jacks, angeblich 1916 von einem Mönch erhielt. Der Monterey Jack ist ein entfernter Verwandter des Cheddar, ähnelt jedoch auch ein wenig dem Colby. Er hat einen Fettgehalt von weniger als 50 %, eine trockene rote Rinde und eine leicht cremige Konsistenz mit mittelgroßer Lochung. Ein Monterey wiegt 500 g und reift 4 Wochen lang. Eine etwas härtere Variante, die mehrere Monate reift, wird wie Parmesan verwendet. TELEME, ebenfalls ein kalifornischer Käse ist ein Abkömmling des griechischen Feta, jedoch seit den 20er Jahren eher italienisch als griechisch. Er ist ein Hartkäse, der aus vollfetter Kuhmilch hergestellt wird. Seine Naturrinde wird mit Reismehl bestäubt und entwickelt eine rostrote Farbe. Teleme hat eine mehr oder weniger quadratische Form und eine Reifezeit von 10 Tagen bis 2 Monaten. Der Teleme der Peluso Cheese Company wurde 1992 von der American Cheese Association als bester Käse ausgezeichnet. In Wisconsin wird seit 1882 eine regionale Spezialität namens COLBY hergestellt. Obwohl seine feste Textur an Cheddar erinnert, muß er möglichst rasch verzehrt werden, da er nicht so lange haltbar ist wie sein berühmter Vetter. Er ist wegen seines milden Aromas sehr beliebt und wird in Salaten, zum Frühstück und mit Früchten gegessen. Er enthält weniger als 50 % Fett, und seine Rinde ist trocken und besitzt eine orangegelbe Färbung. Er ist entweder als Zylinder oder rechteckiger Block erhältlich und reift vier Wochen, manchmal auch weniger. COLBY JACK ist eine orangefarbene Variante von weicherer Konsistenz mit weißer Marmorierung. Der imposante BARREL CHEESE wird in Fässern verkauft und kann über 200 kg wiegen, ist jedoch auch in kleineren Formaten erhältlich. Sein kleiner Bruder, der MAMMOTH CHEESE, wiegt oft mehr als 50 kg. BRICK CHEESE ist ein cremefarbener, relativ weicher Käse mit leichtem Haselnußgeschmack.

Der GREAT LAKES CHESHIRE aus Ann Arbor in Michigan wird aus Bio-Rohmilch handgefertigt. Auch COTTAGE CHEESE, Hüttenkäse, wird in großen Mengen produziert und in vielen Formen und Verpackungen verkauft. Immer mehr Hersteller entwickeln ihre eigenen Versionen von klassischen oder noch unbekannten Rezepten, dies gilt ganz besonders für Ziegenkäse. Die *American Goat Association* hat eine Unterabteilung

Montery Jack (RECHTS).
UNTEN: Colby und Brick.
OBEN RECHTS: Eine Auswahl amerikanischer Käsesorten und Cracker.
UNTEN RECHTS: Im Herbst wird in Colorado, USA, eine Schafherde zusammengetrieben.

für Produkte aus Ziegenmilch, die *American Dairy Goat Product Association,* gegründet, deren Zentrale sich im Staat Washington befindet. Obwohl ein Verbot für den Import von Schafen dazu geführt hat, daß es in den Vereinigten Staaten nur wenige Rassen von Milchschafen gibt, sollte man die Käsesorten aus Putney in Vermont (halbfeste Schnittkäse mit Naturrinde, etwa 6 Monate gereift) nicht vergessen, und ebensowenig den Kanongan Cheese, der in Kastanienblätter gewickelt wird. Der Craigston Camembert, der in der Nähe von Boston, Massachusetts, hergestellt wird, erfreut sich großer Beliebtheit. Neben den jüngeren Käseproduzenten findet man auch erfahrene Käser-Veteranen, wie etwa Albert Deppeler, der bereits seit 1939 Limburger, Munster und Brick herstellt.

Kanada ist flächenmäßig das zweitgrößte Land der Welt. Im Norden fällt die Temperatur im Winter bis auf –62 °C, im Süden kann sie im Sommer 27 °C erreichen. Die Naturschönheiten dieses Landes sind atemberaubend, allerdings ist der größte Teil des Landes von Schnee und Wäldern bedeckt. Französische Siedler kultivierten zwar vor drei Jahrhunderten das erste Weideland, waren jedoch in der Hauptsache Trapper und Händler und verbrachten den Großteil des Tages damit, in den Wäldern ihren englischen Rivalen das beste Wild vor der Nase wegzuschnappen, und hatten kaum Zeit, Rinder, Ziegen oder Schafe zu züchten. Außerdem gab es zu diesem Zeitpunkt in Kanada kaum Vieh, denn die meisten Tiere, die 1518 ins Land gebracht worden waren, hatten nicht überlebt. 100 Jahre später hatte Samuel Champlain offenbar mehr Glück, doch auch zu diesem Zeitpunkt gab es weder genug Tiere noch Menschen, daher blieb die Produktion weiterhin klein. 1669 veranlaßte Colbert, der Schatzmeister von Ludwig XIV., daß hochwertige Milchkühe aus der Normandie nach Kanada exportiert wurden. Er stellte Kanada oder zumindest die Region Quebec unter französische Herrschaft und regte die Emigration dorthin an, ein Anstoß, der besonders von den Bewohnern der Perche, einer kleinen Provinz im Osten der Normandie, aufgegriffen wurde. Die ersten Käsesorten wurden auf der Insel Orléans in Quebec hergestellt, doch die Franzosen waren mehr am Pelzhandel als an der Landwirtschaft interessiert, und Ludwig XV., der Nachfolger Ludwigs XIV., überließ den Engländern anscheinend ohne viel Aufhebens ihre »paar Morgen Schnee«, denn mehr schien ihm Kanada nicht zu bedeuten. Viele Franzosen blieben jedoch dort und behielten ihre Sprache und ihre Traditionen bei. In der Zwischenzeit kamen auch englische Siedler ins Land. In den Gebieten, in denen das Klima es zuließ, d. h. im Süden und in den Küstenregionen, begann sich die Landwirtschaft zu entwickeln. Die Farmer, für die der Verkauf ihrer Kälber auf dem Markt ein gutes Geschäft bedeutete,

Cottage Cheese, Hüttenkäse (oben links).
Unten: Eine Scheune im ländlichen Rivington in der Provinz Quebec, Kanada.

Als portugiesische und spanische Seefahrer auf Entdeckungsfahrt in See stachen, waren derartige Reisen noch höchst riskante Unterfangen. Ihre kleinen Karavellen waren damals die einzigen Schiffe, die in der Lage waren, ›neue Sterne‹ zu entdecken. Die Schiffsreise zog sich endlos lange hin, und die Sicherung von Trinkwasservorräten und Verpflegung war eine äußerst schwierige Angelegenheit. Harte Schafskäse des Manchego-Typs bedeuteten ein königliches Festessen für die mittellosen Männer, die mit einer Handvoll Abenteurern die Segel hißten, in der Hoffnung, am anderen Ende der Welt auf Reichtümer und Schätze zu stoßen. In den Ländern, die sie fanden, war Käse etwas vollkommen Unbekanntes, hier kannte man höchstens Milch von Lamas, die hoch oben auf den Andenplateaus lebten. Doch die Verwunderung der Ankömmlinge bedeutete gar nichts im Vergleich zu dem Erstaunen der Ureinwohner beim Anblick der fremden Wesen, die mit ihren Schiffen an ihren Stränden anlegten. Sie erschienen ihnen wie mythische Wesen, denn sie saßen hoch zu Roß, und Pferde hatten die Menschen hier noch nie zuvor gesehen. Die Entdeckung Amerikas bescherte der Alten Welt Kartoffeln, Mais, Kakao und zahlreiche eßbare Pflanzen, die die Eßgewohnheiten vieler Völker nachhaltig veränderten und bei der Bekämpfung von Hungersnöten äußerst hilfreich waren. Die Eroberer ihrerseits brachten Rinder, Schafe und ein paar Ziegen mit und schufen damit die Voraussetzungen für die Herstellung von Käse. Der Papst hatte den Abenteurern aber nicht nur seinen Segen mit auf den Weg gegeben, sondern dazu auch einige Mönche, die sozusagen Spezialisten waren, da sie natürlich die Kunst der Käserei beherrschten. Die nordsüdlichen ›Cordilleras‹ und die hochgelegenen Plateaus von Lateinamerika, auf denen es keinerlei Tropenkrankheiten gab, wurden nach und nach immer intensiver für die Rinderzucht genutzt. Diese unerwarteten Nutztiere, von denen jede Familie nur wenige benötigte, versorgten die einheimische Bevölkerung mit Milch. Die Spanier, Portugiesen und später auch die italienischen Kolonialherren besaßen sehr bald in ihrer neuen Heimat genauso ansehnliche Grundstücke wie zuvor in ihrer alten und ließen ihr Vieh auf den großen Grasebenen, den Pampas, weiden. Die armen Bauern und Dorfgemeinschaften nutzten die Milch, um daraus Käse herzustellen. Obwohl die Palette sehr viel kleiner war, erinnerten diese Käse doch zuweilen an die Spezialitäten des alten Europa, vor allem die Käsesorten aus den jeweiligen Heimatländern der Eroberer, deren Sprachen – Spanisch und Portugiesisch – man in Lateinamerika bereits übernommen hatte. Der am weitesten verbreitete regional hergestellte Käse ist der Queso Blanco, ein weicher, weißer Käse, der so gut wie überall anzutreffen und unter verschiedenen Namen bekannt ist. Er kann frisch oder auch leicht gereift verzehrt werden. Die Käseproduktion in den lateinamerikanischen Ländern nimmt heute immer stärker zu. Rinderherden und gutes Weideland sind in der Tat im Überfluß vorhanden. Dennoch hat sich die Käseindustrie bisher auf die Herstellung von europäischen Schnittkäsen des Emmentaler- und Gouda-Typs, die bereits überall auf der Welt hergestellt werden, spezialisiert. Mexiko, das größte Land Mittelamerikas, ist für seine politischen Konflikte und Revolutionen bekannt. Landwirtschaftliche Reformen wurden Anfang des Jahrhunderts eingeleitet, als Ergebnis der revolutionären Aufstände der Bauernführer Pancho Villa und Zapata. Obwohl die *Peones* jetzt ihr Land und ihre Herden selbst besitzen, gibt es immer noch genügend Großgrundbesitzer, und auch heute noch wird das meiste Vieh als Schlachtvieh gehalten.

OAXACA oder ASADERO, ein *Pasta-filata*-Käse, wird aus vollfetter Kuhmilch hergestellt und ist bei weitem der

Die Kathedrale von Mitla in Mexiko (UNTEN).
OBEN: Mexikanischer Markt mit einer Auswahl von Oaxaca-Käsen.
VORHERGEHENDE SEITEN: Schafherde in der ›Cordillera des Andes‹ in der Nähe von Salta im Nordwesten Argentiniens.

beliebteste Käse. Er wird geknetet und meist zu Kugeln geformt, die man dann einige Minuten in Salzlake taucht. Er wiegt zwischen 250 g und 2 kg, ist strohfarben und hat einen Fettgehalt von 45 %.

Anejo ist ein traditioneller Käse aus entrahmter Ziegenmilch (manchmal auch Kuhmilch). Es handelt sich um einen Weichkäse, er wiegt etwa 5 kg und wird in Leinenbeuteln verkauft.

Gajaqueno ist ebenfalls ein Ziegenkäse des *Pasta-filata*-Typs. Im Süden des Landes, besonders in Küstennähe, hat die Vegetation tropischen Charakter. Aus dieser Gegend stammt der Coyolito, ein Schnittkäse, der in Kokosmilch gewaschen wird. Er reift 3 Monate, wird regelmäßig mit Salzwasser gewaschen und besitzt einen etwas scharfen Geschmack. Außerdem gibt es zahlreiche sehr harte, salzige Käse, die ein Jahr oder länger reifen und mit dem Parmesan verwandt sind.

Weißer Frischkäse oder Queso Blanco ist bei den Andenbauern sehr beliebt und trägt verschiedene regionale Namen. Die meisten Käse reifen nur sehr kurz,

da die Einheimischen den scharfen Geschmack anderer Käsesorten nicht mögen. Zwischen den sehr hoch gelegenen Weiden mit ihrem kurzen Gras und dem dampfenden, heißen Tiefland gibt es nicht viele Möglichkeiten, Rinder unter annehmbaren Bedingungen zu züchten. Die Andenländer stellen eine Vielzahl von Käsesorten her, die jedoch keinen ausgeprägten Charakter besitzen. In Kolumbien gibt es allerdings verschiedene Käse des *Pasta-filata*-Typs, unter anderem Pera, der nach dem bekannten Verfahren aus entrahmter Kuhmilch

gemacht und nach kurzer Reifezeit in Lake eingelegt in kleinen Portionen lose verkauft wird.

In Argentinien ist die Lage völlig anders, denn hier stieg in der Zeit zwischen den Weltkriegen der Fleischexport rapide an. Die Ankunft von italienischen Einwanderern bereicherte die regionale Produktion von Weichkäsen, was zu Spezialitäten wie Chubut, Cuartirolo, Goya, der im Grunde ein kurz gereifter Asiago ist, und Moliterno führte, einem *Pasta-filata*-Käse. Parmesan, der Nudelgerichten erst die richtige Würze verleiht, findet im Trebolgiano sein regionales Gegenstück. Trebolgiano Chico

reift 12 Monate, während der Trebolgiano Grande 18 Monate benötigt und dabei hart und krümelig wird.

Wie in Argentinien spielt die Rinderzucht auch in Brasilien eine wichtige Rolle, doch auch hier dienen die meisten Tiere als Schlachtvieh. Im Bundesstaat Minas Gerais wird ein Käse namens Minas Frescal hergestellt, ein Weichkäse aus der Milch von Suri-Kühen. Minas Pfensado, ein anderer milder, kurz gereifter Weichkäse, wird hergestellt, indem man die Bruchmasse langsam erhitzt, die Molke ablaufen läßt, die Masse anschließend knetet und in Formen preßt.

In Huanuco, Peru, wird Ziegenkäse getrocknet (unten links). Der Vorgang läßt sich beschleunigen, indem man ein Feuer unter dem Käse anzündet.
Mitte: Markt in San José in Costa Rica.
Ganz oben: Aymara-Indianerinnen in Bolivien bieten ihren Käse auf dem Markt zum Verkauf an.
Unten: Angoraziegen und Schafe in Argentinien.

Obwohl Australien bereits 1606 entdeckt worden war (Tasmanien allerdings erst 1643) und mehrfach von Europäern besucht wurde, ließen sich diese erst 1788 dauerhaft dort nieder. Die Engländer gründeten die Botany-Bay-Strafkolonie in New South Wales und bevölkerten sie zweifellos mit ebenso vielen bedauernswerten Unschuldigen wie mit tatsächlichen Verbrechern. Die wenigen Pferde, Schafe und Rinder, die den ersten Sträflingstransport begleiteten, waren dafür vorgesehen, die Gouverneure dieses Gefangenenlagers am Ende der Welt zu ernähren, und nicht etwa, um das Leben der Verbannten zu erleichtern. Erst sehr viel später kamen Siedler, die bereit waren, aus freien Stücken hier zu leben, sie waren jedoch bereits 1830 den Sträflingen zahlenmäßig überlegen. Erst Ende des 19. Jahrhunderts, als man begann, das Landesinnere und den Norden zu erforschen, erkannten die Europäer schließlich, daß die riesige Insel – oder vielmehr dieser Erdteil – bereits seit Tausenden von Jahren von Einheimischen, den Aborigines, bewohnt wurde, die weder Landwirtschaft noch Metall kannten. Die ersten Rinder, die ins Land kamen, wurden hauptsächlich als Schlachtvieh gehalten, ihre Milch diente den Züchtern lediglich zur Deckung des Eigenbedarfs. Mitte des 19. Jahrhunderts jedoch gab es bereits zahlreiche hervorragende Jersey-Milchkühe. Bald begann man auch hier, Cheddar herzustellen, denn die britische Regierung hatte sich zum Ziel gesetzt, diesen Käse auch in den entferntesten Winkeln des britischen Empires einzuführen, solange die Voraussetzungen für seine Herstellung günstig waren. Der traditionelle englische Cheddar wurde nach einer neuen Methode hergestellt, die eine Produktion in großem Umfang erlaubte, eine revolutionäre Entwicklung, welche bewirkte, daß die Käseherstellung aus bäuerlichen Kleinbetrieben direkt ins Industriezeitalter katapultiert wurde.
Von nun an begann Australien, Käse oder, genauer gesagt, fast ausschließlich Cheddar zu produzieren und die saftigen, grünen Weiden von Queensland, New South Wales und später auch Tasmanien bestmöglich zu nutzen.
Ende des Zweiten Weltkriegs, zu einem Zeitpunkt, als immer noch 90 % der Bevölkerung britischer oder irischer Abstammung waren, öffnete Australien sich schließlich auch für Einwanderer aus anderen Ländern. Italiener, Griechen, Malteser, Holländer, Polen und Türken strömten ins Land. Viele von ihnen brachten ihre eigenen Sitten, Eßgewohnheiten und Käsespezialitäten mit.
Mit den Pizzerias, die überall wie Pilze aus dem Boden schossen, führten die Italiener weiche, geschmeidige *Pasta-filata*-Käse ein, die an den Caciocavallo erinnerten. Von nun an wurden auch Mozzarella, Provolone und Scamorza, ein birnenförmiger Käse mit einer Reifezeit von nur einem Monat, in Australien produziert. Heute wird außerdem eine eindrucksvolle Palette italienischer Hartkäsearten angeboten, unter anderem auch Parmesan, der aus der guten Milch australischer Schafe (die ja nicht allein Wolle liefern) hergestellt wird, sowie Romano, Pecorino, Pepato, der mit

Der Hafen von Melbourne in der Provinz Victoria in Südaustralien (unten). Zeichnung von E. de Bérard nach einer Fotografie (1861).
Oben: Schafherde in Australien. Die Tiere werden wegen ihrer Wolle gezüchtet, dienen jedoch auch als Fleisch- und Milchlieferanten.

schwarzen Pfefferkörnern gewürzt wird, sowie RIGATINO. 1984 betrug der Export des australischen Blauschimmelkäses GIPPSLAND BLUE, der seinen Namen der für ihre Milchproduktion besonders berühmten Region im Südosten des Landes verdankt, 6 Tonnen. Seither ist dieser Käse in Australien sozusagen eine Legende, und heute werden jährlich mehrere hundert Tonnen davon produziert. Einer der Hauptbegründer dieses Erfolgs ist Richard Thomas, der das Geheimnis der Herstellung von Blauschimmelkäse direkt bei den Herstellern des Novara Gorgonzola erlernte. Es gibt auch einen EDAMER (EDAM), der 2 bis 6 Monate reift, einen GOUDA (3 bis 6 Monate Reife) und verschiedene GRUYÈRE- und EMMENTALER-Varianten, etwa SAMSØ und TILSITER (TILSIT), die man für Fondues und Sandwiches benutzt. Australischer Kefalotiri griechischer Herkunft heißt KEFALOGRAVIERA. HALOUMY ist mit Kräutern versetzt und reift in seiner Molke. Eine hellgelbe FETA-Variante aus Kuhmilch ist ebenfalls erhältlich und wird wie Haloumy aus entrahmter Milch gemacht. Beide Käsesorten sind in Australien aufgrund ihres geringen Fettgehalts äußerst beliebt. Auch Edelpilzkäse sind vertreten, beispielsweise BRIE und CAMEMBERT.

AUSTRALISCHER CHEDDAR

Über die Hälfte des in Australien produzierten Käses ist entweder Cheddar oder Cheshire (1989 waren es 70 000 Tonnen), man unterscheidet allerdings verschiedene Cheddar-Varianten. Bei Käsefreunden besonders beliebt ist zweifellos der Farmhouse Cheddar, der in 4 verschiedenen Reifestadien verkauft wird. ›Mild‹ hat einen zarten, delikaten Geschmack und reift 3 Monate. Der aromatische ›Semi-Mature‹ (halbreif) reift weniger als 6 Monate, ›Mature‹ (reif) benötigt für seine Reifung bis zu einem Jahr und besitzt alle Merkmale eines hervorragenden Käses. ›Vintage‹ (alter) Cheddar, den besonders wählerische Feinschmecker am meisten schätzen, besitzt eine kräftig gelbe Färbung und einen etwas scharfen Geschmack. Er reift bis zu 18 Monate. Die Produktionsmethoden für pasteurisierten Cheddar sind praktisch in jedem großen Molkerei- oder Käsereibetrieb der Welt gleich. Australische Molkereien verfügen allerdings über die modernsten Anlagen. In einer Genossenschaftsmolkerei in Bega (New South Wales) beispielsweise, deren Anlage erst 20 Jahre alt ist, wird die pasteurisierte Milch in Kesseln verarbeitet, die 14 000 Liter fassen. Unter Zusatz von Lab und Milchsäurebakterien wird die Milch bei einer Temperatur von 31 °C dickgelegt. Die Gallerte wird zerteilt, die kleinen Bruchkörner langsam mit der Molke 40 Minuten lang auf 38 °C erhitzt und dann geknetet, so daß der Bruch hart wird und die Molke sich absetzt. Nach 2 bis 3 Stunden werden Bruch und Molke aus den Kesseln gepumpt.

Der Bruch wird in Formen gegeben und 2 Stunden lang stehengelassen, bis die gewünschte Festigkeit erreicht ist. Danach beginnt der Prozeß des ›Cheddaring‹. Sobald die gewünschte Säuerung erreicht ist, wird die restliche Molke von der Bruchmasse getrennt. Um diesen Vorgang zu erleichtern, wird die Bruchmasse mehrmals gegen die Wände des Kessels geschlagen. Jetzt erst beginnt das eigentliche ›Cheddaring‹. Der Bruchkuchen wird in lange dünne Fladen zerteilt, die mehrmals um- und aufeinandergeschichtet werden. Wenn die Fladen richtig nachgesäuert sind, werden sie in 2 cm große Würfel gebrochen, es wird 2,5 % Salz zugegeben und die Masse sorgfältig verknetet, damit sich das Salz gleichmäßig verteilen kann. Die Masse gibt man dann in

Alter Cheddar oder ›Vintage‹ (OBEN). OBEN LINKS: Reifer Cheddar oder ›Mature‹. UNTEN: Rinder und Kakadus in Queensland, Australien.

Formen, in denen sie eine Nacht lang gepreßt wird. Am folgenden Tag werden die großen Blöcke in kleinere zerschnitten und in Plastikhüllen verpackt, die den Käse luftdicht abschließen. So läßt man ihn reifen. Cheddar aus pasteurisierter Milch verliert einen Teil seines typischen Aromas und wird daher während der Reifephase häufig mit Knoblauch, Zwiebeln, Schnittlauch, aromatischen Kräutern, Pfeffer, Paprika, Schinken oder sogar Wein versetzt, um den Geschmack zu intensivieren. Es gibt übrigens auch eine geräucherte Cheddar-Variante, die entsteht, wenn man den Käse 6 Stunden lang in Rauch hängt.

Durstige Rinder an einer Wasserstelle (UNTEN). Queensland, Australien.
OBEN:
Ein neuseeländischer Schafhirte wacht hoch zu Roß über seine riesige Herde.

■ AUSTRALISCHER CHEDDAR
Käse aus pasteurisierter Kuhmilch (50 % F. i. Tr.)
TYP: Schnittkäse, orange bis weiß, trockene Rinde
FORM: Zylinder oder rechteckiger Block
GEWICHT: Zylinder: 5, 10 und 20 kg; Blöcke: 250 und 500 g
HANDELSFORM: in Plastikhülle verpackt

ANDERE KÄSESORTEN

Keine Käseindustrie, ganz gleich wie modern sie auch sein mag, kann erwarten, ohne die Inspiration und das Aroma von Bauernkäse zu florieren. Daher haben Farmer während der letzten 20 Jahre ihre Käse nicht nur zur Deckung des Eigenbedarfs, sondern auch zum Verkauf hergestellt. Nur ihnen gelingt es bis heute, ihren handwerklich hergestellten Spezialitäten den echten, typischen Geschmack zu verleihen, der von Gourmets so geschätzt wird und sie von den faden Industrieprodukten, die immer gleich schmecken, so angenehm abhebt. Camembert, Brie, Gruyère, Emmentaler, Montasio und Ziegenkäse nach Cabécou-Art werden heute noch auf traditionelle Art in Victoria und vor allem in Tasmanien hergestellt.

Auch Neuseeland war nicht unbewohnt, als der holländische Seefahrer Abel Janszoon Tasman es 1642 als erster Europäer ›entdeckte‹. Und auch der berühmte Schiffskapitän James Cook, nach dem die Straße zwischen den beiden Hauptinseln benannt ist, nahm das Land nicht als erster in Besitz. Die Ureinwohner waren Maoris und erreichten im 1. Jahrhundert n. Chr. von Polynesien aus dieses fruchtbare Gebiet. Wie alle Völker im Pazifik kannten sie vor der Ankunft der Engländer, die zuerst als Entdecker und von 1838 an auch als Siedler ins Land kamen, weder Rinder noch Ziegen oder Schafe. Bereits 1846 wurde Käse aus Neuseeland exportiert, und wie in vielen anderen Ländern, die unter britischer Herrschaft standen, begann auch hier Mitte des 19. Jahrhunderts die Käseproduktion zu florieren. Nach der Entdeckung der Goldfelder kam es in den 70er Jahren des vorigen Jahrhunderts zu einer wahren Einwandererflut, und die europäische Bevölkerung stieg von 100 000 sprunghaft auf 256 000 Personen an. Einige Jersey-Kühe, die man wegen ihres großen Milchertrags

ausgesucht hatte, wurden von England nach Neuseeland gebracht, um fortan ihr Leben auf den riesigen Weiden am anderen Ende der Welt zu verbringen. Mit ihnen kam auch das Rezept für die Herstellung von Cheddar. Der erste industrielle Molkereibetrieb, der diesen Namen verdiente, wurde 1871 als Genossenschaftsbetrieb in der Nähe von Dunedin eröffnet. Der Erfolg stellte sich rasch ein, und nur ein halbes Jahrhundert später gab es bereits 510 florierende Molkereibetriebe. Inzwischen hatte auch Neuseeland begonnen, Käse nach England zu exportieren, und benutzte zum Transport ähnliche Spanschachteln wie die Hersteller des französischen Camemberts, der zur selben Zeit dank seiner neuen Verpackung enorm an Verkaufszahlen zulegte. Durch die Eigenschaft des Holzes, überflüssige Feuchtigkeit aufzunehmen, war es nun möglich, den Käse unbeschadet ans andere Ende der Welt zu schicken. Noch vor Ende des 19. Jahrhunderts baute man allerdings die ersten Kühlschiffe, die eine modernere Lösung des Transportproblems ermöglichten.

NEUSEELÄNDISCHER CHEDDAR

Nach dem Zweiten Weltkrieg kam es in Neuseeland erneut zu einer Einwanderungswelle, und viele Neuankömmlinge erinnerten sich mit Wehmut an die Traditionen ihrer alten Heimat. In industriellen und handwerklichen Molkerei- und Käsereibetrieben begann man, italienische, griechische, holländische und dänische Käsespezialitäten herzustellen und das Angebot immer stärker zu erweitern. Heute produziert Neuseeland 50 Käsesorten, die Varianten von berühmten europäischen Spezialitäten sind, doch Cheddar steht nach wie vor an der Spitze. Er wird in seinen bekannten vier Grundsorten hergestellt: ›Mild‹, ›Semi-Matured‹, ›Mature‹ und ›Vintage‹.

■ NEUSEELÄNDISCHER CHEDDAR
Käse aus entrahmter Kuhmilch
(35 % bis 45 % F. i. Tr.)
TYP: gepreßt, Schnittkäse, ohne Rinde
FORM: keilförmig
GEWICHT: 250 g bis 1 kg, bei Vintage bis 1,9 kg
REIFUNG: ›Mild‹: 6 Monate; ›Tasty‹ (aromatisch): 6 bis 12 Monate; ›Vintage‹ (alt): 18 bis 24 Monate

ANDERE KÄSESORTEN

COLBY besitzt eine weichere, elastischere Textur als Cheddar und einen Teig, der mit winzigen Löchern durchsetzt ist. Bei ihm handelt es sich nicht um einen ›cheddarisierten‹ Käse. Colby-Scheiben werden gern als Beilage zu Salaten gereicht. In den Vereinigten Staaten, die zahlreiche Milchprodukte aus Neuseeland importieren, schätzt man ihn sehr. Er wird in Blöcken mit einem Gewicht von 250 g bis 1 kg verkauft. KAHURANGI ist ein Blauschimmelkäse nach Brie-Art, er ist glatt, cremig und schmeckt ein wenig säuerlich. Wenn er reif ist, hat er eine luftige Konsistenz. KIKURANGI ist ein fester, buttriger Blauschimmelkäse von goldgelber Farbe und sahnigem Geschmack. TUPIHI ist ein typisch neuseeländischer Käse. Sein Name stammt von einem Maori-Wort, das ›dünn, ohne Fett‹ bedeutet. Er wird als Cheddar-Ersatz verwendet, und sein Geschmack wird mit zunehmendem Alter immer intensiver. Er besitzt eine rote Schutzschicht aus Paraffin und ist, wie sein Name schon sagt, ein Käse mit geringem Fettgehalt. Die ganze Palette der klassischen Käsesorten – EDAMER, FETA, MOZZARELLA (aus Kuhmilch), PYRENÄENKÄSE usw. – wird auch in fettreduzierten Varianten hergestellt. COTTAGE CHEESE (Hüttenkäse), RICOTTA und QUARK werden ebenfalls in Neuseeland produziert.

Kahurangi (OBEN). MITTE: Neuseeländischer Cheddar. UNTEN: Blick über die Halbinsel Coromandel an der Nordküste Neuseelands.

Verzeichnis der Käsesorten

Die folgende Liste umfaßt nicht nur alle Käsesorten, die in dem vorliegenden Werk behandelt werden, sondern auch zahlreiche weitere Sorten, kann jedoch keinen Anspruch auf Vollständigkeit erheben. Die Käsesorten werden alphabetisch nach Ursprungsländern oder Ursprungsgebieten aufgelistet, außerdem ist die Milchart angegeben, aus der sie hergestellt werden.

Ägypten

Beda – Schaf
Domiati – Kuh
Kareish – Kuh
Misch – Ziege/Schaf
Rumi – Kuh/Ziege

Afghanistan/Iran

Kadchgall – Schaf/Kamel
Serat – Schaf

Algerien, Marokko, Tunesien

Sardo –Schaf
Sicile – Schaf
Testouri – Schaf/Ziege

Argentinien

Chubut – Kuh
Cuartirolo – Kuh
Goya – Kuh
Moliterno – Kuh
Pepato – Kuh
Queso Blanco – Kuh
Tandil – Kuh
Trebolgiano – Kuh

Australien

Australischer Cheddar – Kuh
Australischer Parmesan – Schaf
Gippsland Blue – Kuh
Haloumy – Kuh/Schaf
Kefalograviera – Schaf
Maczola – Kuh
Pepato – Kuh
Rigatino – Kuh
Scamorza – Kuh

Balkanländer

Bracki Sir – Schaf
Kajmak – Schaf
Licki – Schaf
Manur – Kuh/Schaf
Mrsav – Schaf
Pago – Schaf
Paski Sir – Kuh
Pirotski Katschkawalj – Schaf
Posni Sir – Schaf
Presukaca – Schaf
Quacheq – Schaf
Silba – Kuh
Sir Mastni – Schaf
Siraz – Kuh
Siriz Mjesine – Schaf
Tord – Schaf
Travnik – Schaf
Tvdr Sir – Schaf
Vlasic – Schaf
Zlatiborski – Schaf

Baltikum

Latviiski – Kuh
Sovetski – Kuh

Belgien

Aettekees (oder Brusselskaas) – Kuh
Beauvoorde – Kuh
Bierkäse – Kuh
Broodkaas – Kuh
Cassette – Kuh
Castellum – Kuh
Chimay – Kuh
Herve – Kuh
Hette-kees (oder Stinkkees) – Kuh
Macquée – Kuh
Maredsous – Kuh
Orval – Kuh
Passendale – Kuh
Plateau – Kuh
Plattekees – Kuh
Pottekees – Kuh
Remoudou – Kuh
Royal Brabant – Kuh
Rubens – Kuh

Brasilien

Coalhada – Kuh
Minas Frescal – Kuh
Minas Prensado – Kuh
Prato – Kuh
Queso Blanco – Kuh
Requeijão – Kuh

Bulgarien

Katschkawalj – Schaf
Sirene – Schaf/Kuh
Teleme – Schaf/Ziege
Yoghurt – Kuh/Schaf/Ziege/Büffel

Dänemark

Appetitost – Kuh
Danablu (oder Dänischer Blaukäse, Marmora) – Kuh
Danbo – Kuh
Danish Export – Kuh
Elbo – Kuh
Esrom (oder Dänischer Port-Salut) – Kuh
Fynbo – Kuh
Gislev – Kuh
Havarti – Kuh
Kjarsgaard – Kuh
Kuminost – Kuh
Maribo – Kuh
Molbo – Kuh
Mycella – Kuh
Runesten – Kuh
Samsø – Kuh
Svenbo – Kuh
Tybo – Kuh
Tykmaelk – Kuh

Deutschland

Allgäuer Emmentaler – Kuh
Allgäuer Limburger – Kuh
Altenburger – Ziege
Altenburger Milbenkäse – Kuh
Bad Aiblinger – Kuh
Bayernland – Kuh
Bayrischer Bergkäse – Kuh
Bergader – Kuh
Bierkäse – Kuh
Blasius – Kuh
Bresso – Kuh
Brioler – Kuh
Bruder Basil – Kuh
Butterkäse – Kuh
Cambozola – Kuh
Coburger Mohr – Kuh
Cremeroll – Kuh
Edelpilzkäse (oder Pilzkäse) – Kuh
Edelroller – Kuh
Frankenrolle – Kuh
Geißkäsli – Ziege
Geheimratskäse – Kuh
Gourmos – Kuh
Handkäse – Kuh
Harzer Handkäse – Kuh
Ihlefeld – Kuh
Klosterkäse – Kuh
Korbkäse – Kuh
Limburger – Kuh
Mainzer Käse – Kuh
Mecklenburg – Kuh
Montagnolo – Kuh
Montsalvat – Kuh
Münster – Kuh
Nieheimer Hopfen – Kuh
Obatzter – Kuh
Quark – Kuh
Radener – Kuh
Ragnit – Kuh
Rahmkäse – Kuh
Ramee Royal – Kuh
Räucherkäse – Kuh
Rinnen – Kuh
Romadur – Kuh
Rottaler – Kuh
Rougette – Kuh
Schloßkäse – Kuh
Spitzkäse – Kuh
St. Marei (Mönchkäse) – Kuh
Stangenkäse – Kuh
Steinbuscher – Kuh
Thüringer Kaminkäse – Kuh
Tilsiter – Kuh
Trappistenkäse – Kuh
Urtaler Laib – Kuh
Ulsius – Kuh
Wasserburger Bauernkäse – Kuh
Weinkäse – Kuh
Weißlacker – Kuh
Wilstermarsch – Kuh
Wolfacher – Kuh
Wolfachtaler – Kuh
Woriener – Kuh

Europäisches Russland

Chletsarski – Kuh
Daralagjazsky – Kuh
Gorny – Kuh
Kostromskoi – Kuh
Moskowski – Kuh
Stepnoi – Kuh

Finnland

Aura – Kuh
Ilves – Rentier
Juhla – Kuh
Juustoleipa – Kuh
Kartano – Kuh
Korsholm – Kuh
Kreim – Kuh
Munajuusto – Kuh
Tutunmaa – Kuh

Frankreich

Abondance – Kuh
Ami de Chambertin – Kuh
Anost – Kuh
Ardéchois – Ziege
Ardi-Gasna (oder Arnéguy) – Schaf
Arthon – Ziege
Asco – Schaf/Ziege
Aunis – Kuh/Ziege
Autun – Kuh/Ziege
Baguette Laonnaise – Kuh
Banon – Kuh/Schaf
Banon au Poivre d'Ane – Ziege/Kuh
Beauceron – Ziege
Beaufort – Kuh
Bessay en Chaume – Ziege
Bethmale – Kuh/Ziege/Schaf
Béthune – Kuh
Bleu d'Auvergne – Kuh
Bleu de Bresse – Kuh
Bleu de Cayres – Kuh
Bleu de Corse – Schaf
Bleu de Gex (oder Bleu de Septmoncel) – Kuh
Bleu de Laqueuille – Kuh
Bleu de Lavalders – Kuh
Bleu de Loudes – Kuh
Bleu de Sassenage – Kuh
Bleu de Thiézac – Kuh
Bleu de Velay – Kuh
Bleu des Causses – Kuh
Bleu du Haut-Jura – Kuh
Bleu du Quercy – Kuh
Bleu du Queyras – Kuh
Bondart (Oder Bondon) – Kuh
Bougon – Kuh
Boulle – Kuh
Boulette d'Avesnes – Kuh
Boursault – Kuh
Bouton-de-Culotte – Ziege
Bressan (oder Thoissey) – Kuh/Ziege
Bricquebec – Kuh
Brie – Kuh
Brie de Coulommiers – Kuh
Brie de Macquelines – Kuh
Brie de Meaux – Kuh
Brie de Melun – Kuh
Brie de Melun Bleu – Kuh
Brie de Montereau – Kuh
Brie de Nangis – Kuh
Brillat-Savarin – Kuh
Brin d'Amour (oder Fleur du Maquis) – Ziege
Brique du Forez – Ziege
Brique du Livradois – Ziege
Broccio (oder Brucciu) – Ziege
Brousse – Schaf
Bûche Forézienne – Kuh
Bûchette d'Anjou – Ziege
Cabécou – Ziege

Cabrion – Ziege
Cachat – Ziege/Schaf
Cahors – Ziege
Cailloux du Rhone – Kuh
Cajassous – Ziege
Calenzana – Ziege
Camembert – Kuh
Cancoillotte – Kuh
Cantal – Kuh
Carré de Bray – Kuh
Carré de l'Est – Kuh
Cendré d'Argonne – Kuh
Cendré de Champagne – Kuh
Cendré de Rocroi – Kuh
Chabichou – Ziege
Chabricon – Ziege
Chabris – Ziege
Chambérat – Kuh
Chanteloup – Ziege
Chaource – Kuh
Charolles – Ziege/Kuh
Chasteau – Kuh
Chaunay – Kuh
Chauny – Kuh
Chevrotin des Aravis – Ziege
Chevrotin du Bourbonnais – Ziege
Chevroton – Ziege
Chouzé – Ziege
Cierp – Kuh
Cîteaux – Kuh
Civray – Ziege
Claquebitou – Ziege
Claqueret – Kuh
Comté – Kuh
Coulommiers – Kuh
Creusois – Kuh
Crézancy – Ziege
Croix d'Or – Ziege
Crottin de Chavignol – Ziege
Cubjac – Ziege
Dauphin (Dauphiné) – Kuh
Dornecy – Ziege
Dreux à la Feuille – Kuh
Echourgnac – Kuh
Emmental – Kuh
Entrammes – Kuh
Entraygue – Ziege/Schaf
Époisses – Kuh
Ercé – Kuh
Esbareich – Schaf
Excelsior – Kuh
Fontal – Kuh
Fougeru – Kuh
Fourme d'Ambert – Kuh
Fourme de Montbrizon – Kuh
Gaperon – Kuh
Gardian – Schaf
Gautrias – Kuh
Gauville – Kuh
Géromé (oder Munster des Vosges) – Kuh
Gevrey – Ziege
Grien – Ziege/Kuh
Golo – Schaf
Gournay – Kuh
Graçay – Ziege
Gras des Bauges – Kuh
Gris de Lille (oder Gros Puant etc.) – Kuh
Gruyère des Bauges – Kuh
Guerbigny – Kuh
Guéret – Kuh
Gueyin – Kuh
Hauteluce – Ziege
Heiltz-le-Maurupt – Kuh
Igny – Kuh
Joux (Vacherin de) – Kuh
Jumeaux – Ziege
Laguiole – Kuh
Langres – Kuh
Laruns – Schaf
Laval – Kuh
Levroux – Ziege
Ligueil – Ziege
Liniez – Ziege
Lisieux – Kuh
Livarot – Kuh
Livernon – Ziege
Livron – Ziege
Lormes – Kuh
Lucullus – Kuh
Lusignan – Ziege
Macquelines – Kuh
Mamirolle – Kuh
Maroilles – Kuh
Mignon – Kuh
Mignot Blanc – Kuh
Mimolette – Kuh
Mont-Cenis – Kuh/Ziege
Mont des Cats – Kuh
Mont-Dore – Kuh
Montfort – Kuh
Montoire – Ziege
Morbier – Kuh
Mothais – Ziege
Mothe-Saint-Héray – Ziege
Moulins – Ziege
Munster – Kuh
Muntanacciu – Schaf
Mur de Barez – Ziege
Murol – Kuh
Neufchâtel – Kuh
Niolo – Ziege/Schaf
Oléron – Schaf
Olivet – Kuh
Oloron – Schaf
Orrys – Schaf/Kuh
Ossau-Iraty – Schaf
Oust – Kuh
Oustet – Kuh
Parthenay – Ziege
Pavé Blésois – Ziege
Pavé d'Auge – Kuh
Pavé de Moyaux – Kuh
Pavé de Valençay – Ziege
Pavin – Kuh
Pélardon – Ziege
Pelvoux – Kuh
Pérail – Schaf
Persillé des Aravis – Ziege
Persillé du Mont-Cenis – Kuh
Petit Lisieux – Kuh
Petit-Suisse – Kuh
Petit Tholy – Kuh
Picodon – Ziege
Pierre-qui-vire – Kuh
Pithiviers – Kuh
Pont-l'Evêque – Kuh
Port-Salut – Kuh
Pougny – Ziege
Pouligny-St-Pierre – Ziege
Puant Macéré – Kuh
Reblochon – Kuh
Ribot – Kuh
Riceys (Les) – Kuh
Ricotta aux Galets – Ziege
Rigotte de Condrieu – Kuh/Ziege
Rocamadour – Schaf
Rochefort – Kuh
Rocroi – Kuh
Rollot – Kuh
Roncal – Kuh
Roquefort – Schaf
Ruffec – Ziege
Saint-Afrique – Ziege
Saint-Fargeol – Kuh
Saint-Florentin – Kuh
Saint-Gildas – Kuh
Saint-Lizier – Kuh
Saint-Loup-sur-Thouet – Ziege
Saint-Marcellin – Kuh/Ziege
Saint-Nectaire – Kuh
Saint-Paulin – Kuh
Saint-Saulge – Ziege
Sainte-Anne-d'Auray – Kuh
Sainte-Marie – Ziege/Kuh
Sainte-Maure – Ziege
Salers Haute Montagne – Kuh
Sancerre – Ziege
Santranges – Ziege
Sartenais – Schaf/Ziege
Sarténo-Fumé – Schaf/Ziege
Selles-sur-Cher – Ziege
Semussac – Kuh
Sérac – Kuh
Sollies-Toucas – Ziege
Sorbais – Kuh
Sospel – Kuh
Tamié – Kuh
Tarare – Kuh
Tardets – Kuh
Tignard – Kuh/Ziege
Tomme au Marc – Kuh
Tomme d'Abondance – Kuh
Tomme d'Annot – Ziege
Tomme de Belley – Kuh
Tomme de Brach – Schaf
Tomme de Champsaur – Ziege
Tomme de Combovin – Ziege
Tomme de Corps – Ziege
Tomme de Crest – Ziege
Tomme de Praslin – Ziege
Tomme de Queyras – Ziege
Tomme de Romans – Kuh
Tomme de Saint-Marcellin – Kuh
Tomme de Savoie – Kuh
Tomme des Allues – Kuh
Tomme des Aravis – Kuh
Tomme du Revard – Ziege
Tomme du Vivarais – Ziege/Kuh
Toucy – Ziege
Toupin – Kuh
Tracy – Ziege
Trappiste – Kuh
Trou du Murol – Kuh
Troyes (Troyen) – Kuh
Urt – Kuh
Vacherin d'Abondance – Kuh
Vacherin des Bauges – Kuh
Valençay – Ziege
Varennes – Ziege
Venaco – Ziege/Schaf
Vendôme Bleu – Kuh
Vendôme Cendré – Kuh
Vermenton – Ziege
Vézelay – Ziege
Vic-en-Bigorre – Schaf
Villebarou – Kuh
Xaintray – Ziege

Griechenland

Anfissis – Kuh
Feta – Schaf/Kuh/Ziege
Galotiri – Schaf/Ziege
Kasseri – Schaf/Ziege
Kefalotiri – Ziege/Schaf
Kopanisti – Schaf/Kuh/Ziege
Manouri – Ziege/Schaf
Salamana – Schaf
Skyros – Ziege/Schaf
Touloumisio – Kuh

Grossbritannien

Beenleigh Blue – Schaf
Berkeley – Kuh
Blue Cheshire – Kuh
Blue Wensleydale – Kuh
Bonchester – Kuh
Brickbat – Kuh
Caboc – Kuh
Caerphilly – Kuh
Cambridge – Kuh
Cardigan – Kuh
Charnwood – Kuh
Cheddar – Kuh
Cheshire – Kuh
Colby – Kuh
Coon – Kuh
Cotherstone – Kuh
Cotswold – Kuh
Cottenham – Kuh
Cottage Cheese – Kuh
Crowdie – Kuh
Cumberland Farmhouse – Kuh
Daventry – Kuh
Derby – Kuh
Devonshire – Kuh
Dorset Blue Vinney – Kuh
Double Gloucester – Kuh
Dunlop – Kuh
Dunsyre Blue – Kuh
Essex – Kuh
Islay – Kuh
Lanark Blue – Schaf
Lancashire – Kuh
Leicester – Kuh
Lincoln – Kuh
Llanboidy – Kuh
Llangloffan – Kuh
Marianglas – Ziege
Nessel – Kuh
Norfolk – Kuh
Orkney – Kuh
Pant-y-Llyn – Kuh
Pencarreg – Kuh
Sage Derby – Kuh
Sherwood – Kuh
Shropshire Blue – Kuh
Single Gloucester – Kuh
Slipcote – Kuh
Staffordshire – Kuh

Verzeichnis der Käsesorten

Stilton – Kuh
Suffolk – Kuh
Swaledale – Kuh
Truckles – Kuh
Tynlgrug – Kuh
Walton – Kuh
Warwickshire – Kuh
Wedmore – Kuh
Wensleydale – Kuh
White Wensleydale – Kuh
Wiltshire – Kuh
Windsor – Kuh
Yark – Kuh
York – Kuh

Grosse Ebenen / Wolgaebene

Dessertnij Belij – Kuh
Karpatski – Kuh
Kubanski – Kuh
Lioubitelski – Kuh
Pichantnij – Kuh
Woljski – Kuh
Wologodski – Kuh
Zakussotschny – Kuh

Holland

Boeren Leidenkaas – Kuh
Boerenkaas – Kuh
Commissiekaas (Kommissionskäse oder Dutch Mimolette) – Kuh
Delft – Kuh
Edamer – Kuh
Fricotal – Kuh
Friesischer Nelkenkäse (Nagelkaas) – Kuh
Friesekaas (Friesischer Käse) – Kuh
Frison – Kuh
Gouda – Kuh
Gouwetaler/Goutaler – Kuh
Kanterkaas – Kuh
Kruidkaas – Kuh
Leerdamer – Kuh
Leidenkaas – Kuh
Leidsekaas – Kuh
Maasdamer – Kuh
Meshanger – Kuh
Nagelkaas (oder Nageles) – Kuh
Natte Rabbinale – Kuh
Texel – Schaf
Westberg – Kuh
Westfriesischer Käse – Kuh

Indien / Zentralasien

Bandal – Kuh
Chhana – Kuh
Dacca – Kuh
Damir – Kuh
Karut – Kuh
Kumys – Pferd
Pamir – Kuh
Surati – Büffel
Withania – Kuh

Irak

Biza – Schaf
Fajy – Schaf
Jupneh – Schaf/Ziege/Kamel
Lour – Schaf
Meira – Schaf
Roos – Schaf

Irland

Ballydague – Kuh
Baylough – Kuh
Blarney – Kuh
Cashel Blue – Kuh
Chetwynd Blue – Kuh
Cooleeney – Kuh
Corleggy – Ziege
Cratloe – Schaf
Croghan – Ziege
Desmond – Kuh
Faiscre Grotha – Kuh
Gabriel – Kuh
Grus – Kuh
Gubbeen – Kuh
Kerry – Kuh
Knockanour – Kuh
Lough Caum – Ziege
Milleens – Kuh
Millsen – Kuh
Mulchan – Kuh
Ring – Kuh
Ryefield – Kuh
Tanag – Kuh
Tath – Kuh
Wexford – Kuh

Island

Avaxtskyr – Kuh
Braudostur – Kuh
Buri – Kuh
Dala-Brie – Kuh
Mysa – Kuh
Mysingur – Kuh
Mysuostur – Kuh
Odalostur – Kuh
Rjomaskyr – Kuh
Skyr – Kuh

Israel

Lebbene – Schaf/Ziege
Gwina Zfatit – Schaf

Italien

Asiago d'Allevo – Kuh
Asiago Pressato – Kuh
Bagozzo – Kuh
Bel Paese – Kuh
Bernade – Kuh/Ziege
Bresciano – Kuh
Cacio Fiore – Schaf
Caciocavallo – Kuh
Caciotte – Kuh
Calcagno – Schaf
Canestrato – Kuh
Caprino – Ziege
Casigiolo – Kuh
Castelmagno – Kuh
Cotronese – Schaf
Crescenza – Kuh
Dolcelatte – Kuh
Emiliano – Kuh
Fiore Sardo (oder Pecorino Sardo) – Schaf
Foggiano – Schaf
Fontal – Kuh
Fontina – Kuh
Fresca – Kuh
Gorgonzola – Kuh
Gorgonzola con Mascarpone – Kuh
Grana Padano – Kuh
Incanestrato – Schaf/Kuh
Majocchino – Kuh/Schaf/Ziege
Marches – Schaf
Mascarpone – Kuh
Moliterno – Kuh
Moncenisio – Kuh
Montasio – Kuh/Ziege
Mozzarella – Kuh/Büffel
Nostrale – Kuh
Olenda – Kuh
Panarone – Kuh
Parmesan (oder Parmigiano Reggiano) – Kuh
Pecorino Romano – Schaf
Pecorino Siciliano – Schaf
Pressato – Kuh
Provatura – Kuh/Büffel
Provole – Büffel
Provolone – Kuh
Ragusano – Kuh
Raviggiolo – Schaf
Ricotta – Kuh/Schaf
Ricotta Romana – Schaf
Riola – Ziege
Robbiola – Kuh
Robbiolini – Kuh/Ziege/Schaf
Romanello – Kuh
Romano – Kuh/Ziege/Schaf
Sardo – Kuh/Schaf
Scamorza – Kuh
Siago – Kuh
Siciliano – Schaf
Stracchino – Kuh
Taleggio – Kuh
Trecce – Kuh
Vacchino Romano – Kuh
Veneto – Kuh

Jordanien

Labaneh – Schaf/Ziege/Kuh/Kamel

Kanada

Amerikanischer Munster – Kuh
Kanadischer Cheddar – Kuh
Monterey Jack – Kuh
Oka – Kuh
Raclette – Kuh
Richelieu (oder Butter Cheese) – Kuh
Serra – Schaf
Trecce – Kuh
Tuma – Schaf

Kaukasus

Altaiski – Kuh
Brynza – Kuh/Schaf
Daralagjazsky – Schaf/Kuh
Erewanski – Kuh/Schaf
Gorny – Kuh/Schaf
Gornyaltaiski – Schaf
Kefir – Kuh/Schaf/Ziege
Kobiiski – Kuh/Schaf
Leskin – Schaf
Motal – Kuh/Schaf
Msitra – Schaf
Ossetin – Kuh/Schaf
Soulougouni – Kuh
Telpanir – Schaf/Kuh
Touchinski – Kuh/Schaf
Trawnik – Schaf
Tschanach – Kuh

Kolumbien

Pera – Kuh
Queso Blanco – Kuh
Queso Estera – Kuh

Kreta

Graviera – Kuh
Kritiko – Schaf
Mitzithra – Ziege/Schaf

Libanon

Akawi – Schaf
Chuncliche – Schaf/Ziege
Halloumi – Schaf

Mauretanien

Zrig – Ziege/Kamel

Mexiko

Anejo – Ziege
Asadero (oder Oaxaca) – Kuh
Coyolito – Ziege
Gajaqueno – Ziege
Panela – Kuh
Queso Anejo – Kuh/Ziege

Neuseeland

Colby – Kuh
Cottage Cheese – Kuh
Kahurangi – Kuh
Kikurangi – Kuh
Neuseeländischer Cheddar – Kuh
Quark – Kuh/Schaf
Tupihi – Kuh/Schaf

Norwegen

Flötost – Kuh
Gamalost – Kuh/Ziege
Gjetost – Kuh
Gomost – Kuh
Jarlsberg – Kuh
Mysost – Kuh
Nökkelost – Kuh
Norbo – Kuh
Pultost (oder Knaost) – Kuh
Taffelost – Kuh
Trönder – Kuh

Österreich

Bergkäse – Kuh
Dule – Kuh
Gussing – Kuh
Hauerkäse – Kuh
Jochberg – Kuh/Ziege
Kugelkäse – Kuh
Luneberg – Kuh
Marienhofer – Kuh
Mondseer Schachtelkäse – Kuh
Montavoner – Kuh
Olmützer Bierkäse – Kuh
Pinzgauer Bierkäse – Kuh
Prälatenkäse – Kuh
Quargel (oder Sauerkäse) – Kuh
Rahmkäse – Kuh
Salami – Kuh
Schwarzenberger – Kuh
Schloßkäse – Kuh

Tanzenberger – Kuh
Tiroler Alpkäse – Kuh
Tiroler Graukäse – Kuh
Trappistenkäse – Kuh

POLEN

Olsztynski – Kuh
Podhalanski – Kuh/Schaf
Trapistaw – Kuh
Twarogowy – Kuh/Schaf
Tylzscki – Kuh

PORTUGAL

Alcobaça – Schaf
Alentejo – Schaf/Kuh
Alverca – Schaf/Ziege
Alverde – Schaf
Alzeitão – Schaf
Castelo Branco – Schaf
Evora – Ziege/Schaf
Ilha do Pico – Kuh
Ilha São Jorge – Kuh
Niza – Schaf/Ziege
Rabacal – Ziege/Schaf
Saloio – Schaf/Kuh
Serpa – Schaf
Serra – Schaf
Thus – Schaf
Tomar – Schaf

RUMÄNIEN

Brinza – Schaf
Burduf – Schaf/Ziege
Cochuletz Brinza – Schaf
Halloumi – Kuh
Monostorer – Schaf
Urda – Kuh/Schaf

SCHWEDEN

Adelost – Kuh
Ambrosia – Kuh
Bondost – Kuh
Drabant – Kuh
Gesost – Kuh
Getmesost – Kuh
Gotaost (oder Gotlandkäse) – Ziege/Kuh
Gräddost – Kuh
Greve – Kuh
Herrgårdost – Kuh
Hushållsost – Kuh
Kryddost – Kuh
Lapparnas Renost – Rentier
Mesost – Kuh
Prästost – Kuh
Riddarost – Kuh
Saarland Pfarr – Kuh
Sveciaost – Kuh
Taffelost – Kuh
Våsterbotten – Kuh
Västgötaost – Kuh

SCHWEIZ

Alpkäse – Kuh
Anniviers – Kuh
Appenzeller – Kuh
Battelmatt – Kuh
Bellelay – Kuh
Chaschol – Kuh
Christalinna – Kuh
Conches – Kuh
Emmentaler – Kuh
Fribourg Vacherin (oder Freiburger Vacherin) – Kuh
Gomser – Kuh
Gruyère/Greyerzer – Kuh
Illiez – Kuh
Jura – Kuh
Mainauer – Kuh
Nidwald – Kuh
Orsières – Kuh
Paglia – Kuh
Piora – Kuh
Prattigau – Kuh
Raclette – Kuh
Rasskäse – Kuh
Rayon – Kuh
Rheinwald (oder Schamser) – Kuh
Royalp-Tilsiter – Kuh
Saanen – Kuh
Sapsago – Kuh
Sbrinz – Kuh
Schabzieger – Kuh
Tête de Moine – Kuh
Tomme Vaudoise – Kuh
Uri – Kuh
Urseren – Kuh
Vacherin Mont d'Or – Kuh
Walliser – Kuh

SPANIEN

Alhama – Schaf
Araceña – Schaf
Armada – Schaf
Burgos – Schaf
Cabrales – Ziege
Cadiz – Schaf
Calahora – Schaf
Cantabria – Kuh
Castelleño – Schaf
Cincho – Schaf
Conejero – Ziege
Entzia – Schaf
Flor de Guia – Schaf/Kuh
Gorbea – Schaf
Hecho – Schaf
Idiazabal – Schaf
Liebana Picón – Schaf/Kuh/Ziege
Mahón – Kuh/Schaf
Majorero – Ziege
Mallorquin – Kuh/Schaf
Manchego – Schaf
Nucia – Schaf
Orduña – Schaf
Perilla – Kuh
Quesucos – Kuh/Schaf/Ziege
Roncal – Schaf
San Simón – Kuh
Servilleta – Schaf
Tenerife – Kuh
Ulloa – Kuh
Urbia – Schaf
Villalon – Schaf
Zamorano – Schaf

SYRIEN

Lebney – Schaf/Ziege/Kamel

TIBET

Tibet – Yak

TSCHECHISCHE UND SLOWAKSICHE REPUBLIK

Abertam – Schaf
Bryndza – Schaf
Koppen – Ziege
Olmützer Quargel – Schaf/Kuh
Oschtjepka – Schaf
Parencia – Schaf
Riesengebirge – Ziege

TÜRKEI

Beyaz – Schaf
Kasar – Schaf
Lor – Schaf
Mihalic – Schaf
Omma – Schaf
Salamvra – Ziege
Tulum – Ziege

UNGARN

Brynza – Schaf
Damen – Kuh
Harracher – Kuh
Kaschkawal – Schaf
Kremstaler – Kuh
Kummel – Kuh
Kvargli – Kuh
Liptauer-Brynza (oder Liptoi) – Schaf
Ovari – Kuh
Pannonia – Kuh
Schwarzenberger – Kuh

VENEZUELA

Cuajada – Kuh
Queso Fresco – Kuh
Queso de Cavallo – Kuh
Queso de Cabra – Kuh

VEREINIGTE STAATEN VON AMERIKA

Amerikanischer Cheddar – Kuh
Barrel Cheese – Kuh
Brick Cheese – Kuh
Cabot – Kuh
Colby – Kuh
Colby Jack – Kuh
Cottage Cheese – Kuh
Craigston Camembert – Kuh
Grafton Village – Kuh
Great Lakes Cheshire – Kuh
Kanongan – Schaf
Liederkranz – Kuh
Mammoth Cheese – Kuh
Monterey Jack – Kuh
Mountain Shepherd – Schaf
Serra – Ziege
Shelburon – Kuh
Teleme – Kuh

ZYPERN

Anari – Schaf/Ziege
Halloumi – Schaf/Ziege
Kaskavali – Schaf

REGISTER

A
Abertam 188–189
Abondance, Tomme d' 137
Adelost 95
Aettekees 74, 110
Afrika 19, 20, 31, 80, 220
Airag 231
Akawi 226
Alcobaça 219
Alentejo 219
Alhama 219
Allgäu 167, 176, 177
Allgäuer Emmentaler 176
Allgäuer Limburger 178
Alpkäse 168
Altaiski 192
Altenburger Ziegenkäse 179
Alverca 219
American Cheese Society 237
American Dairy Goat Product Association 239
Ami du Chambertin 129
Anari 224
Andalusien 31, 216
Anejo 234, 245
Angelot/Augelot 116
AOC *(Appellation d'Origine Contrôlée)*, Defintion 49
– Beantragung durch europäische Länder 50, 51
Appellation Contrôlée *siehe* AOC
Appenzeller 36, 50, 167, 168–169
Araber 32, 166, 226–227
Aracena 215
Ardi-Gasna 10, 161, 162
Argentinien 44, 234, 245
Armada 216
Armenien 166, 192
Arnéguy 162
Asadero 245
Asco 162
Aserbaidschan 166
Asiago 50, 199–200
– d'Allevo 199
– pressato 199
Asien 20
– Südostasien 10, 19
Aura 98
Avaxtskyr 90
Azeitão 50, 217
Azoren 218

B
Babylon 22–23
Baguette Laonnaise 127
Balcanski Katschkawalj 187
Balearen 31, 211, 214, 216
Balkan 187
Ballydague 89
Bandal 231
Banon au Poivre d'Ane 142
Barrel Cheese 238
Bayernland 177
Baylough 89
Bayrischer Bergkäse 177
Beaufort 28, 36, 136, 137–138
Beauvoorde 110
Beda 220
Beduinen 227, 230
Beenleigh Blue 88
Beimpfen (mit Schimmel) 60
Bel Paese 210, 241
Belleville-Brockville 234
Benediktinerorden 32, 34, 114, 129, 130
Bergader 177
Bergkäse 167, 180
– Bayrischer Bergkäse 177
Berkeley 75, 79
Bethmale 161
Beyaz Peynir 225
Bierkäse 179
Bio-Käse 88, 238
Biologisch-dynamischer Anbau 13–14, 75–76

Biza 230
Black Diamond 234
Blarney 89
Blauschimmelkäse
– Definition 68–69
– Herstellung 68–69
Bleu d'Auvergne 145–146
Bleu de Corse 163
Bleu de Gex 132
Bleu de Laqueuille 146
Bleu de Quercy 146
Bleu de Septmoncel 132
Bleu de Thiézac 146
Bleu des Causses 146
Boeren Leidenkaas 107
Boerenkaas 74, 105
Bohnenkraut 142, 163
Bonchester 88
Bondart 121
Bondons 117, 121
Bouille 116
Boulette d'Avesnes 36, 127
Branntwein 142, 149
Brasilien 245
Braudostur 90
Bretagne 75
Brick-Käse 238
Bricquebec 114
Brie 37, 40, 110, 114, 124–125, 226, 247
– de Coulommiers 124, 125
– de Meaux 31, 124, 125
– de Melun 124, 125
– de Melun Bleu 125
– de Montereau 124, 125
– de Nangis 124
Brillat-Savarin 116
Brin d'Amour 163
Brinza 188
– siehe auch Bryndza, Brynza
Brique du Forez 157
Broccio 163
Brousse 115, 163
Brucciu 163
Bruch 56
– Bruch schneiden, formen, abseihen, pressen 54, 56-59
Bruder Basil 167
Brussels Kaas 110
Bryndza 189
Brynza 182, 192
Bubals 231
Büffel 10, 20, 203–204, 207, 231
Burduf Brinza 188
Buri 90
Butter Cheese 241
Butterkäse 179

C
Cabécou 248
Caboc 88
Cabot 237
Cabrales 50, 212
Cabrion 157
Cabriou 157
Caciocavallo 166, 200–201
Caciotte 200
Cadiz 215
Caerphilly 78, 79
– (Maesllyn) 88
Cajassous 161
Calahora 216
Calenzana 162
Camembert 40, 59, 116–120, 226, 237, 247
– Herstellung 64–65
Canadian Mite (kanadischer Winzling) 240
Cancoillotte 70
Cantal 28, 146–149, 154
Caprino 207
Cardigan 88
Carré de l'Est 130
Cashel Blue 75, 89
Castelleno 215
Castellum 109
Castelo Branco 217–218
Chabichou du Poitou 158
Chambat 231
Champagne 36–37, 126, 127
Champsaur, Tomme de 142
Chaource 127–128
Cheddar
– Amerikanischer 234, 236, 237–238;
– Australischer 246, 247–248
– Englischer 80
– Farmhouse 74
– Herstellung 66–67, 80, 247–248
– Kanadischer 234, 240–241
– Neuseeländischer 234, 249
Cheshire 28, 75, 78, 80, 81
– Blue 75, 81
– Australischer 247
Chester 81
Chetwynd Blue 89
Chevrotin des Aravis 139
Chimay 111
China 19
Chletsarski 191
Chubut 245
Chuncliche 227
Cîteaux 114, 129
Cochuletz Brinza 188
Colby Jack 238, 249
Columella 28, 199, 200
Commissiekaas 106
Comté 132–133, 134
Conejero 216
Cooleeney 89
Corleggy 89
Cotherstone 75, 87
Cotswold 83
Cottage Cheese 88, 239, 249
Cottenham 87
Coulommiers 125
Coyolito 245
Craigston Camembert 239
Craquegnon 126
Cratloe 89
Crescenza 201
Croghan 89
Crottin de Chavignol 158
Crowdie 88
Cuartirolo 245
Cumberland Farmhouse 88

D
Dacca 231
Dala-Brie 90
Damir 231
Danablu 99–100
Danbo 100
Daralagiazsky 193
Dauphin, Dauphiné 127
Dauphiné (Départ.) 142
Derby 81–82
Desmond 89
Dessertnyi Belyj 193
Dicklegen der Milch 53–56
Dolcelatte 202
Dorset Blue Vinney (Vinny) 82
Dreux à la Feuille 125
Duberki 227
Dunlop 88
Dunsyre Blue 88

E
Echourgnac 161
Edamer 50, 102, 104, 105–106, 247, 249
– Bauern-Edamer 74
Edelpilzkäse 177
Edelschimmelkäse
– Definition 64–65
– Herstellung 64–65
Elbo 100
Emmentaler
– Australischer 247
– Finnischer 98
– Französischer 133
– Israelischer 226
– Schweizer 50, 167, 169
English Farmhouse Cheese 50
Entzia 213
Époisses 127–128
Ercé 161
Erevan 192
Erevanski 192
Esbareich 161
Esrom 74, 100–101
Estland 166
Europäische Gemeinschaft 13, 49, 76, 234
Evora de l'Alentejo 219
Excelsior 116

F
Faiscre Grotha 8
Faisselle 20
Fajy 230
Feigen 25, 207
Fernost 10, 19
Feta 221–222, 224, 247, 249
Fiore Sardo 48, 201
Fleur de Maquis 163
Fleurine 146, 150
Flor de Guia 216
Fondue 173
Fontal 201
Fontina 36, 50, 201–202
Fourme d'Ambert 149
Fourme de Montbrizon 149
Französische Revolution 40, 114, 124
Fribourg Vacherin 50, 173
Fricotal 107
Friesekaas 106
Friesische Käse 31, 37, 105
Frischkäse 64
Fuller, Thomas 80
Fynbo 100

G
Gabriel 89
Gajaqeno 245
Gallien 28, 114
Galotri 222
Gammelost, Gamalost 74, 92–93
Gaperon 157
Georgien 166
Gepreßte, nachgewärmte Käse 67–68
– Herstellung 67–68
Gepreßte, nicht nachgewärmte Käse 66–67
– Herstellung 66–67
Geräucherte Käse 28, 167, 179, 186, 191, 193, 204, 213, 214, 231, 248
Géromé 130
Getmesost 95
Getost 95
Gewaschene Rinde 60
– Definition 65–66
– Herstellung 65–66
Gewürze 28, 37, 83, 97, 100, 106, 107, 127, 142, 178, 179, 181
Ghee 10, 131
Gibne 227
Gin 92
Gippsland Blue 247
Gjetost 70, 74, 93, 237
Gloucester, Double 74, 75, 82–83
– Single 75, 79, 82–83
Gomser 173
Gomyaltajski 192–193
Gorbea 213
Gorgonzola 50, 202
– con mascarpone 202
– Herstellung 69
Gotaost 95
Gotlandkäse 95
Gouda 37, 50, 102, 104, 105, 106–107, 226, 237, 247
Gournay 121
Gouwetaler 107
Goya 245
Grafton Village 237
Grana Padano 50, 203
Gras des Bauges 139
Graviera 224
Great Lakes Cheshire 238
Green fade 81
Greve 96
Griechenland, Antikes 23, 25, 28, 221
Gris de Lille 36, 115, 127
Grus 88
Gruyère 36, 50, 132, 136, 167, 169–170, 240
– des Bauges 139
– Herstellung 67–68
– Irischer 89
Gubbeen 89
Gwina Zfatit 226

H
Hainaut 74
Halloumi
– Libanesischer 227
– Rumänischer 188
– Zypriotischer 224
Haloumy 247
Handkäse 179
Hansestädte 96, 105, 176
Harzer Käse 179
Hauerkäse 180–181
Havarti 74, 101
Heinrich VIII. 79, 82
Herrgårdost 95–96
Herve 74, 110–111
Hette-kees 74
Holländische Ostindische Kompanie 37, 104
Holländischer Mimolette 106
Homer 25
– *Ilias* 25
– *Odyssee* 25
Hushållsost 96
Hüttenkäse *siehe* Cottage Cheese

I
Idiazabal 50, 213
Ilha do Pico 50, 218
Ilha Sao Jorge 218
Ilves 97–98
Incanestrato 207
Internationaler Käsehandel 44
Islay 88

J
Jacks, David 234, 238
Jarlsberg 75, 93–94
Juden 23
Juhla 98
Jupneh 230
Juustoleipa 98

K
Kadchgall 230
Kahurangi 235, 249
Kajmak 183
Kalifornien 44, 237
Kamele 220, 227, 230, 231
Kanarische Inseln 216
Kanongan 239
Kantabrien 50, 212–213
Kanterkaas 106
Kareish 220
Karl der Große 31, 34, 110, 114, 124, 132, 167
Karottensaft 104, 106
Karpatski 193
Kartano 98
Kasar 226
Kaschkawal 166, 182, 200
Kasein 53
Kaskaval 166
Kaskavali 224
Kasseri 222
Kastanienblätter 125, 235, 239
Katschkawalj 186–187
Kefalograviera 247
Kefalotiri 222, 247
Kefir 192
Kelten 78, 108, 116, 145
Kerry 89
Kikurangi 249
Klosterkäse 34–36, 114
Knoblauch 83, 193, 248
Knockanour 89
Kobiiski 192
Kolumbien 245
Kommissionskäse *siehe* Commissiekaas
Kopanisti 222
Koppen 189
Korsholm 98
Kostromskoi 191
Kräuter 26, 28, 36, 82, 83, 105, 107, 127, 142, 163, 179, 188, 193, 207, 227, 247, 248
Kreim 98
Kreuzkümmel 37
Kritiko 224
Kruidkaas 106
Kryddost 74, 97
Kubanski 193
Kugelkäse 181
Kümmel 97, 100, 105, 106, 107, 178, 179, 181
Kumys 10, 231
Kykladen 222

L
Lab 26, 53–56
– Pflanzliches 26, 53–56, 89, 207, 217, 218, 231
Labaneh 227
Labkraut 26
Lactoserum, Definition 56
Laguiole 86, 148
Lamas 234, 244
Lanark Blue 88
Lancashire 81, 83–84
– Farmhouse 75
Langres 127–129
Lapparnas Renost 74
Lappen 74, 91–92
Latviiski 166, 190
Lebbene 226–227
Lebenen 227
Lebney 227
Leerdamer 107
Leicester 80, 86
Leidenkaas 107
Lettland 166, 190
Licki 186
Liebana Picón 50, 213–214
Liederkranz 235
Limburger 36, 167
– Amerikanischer 237, 239
– Deutscher 177–178
Lioubitelski 193
Liptauer 182
Liptoi 182
Lisieux 120
Listeria 14, 76, 134
Litauen 166
Livarot 36, 116, 120
Llanboidy 88
Llangloffan 88
Loire 158
Lough Caum 89
Lour 230
Lucullus 116

Ludwig XIV. 127, 128, 154

M
Maasdamer 50, 107
Macquée 111
Madeira 87
Mahon 50, 214–215
Mainzer Käse 176
Majorero 216
Mallorquin 216
Mammoth Cheese 238
Manchego 50, 215–216
– curado 215
– viejo 215
Manouri 222
Manur 193
Marc de Bourgogne 95, 128, 139
Marcus Apicius 199
Maredsous 110
Marianglas 88
Maribo 100
Marmora 99–100
Maroilles 36, 114, 116, 126–127
Mascarpone 210
Mechanisierung der Käseproduktion 44, 80
Meira 230
Mesost 95
Miahlic 225
Milleens 75, 89
Millsen 88
Mimolette 104
– Holländischer 106
Minas Frescal 245
Minas Prensado 245
Misch 220
Mittelmeerländer 20, 23, 31–32
Mitzithra 224
Molbo 100
Moliterno 245
Molke 56
Mondseer 167, 181
Mont d'Or 134, 173
Montagnol 177
Montasio 203, 248
Monterey Jack 234, 238, 240
Montsalvat 177
Morbier 133–134
Moskovski 191
Motal 192
Mountain Shepherd 235
Mozzarella 203–204
– Amerikanischer 237
– Australische 246
– di Bufala 204
– di Bufala Affumicata 204
– Neuseeländischer 249
Mulchan 88
Munajuusto 74
Münster 178–179
Munster 36, 114, 126, 129–130, 179
– Amerikanischer 239, 241
– des Vosges 130
Murol 157
Mycella 100
Mysa 90
Mysingur 90
Mysost 92, 93
Mysuostur 90

N
Nagelkaas 106, 107
Napoleon III. 40, 117
Natürliche Rinde 69–70
Nelken 37, 94, 97, 106, 107
Neufchâtel 120–121
Niolo 162
Niza 219
Nökkelost 37, 94, 107
Norbo 94
Normannen 78, 116
Nucia 216

O
Oaxaca 234, 245
Odalostur 90
Oka 241
Okanogan 235
Olmützer Quargel 189
Olsztynski 190
Orduna 213
Orkney 88
Oschtjepka 189
Ossau-Iraty 161, 162
Ossetin 192
Oust 161
Oustet 161
Ovari 182

P
Pamir 231
Panarone 202
Pannonien 182
Pant-y-Lynn 88
Paprika 36, 179, 181, 182, 214, 220, 248
Parenica 189
Parmesan (Parmigiano Reggiano) 28, 50, 204–205, 237, 246
Paski 186
Passendale 111
Pasta filata 166
– Definition 204
– Herstellung 200, 204
Pasteurisierung 14, 44, 49, 114, 167
Pavé d'Auge 121
Pavé de Moyaux 121
Pavin 157
Pecorino 206
– Australischer 246
– romano 28, 48, 206
– sardo 201
– siciliano 206
Pélardon 157
Pencarreg 88
Penicillium candidum 64–65, 125, 177, 193
Penicillium glaucum 145, 149, 212
Penicillium gorgonzola 69
Penicillium mycellium 100
Penicillium roqueforti 68, 146, 149, 150, 181
Pepato 246
Pera 245
Persillé des Aravis 139
Persillé du Mont-Cenis 139
Petit Lisieux 120
Petit-Suisse 121
Pfeffer 28, 37, 97, 105, 107, 181, 207, 246, 248
Pferde 10, 200, 231
Picodon 142
Pierre-qui-vire 129
Pilzkäse 177
Pinzgauer Bierkäse 181
Pithiviers 125
Plateau 111
Plattekees 111
Plinius 28, 114, 145, 170
– *Naturgeschichte* 28
Podhalanski 190
Pont-l'Évêque 36, 116, 121, 126
Port-Salut 36
– Amerikanischer 237
– Dänischer 74
Portwein 87
Posni Sir 186
Pottekees 111
Pouligny-Saint-Pierre 158, 160
Prälatenkäse 167, 181
Prästost 74, 95
Pressen 59
Presukaca 186
Protestantismus 39
Provatura 207
Provole 207
Provolone 206–207, 226, 237, 246
Puant Macéré 36
Pultost 93

Q
Quargel 181
Quark 167, 176, 249
Queijo da Serra 217
Queso Blanco 234, 235, 244, 245
Queso Fresco 234
Quesucos 214
Queyras, Tomme de 142

R
Rabacal 219
Raclette 167, 173, 241
Ragnit 178
Ragusano 207
Rasskäse 169
Räucherkäse 179
Reblochon 34, 136, 138, 139
Reformation 10, 39, 167, 176
Reifeprozeß 60–62
Remoudou 111
– Herstellung 65–66
Rentiere 74, 91–92, 97
Ribot 75
Richelieu 241
Ricotta 137, 207–210
– Apulischer 207
– aux galets 32, 162
– Neuseeländischer 249
– Romana 207
Riddarost 97
Ridder 94
Riesengebirge 189
Rigatino 246
Rinder 19–20, 78, 220, 234, 244, 246
– Rinderrassen
Aubrac 145, 148
Ayrshire 10, 88
Clermont-Ferrand 154
Friesische Milchkuh 10
Gloucester 10, 75
Guernsey 236
Jersey 237
Montbéliard 132, 134, 154
Normannische Milchkuh 10
Salers 10, 145, 148, 154
Shorthorn 10
Tarentaise 136, 231
Vogeser Milchkuh 10
Ring 89
Rjomaskyr 90
Rollot 127
Romadur, Romadur-Käse 167, 178
Romano 246
Römisches Reich 26, 28, 78, 102, 108, 116, 136, 145, 146, 170, 187, 199, 200, 211
Roncal 50
Roos 230
Roquefort 31, 48, 51, 110, 145, 146, 149–154, 163
Rosmarin 163
Rotschmierekäse 65–66
Royalp-Tilsit 50, 172
Rubens 109–110
Rumänien 166, 187–188
Rumi 220
Ryefield 89

S
Saarland Pfarr 95
Sagen, christliche 23–25
– Griechische 23–25, 221
– Nordische 22
– Römische 26
Saint-Marcellin 142
Saint-Nectaire 36, 154–157
Saint-Paulin 114, 129
Sainte-Maure 158, 160
Salamana 222
Salbei 74, 86
Salers Haute-Montagne 148
Saloio 219
Salzen 59–60
– Salzlake 60
– Trockensalzen 60
Samsø 74, 100, 101, 247
Sapsago 170, 237
Sardischer Schafskäse 201
Sardo 220
Sarténais 162
Sartène 32
Sarteno Fumé 162
Sauermilchkäse 167, 176
Savoie, Tomme de 136, 139
Sbrinz 48, 50, 167, 170
Scarmorze 204, 246
Schabzieger, Schabziger 170–172
Schabziegerklee, blauer Bockshornklee 170
Schafe 19, 20, 166, 211, 220, 234, 235, 239, 244
– Angoraschaf 225
– Lacha 216
– Manchega 50
– Manech 50
– Rasa 216
Schafskäse 51, 69–70
Schimmelkäse 177
Schmelzkäse 179
– Definition 70
Schmieren *siehe* Waschen
Schmierkäse 176
Schnittkäse 179
Schnittlauch 182, 248
Schottland 78, 88
Schweizer Jura 172, 173
Selles-sur-Cher 158, 160
Sérac 137
Serat 230
Serpa 50, 219
Serra 50, 218–219, 241
Servilleta 216
Shelburon 237
Sherwood 83
Shropshire Blue 81
Siraz 183
Sirene 186–187
Siriz Mjesine 183
Sizilien 220
Skyr 29, 75, 90
Soulougouni 192
Sovietski 178, 190
Sowjet-Rußland 166, 191
Speck 248
Staffordshire 88
Stepnoi 191
Stilton Cheshire 81
Stilton 50, 75, 79, 86–87
Stracchino 202
Stresa-Abkommen 48
Südostasien 19
Sumerer 22
Surati 231
Sveciaost 74, 96–97
Svenbo 100
Swaledale 87
Swiss Cheese 167

T
Taleggio 210
Tamié 114, 138
– Abtei 34–35
Tasmanien 246, 248
Teleme 238
Telpanir 192
Teneriffa 216
Testouri 220
Tête de Moine 50, 172–173
Thymian 26, 193
Tilsiter 166, 167, 172, 176, 178, 247
Tilsiter, isländischer 90
Tiroler Alpkäse 180
Tiroler Graukäse 181
Tomar 219
Tomme au Marc 139
Tomme d'Abondance 137
Tomme de Queyras 142
Tomme de Savoie 136, 137, 139
Tomme Vaudoise 173
Touloumisio 221
Toupin 139
Trapistaw 190
Trappistenkäse 167, 179, 181
Travnik 186
Trebolgiano 234, 245
– chico 245
– grande 245
Trecce 241
Trou du Murol 157
Tschanach 192
Tuareg 32, 220
Tulum 226
Tuma 241
Tupihi 249
Tutunmaa 98
Twarogowy 190
Tybo 100, 101
Tylzsck 190
Tynlgrug 88

U
Urbia 213
Urda 188

V
Vacherin 167
– d'Abondance 139
– des Bauges 139
– Mont d'Or 134, 173
Valençay 161
Våsterbotten 97
Vegetarischer Käse 105
Venaco 162
Vergil 26
– *Landleben* 26
Vimoutiers 116, 120
Voljski 193
Vologodski 193

W
Wales 78, 79, 88
Walton 83
Wasserburger 179
Wein 83, 139, 142, 180
Weißlacker 179
Weißschimmel *siehe* Edelschimmel
Wensleydale 75, 87
– Blue 87
– White 75, 87
Westberg 107
Wikinger 29, 78, 90, 91, 94, 95, 99, 236
Wilstermarsch 179
Windsor 83
Wisconsin 236–237

Y
Yak 10, 231
Yoghurt, bulgarischer 186

Z
Zakussotchny 193
Zamorano 215
Ziegen 19, 20, 211, 220, 244
– Ziegenkäse 69–70
– Ziegenkäse, franz. Gesetzgebung zu 51
– Ziegenmilch 39
– Ziegenrassen
Anatolisch-Langhaar 225
Basco-Béarnaise 161
Manech 161
Zinskäse 168
Zisterzienserorden 34, 79, 95, 129, 136
Zrig 220

Danksagungen / Abbildungsnachweis

Die Verlage möchten sich bei folgenden Personen für ihre freundliche Hilfe und die gute Zusammenarbeit bedanken: Madame und Monsieur Quatrehomme sowie Monsieur Foucher von der Fromagerie Quatrehomme, 62 Rue de Sèvres, 75007 Paris, Monsieur Pavel Sulc und Monsieur André Martin von Fruits de France in Prag, La Maison du Danemark in Paris, Al Dar Libanesisches Restaurant in Paris, Madame Mady Cuinet und Madame Anne Déchanet.

Die folgenden Abbildungsnachweise sind von links nach rechts und von oben nach unten geordnet: S. 1: J. L. Charmet/Explorer. S. 4/5: P. Hussenot/oben . S. 8/9: Ryman/Cabannes/oben. S. 11: M. Seelow/oben. S. 12: P. Hussenot/oben. S. 15: P. Hussenot/oben. S. 16/17: Scala. S. 18: Giraudon. S. 20: Scala; Ro in Museum. S. 21: Giraudon. S. 23: E. Lessing/Magnum; B. Hermann. S. 24: Nimatallah/Artephot. S. 25: Artephot; Giraudon. S. 26: Scala; Roger Viollet. S. 27: Scala; Giraudon. S. 28: Giraudon. S. 29: Giraudon. S. 30: Dagli Orti; Explorer. S. 31: Giraudon. S. 32: Scala. S. 33: Scala. S. 34: Explorer. S. 35: G. Costa. S. 36: B. Hermann; Scala. S. 37: Giraudon; S. 38: Giraudon; Scala. S. 39: Dagli Orti. S. 40: Bibliothèque Nationale, Paris; Giraudon. S. 41: Giraudon. S. 42: B. Hermann/Coll Mady Cuinet. S. 43: Giraudon; Roger Viollet. S. 44: D. M. S. 45: Roger Viollet. S. 46/47: Ton Van Es. S. 48: Wisconsin Milk Marketing Board. S. 49: P. Rousseau/Edimedia; Lauros Giraudon. S. 50 Ton Van Es. S. 51: Coll Mady Cuinet; D. M.; Lauros Giraudon. S. 52: Giraudon. S. 53: V. Garcia/oben; Topham Picture Source. S. 54: J. Monin/oben; V. Garcia/oben; F. Favre/Jerrican; R. Lebarbier/Igrec; J. D. Sudres/Scope; F. Favre/Jerrican. S. 55: P. Hussenot/oben; Valls/Jerrican; P. Hussenot/oben; J. Monin/oben; R. Estall; R. Mazin/oben. S. 56: A. Muriot/Campagne Campagne; P. Hussenot/oben; Lauros Giraudon. S. 57: State Historical Society of Wisconsin. S. 58: J. D. Sudres/Scope (3); Explorer. S. 59: J. L. Charmet (2) J. D. Sudres/Scope. S. 60: F. Favre/Jerrican; C. Blondeau/Campagne Campagne; F. Favre/Jerrican. S. 61: Berenguier/Jerrican (2); Lescour/Jerrican (3); R. Mazin/oben. S. 62: J. P. D.; P. Hinous/oben; P. Lerosey/Jerrican; J. D. Sudres/Scope. S. 63: S. Brodie/Topham. S. 64: D. M.; R. Estall; P. Lerosey/Jerrican; Lauros Giraudon. S. 65: F. Favre/Jerrican (3); J. P. D. (oben). S. 66. R. Estall; The Dutch Dairy Bureau; R. Estall. S. 67: R. Estall; P. Husenot/oben; R.M.N. S. 68: A. Muriot/Campagne Campagne; Cheeses from Switzerland Ltd. S. 69: J. P. D.; A. Muriot/Campagne Campagne; P. Hussenot/oben. S. 70: The Dutch Dairy Bureau; M. Guillard/Scope (2); Ryman/Cabannes/oben. S. 71: J. L. Charmet; F. Favre/Jerrican. S. 72/73: R. Estall. S. 74: L. Y. Loirat/Explorer. S.75: G. Costa; The Dutch Dairy Bureau. S. 76: M. Evans Picture Library; J. G. Quicke. S. 77: A. Blake Photo Library. S. 78: Topham; Explorer. S. 79: Edimedia; M. Evans Picture Library. S. 80: R. Estall (2); J. P. D. S. 81: R. Estall; J. P. D.; R. Estall (2). S. 82: J. P. D.; R. Estall; Explorer. S. 83: J. P. D.; Wiewfinder Photo Library; R. Estall. S. 84/85: B. Harris/Impact. S. 86: Milk Marketing Board (Surrey); J. P. D.; P. Scholey/Explorer. S. 87: J. P. D.; Llewellyn Alexander Ltd; R. Estall (2). S. 88: J. P. D.; Lescour/Jerrican; Milleens Cheese Ltd (Irland). S. 89: B. Hobby/Impact; R. Claquin/Explorer. S. 90: A. Stewart; M. Claye/Explorer; I. Brynjölfsson/National Museum of Iceland. S. 91: Almasy; P. Roy/Explorer; Delaplanche/Musée de l'Homme. S. 92: P. Roy/Explorer; J. C. Cochet/Explorer; J. P. D. S. 93: J. P. D (3). S. 94: J. P. D; J. L. Chamet. S. 95: G. Sioen/Cedri; L. Paulsson/F&P; R. Estall. S. 96: L. Paulsson/F&P (3). S. 97: Almasy; Kuya. S. 98. A. Ory (2); A. Pullinen; G. Sioen/Cedri. S. 99: Staquet/Cedri; B. Annebicque/Cedri. S. 100: J. P.D. (2); G. Sioen/Cedri J. P. D. (3); G. Sioen/Cedri. S. 102: Lauros-Giraudon; Edimedia. S. 103: J. P. Lescourret/Explorer. S. 104: J. P. D.; J. L. Charmet; P. Wysocki/Explorer. S. 105: J. P. D.; Ton Van Es; M. Evans Picture Library. S. 106: J. P. D. (3); Ton Van Es; J. P. D. S. 107: The Dutch Dairy Bureau; J. P. D. (3); D. M. S. 108: ONDAH (Brüssel); Explorer; K. Straiton/Explorer; S. 109: E. Saint-Servan/Explorer; Giraudon. S. 110: ONDAH (Brüssel); J. P. D.; E. de Pazzis. S. 111: R. Estall; J. P. D. (2); E. de Pazzis; J. P.D. S. 112/113: A. Muriot/Campagne Campagne. S. 114: P. Montbazet/Explorer. S. 115: coll. Soazis/Explorer; B. Hermann. S. 116: coll. Lausat/Explorer; Chandelle/Jerrican; D. M. S. 117: Lauros-Giraudon (2); J. Boyet/Roger Viollet. S. 118/119: B. Hermann (Coll Mady Cuinet). S. 120: J. P. D.; B. Hermann; J. P. D.; Edimedia. S. 121: J. P. D.; B. Hermann; J. P. D.; B. Hermann. S. 122/123: J. P. D. S. 124: J. L. Charmet; Lauros-Giraudon; Coll Sirot-Angel. S. 125: Giraudon; J. P. D. (2); B. Herrmann (2). S. 126: J. P. D.; P. de Potestad; Lespinasse/Jerrican; Bibliothèque Nationale, Cambrai; B. Hermann. S. 127: J. P. D. Giraudon, D. S. 128: Giraudon; Edimedia; J. P. D. S. 129: J. P. D. (2); J. L. Charmet; P. Tetrel/Explorer. S. 130: B. Hermann (2); O. Martel/Rapho; J. P.D.; Giraudon; J. P. D. S. 131: J. P. D. S. 132: H. Nègre/Explorer; J. M. Labat/Jerrican; J. P. D. S. 133: J. P. D.; P. de Potestad; Lauros-Giraudon; J. M. Charles/Rapho. S. 134: J. P. D. (2). S. 135: D. M. S. 136: Explorer; P. Roy/Explorer; Giraudon. S. 137: P. Lorne/Explorer; J. L. Charmet. S. 138: J. P. D.; Explorer; J. P. D. S. 139: J. P.D. (4); D. M. S. 140/141: B. Nantet. S. 142: C. Errath/Jerrican; A. Le Toquin/Explorer; F. Jalain/Explorer (2). S. 143: J. P.D. S. 144: J. D. Sudres/Scope. S. 145: B. Hermann/Rapho. S. 146: J. P.D.; J. D. Sudres/Scope; J. P. D.; D. M. S. 147: D. M. S. 148: J. D. Sudres/Scope; Goudouneix/Explorer; J. P. D. (2). S. 149: J. P. D. (2); Giraudon. S. 150: Le Tour du Monde (3). S. 151: H. Gloaguen/oben. S. 152/153: J. D Sudres/Scope. S. 154: J. P. D.; Giraudon; A. Muriot/Campagne Campagne. S. 155: Uguet/Campagne Campagne. S. 156: F. Jalain/Explorer. S. 157: J. P.D. (3). S. 158: Heseltine/Jerrican; J. P. D. (2). S. 159: Heseltine/Jerrican. S. 160: J. P. D. (3); J. D. Sudres/Scope. S. 161: J. P.D.; J. M. Labat/Jerrican; J. D. Sudres/Scope; J. L. Charmet/Explorer. S. 162: J. P.D.; P. Tetrel/Explorer. S. 163: J. P. D. (2); P. Tetrel/Explorer. S. 164/165: P. Delarbre/Explorer. S. 166: P. Wysocki/Explorer. S. 167: Cheeses from Switzerland Ltd; D. Mar/Explorer. S. 168: R. M. N.; Roger Viollet. S. 169: P. de Protestad; J.P.D.; Rapa/Explorer. S. 170: X. Desmier/Cedri; J. P. D.; Rapa/Explorer; J. P. D. S. 171: P. Bramaz/Jerrican. S. 172: J. P. D.; P. de Potestad. S. 173: J. P. D. (2); Rapa/Explorer; J. P. D. S. 174/175: J. P. D. S. 176: G. Costa; J. P. Nacivet/Explorer; Edimedia. S. 177: J. P. D. (3); Lauros-Giraudon. S. 178: J. P. D; P. de Potestad (2). S. 179: Roger Viollet; J. P. D; G. Boutin/Explorer. S. 180: S. Marmounier/Cedri; Allgöwer/Explorer; J. P. D. S. 181: J.P.D. (3); Lauros-Giraudon. S. 182: R. André/Cedri (2); L. Brody S. 183: M. Serraillier/Rapho; P. de Potestad. S. 184/185: C. Sappa/Cedri. S. 186: R. Harding; Sofia Press Agency (2). S. 187: J. P. D.; Sofia Press Agency; J. Boyer/Roger Viollet; Musée de l'Homme. S. 188: J. P. D.; P. de Potestad. S. 189: P. de Potestad (2); C. Sappa/Cedri. S. 190: P. de Potestad; G. Sioen/Cedri; J. P. Courau/Explorer. S. 191: J. L. Charmet/Explorer; S. Fiore/Explorer; S. Fiore/Explorer; P. de Potestad (2); C. Sappa/Cedri. S. 190: P. de Potestad; G. Sioen/Cedri; J. P Courau/Explorer. S. 191: J. L Charmet/Explorer; P. de Potestad; Musée de l'Homme; Scala. S. 192: C. Whelan/Rapho; Scala. S. 193: P. de Potestad; Launois/Rapho (2). S. 194/195: H. Stylianou. S. 196: J. P. D. S. 197: B. Hermann; Consorzio per al Tutela del Formaggio Gorgonzola (Italien). S. 198: P. Cavendish/Impact. S. 199: G. Costa. S. 200: Scala; G. Costa; J. P.D. S. 201: J. P. D.; Almasy; J. P. D. S. 202: J. P. D.; Consorzio per la Tutela del Formaggio Gorgonzola (Italien); J. P. D.; S. 203: J. P.D.; Scala. S. 204: P. de Potestad; Ton Van Es; D. M. S. 205: T. Traeger. S. 206: Almasy; J. P. D. (2). S. 207: J. P. D.; J. L. Charmet; G. Costa. S. 208/209: A. Blake Photo Library. S. 210: J. P. D. (4). S. 211: J. Pavlovsky/Rapho; J. N. de Soye/Rapho. S. 212: P. Roy/Explorer; J. P. D. S. 213: INDO (Spanien); J. P. D.; S. Marmounier/Cedri. S. 214: INDO (Spanien); G. A. Rossi. S. 215: INDO (Spanien); Everts/Rapho; J. P. D. (2). S. 216: D. M; P. Roy/Explorer; INDO (Spanien). S. 217: Scala; J. P. D. S. 218: Almasy; J. P.D. S. 219: J. P. D.; R. Tixador/oben; F. Mouriès/oben. S. 220: S. Fiore/Explorer; B. Nantet; R. Harding; Rocher/Jerrican; Hepo (Griechenland). S. 221: J. P. D.; B. Hermann. S. 222: Almasy; J. P. D. (2). S. 223: R. Harding. S. 224: R. Harding; H. Stylianou (3). S. 225: J. P. D.; A. Güler, J. Dieuzaide/Rapho. S. 226: J. P. D.; J. D Lajoux/Rapho; L. M Roques/oben; J. P. D. S. 227: J. P. D.; C. Sappa/Cedri; J. P. D. (3). S. 228/229: R. Harding. S. 230: P. de Potestad; P. Lefèvre/Cedri; Almasy; P. de Potestad: S: 231: F. Vasseur/oben; G. Sioen/Cedri; B. Morandi/Cedri. S. 232/233: A. Perier/Explorer. S. 234: Wisconsin Milk Marketing Board. S. 235: J. P. Courau/Explorer; G. Carde/Explorer. S. 236: State Historical Society of Wisconsin (3). S. 237: Tainturier/Jerrican; F. Gohier/Explorer; WMMB (2). S. 238: WMMB (3); Mezières/Rapho; USDA. S. 239: WMMB; P. Faye/oben. S. 240: J. Ducange/Top; R. Estall. S. 241: J. P. D.; M. Yamashita/oben; A. Stewart. S. 242/243: F. Gohier/Explorer. S. 244: A. Thomas/Explorer; T. Morrison. S. 245: Almasy; T. Morrison (2); G. Boutin/Explorer. S. 246: Coll Soazig/Explorer; J. P. Ferrero/Explorer. S. 247: J. P.D.; J. P. Ferrero/Explorer; WMMB. S. 248: P. Leroux/Explorer; C. Pinson/Explorer. S. 249: Anchor Foods (NZ); J. P. D.; J. H. Lelièvre/Explorer.